Godehard Lindgens

Erinnerungen an Dorsten

Godehard Lindgens

Erinnerungen an Dorsten

Texte zur Geschichte und Zeitgeschichte der Stadt,
aufgeschrieben unter der Mitwirkung von Gisela Lindgens
und kommentiert von Godehard Lindgens

Bibliografische Information der Deutschen Nationalbibliothek
Die Deutsche Nationalbibliothek verzeichnet diese Publikation in der
Deutschen Nationalbibliografie; detaillierte bibliografische Daten
sind im Internet über http://dnb.d-nb.de abrufbar.

Godehard Lindgens (Autor), Bernd Hönig (Hrsg.)
Erinnerungen an Dorsten
Texte zur Geschichte und Zeitgeschichte der Stadt,
aufgeschrieben unter der Mitwirkung von Gisela Lindgens
und kommentiert von Godehard Lindgens

Berlin: Pro BUSINESS 2015

ISBN 978-3-86460-355-6

2. überarbeitete Auflage 2015

© 2015 by Pro BUSINESS GmbH
Schwedenstraße 14, 13357 Berlin
Alle Rechte vorbehalten.
Produktion und Herstellung: Pro BUSINESS GmbH
Gedruckt auf alterungsbeständigem Papier
Printed in Germany
www.book-on-demand.de

Inhaltsverzeichnis

Einführung des Autors: Die Erinnerung bewahren als Aufgabe für die Zukunft	9
I. Geschichtliche Ereignisse im unmittelbaren Umfeld des Autors auf der Hardt in Dorsten	11
1) Felix vorm Walde und die jüngere Geschichte des Kohlhauses zwischen Dorsten und Gahlen	11
2) Historische Nachbarschaften von Krankenhaus, Schule und Kirche	16
3) Die Geschichte der Overbergschule auf der Hardt in Dorsten	20
II. Dokumente aus dem Familiennachlass: Programme der Nationalsozialisten zur Vernichtung der christlichen Kirchen und Klöster sowie der Tötung behinderter Menschen und Widerstand dagegen in Dorsten und im Bistum Münster	24
1) Das Programm der „Nationalen Reichskirche Deutschlands" von 1937	24
a) Abschrift des Programms (Dokument 1)	24
b) Erläuterungen zum Programm	27
2) Zwischen augenscheinlicher Anpassung und vorsichtiger Distanz: Der Brief der Aenne Galland an Adolf Hitler über Hermann Göring	30
a) Einführung in Zeit und Umstände	30
b) Anmerkungen von Gisela Lindgens zur Herkunft des Briefes	32
c) Der Brief im Wortlaut (Dokument 2)	33
3) Der Bischof von Münster Clemens August Graf von Galen im Kampf gegen den Nationalsozialismus	35
a) Der für Dorsten zuständige Bischof gestern, heute, morgen und als Kardinal „in der Nachfolge der Heiligen"	35
b) Clemens August 23 Jahre als Seelsorger in der Großstadtgemeinde in Berlin	38

c) Die drei berühmten Predigten des Bischofs von Münster gegen den Nationalsozialismus	40
d) Der Bischof von Münster prophezeit die Zerstörung Deutschlands am Beispiel Jerusalems	45
e) Der Wortlaut der dritten Predigt vom 3. August 1941 (Dokument 3)	48

III. Leben und Sterben im Zweiten Weltkrieg (1939–1945) in Dorsten und an den Fronten — 56

1) Kriegskinder berichten über das Leben in Dorsten	56
a) „Wir posierten auf dem Flakgeschütz."	56
b) „SS-Männer brüllten: 'Autoschlüssel her oder wir schießen!'" (Gisela Lindgens, geb. Große-Lochtmann, Jg. 1935)	59
2) Die Bedeutung der Dokumentation der Arbeitsgemeinschaft Bischoff/Biermann für die Geschichte Dorstens im Nationalsozialismus	60
a) Einleitung mit Hinweisen auf die Familie Bischoff und auf den ersten Ritterkreuzträger in Dorsten, Theodor Nordmann	60
b) Die Verantwortung einiger Honoratioren in der Nazizeit	66
c) Das Schicksal junger Offiziere in Hitlers Vernichtungskrieg am Beispiel des Theodor Nordmann aus Dorsten	70
d) Besuch und Empfang des Ritterkreuzträgers Nordmann in seiner Heimatstadt Dorsten	73
3) Schicksale von Männern aus der Gesellschaft in Dorsten im Zweiten Weltkrieg	79
a) Weitere „Ordensträger" aus Dorsten	79
b) Die Wirklichkeit des Krieges und ihre Verarbeitung in der Nachkriegszeit	85
c) Die „Legion Condor" im spanischen Bürgerkrieg (1936-1939) und die deutsche Luftwaffe	88
d) Dorstener Schicksale auf See und an der Front: Die gefallenen Soldaten des Zweiten Weltkrieges aus Dorsten und der Umgebung, besonders von der Hardt	92

e) Resümee: Die Todesanzeigen und Totenzettel als Dokumente der Erinnerungskultur 105

IV. „Die Erinnerung bewahren": Drei kurze Buchrezensionen und drei längere Buchbesprechungen zur Thematik Dorsten und besondere Persönlichkeiten 109

1) „Ein Buch, das Furore macht" mit persönlichen Erfahrungen: Daniel Jonah Goldhagen: Hitlers willige Vollstrecker. Ganz gewöhnliche Deutsche und der Holocaust. 109

2) „Gräben zuzuschütten" ist das Lebenswerk von Johanna Eichmann, auch in ihren „Erinnerungen 1926-1952" 111

a) Einleitende Worte zur Erklärung des Buches und zum Grußwort von Jörg Martin Meier 111

b) Grußwort von Jörg Martin Meier zum 300jährigen Jubiläum von St. Ursula im Januar 1999 113

3) „Der Rest wurde am Boden zerstört." Johannes Buchmanns Erinnerungen an den Luftkrieg und seine abenteuerliche Flucht aus der Gefangenschaft 117

a) Kurzrezension des Buches 117

b) Nachtrag aus der „Dorstener Zeitung" zum Thema 120

4) Henning Borggräfe über Schützenvereine im Nationalsozialismus 121

a) Bürgerschützenvereine in Westfalen zwischen Anpassung und Resistenz 121

b) Feiern und Schießen im Hardter Schützenverein im Nationalsozialismus 123

c) Der „Hitler-Mythos" als wesentlicher Teil der Programmatik und Symbolik der Schützenvereine 126

5) Eckhard Garczyks Roman „Einem unbekannten Gott" aus der Sicht eines Zeitgenossen und Mitschülers 130

a) Privatheit und Schule in Dorsten 130

b) Die Gottes- und Gretchenfrage in Garczyks Leben und Werk 132

c) Wissenschaft und Dichtung im Werk und Leben von Eckhard Garczyk 139

d) „Wir brauchen eine Hungersnot" Gedicht in den Tübinger Notizen 1957 ... 143

6) Robert Spaemanns Autobiographie „Über Gott und die Welt" in einer ausführlichen Besprechung über seinen Weg über Münster und Dorsten in die philosophische und berufliche Welt ... 144

a) Die ersten Lebensstationen von Robert Spaemann in Berlin, Münster, Köln und Dorsten ... 144

b) Gott und die Welt. Robert Spaemann und Wilhelm Weischedel, zwei unvergleichliche Philosophen im Vergleich ... 147

c) Robert Spaemanns Hinwendung zur französischen Geschichte und Philosophie ... 152

d) Spontaneität und Reflexion als Kernbegriffe in Robert Spaemanns Habilitationsschrift und Philosophie ... 155

e) Die Bedeutung der Mystik bei Fénelon und in Robert Spaemanns Philosophie ... 157

f) Robert Spaemanns umstrittener Wertebegriff und seine Auffassung von Heimat im Leben und in der Philosophie ... 159

g) Nachtrag und Schlussbemerkung ... 163

V. Epilog: „Schule – mein Schicksal", Statement des Autors an seinem letzten Berufstag ... 166

Namensverzeichnis ... 168

Literaturverzeichnis ... 178

Dank an den Herausgeber ... 182

Einführung des Autors:
Die Erinnerung bewahren als Aufgabe für die Zukunft

Dorsten ist meine erste Heimat als Geburtsstadt und Ort meiner Kindheit und Jugend, die zweite und länger andauernde Heimat ist Berlin, die Stadt meines Berufslebens. Berlin ist gleichzeitig unsere Familienheimat. Denn wir leben hier gemeinsam seit 1962, nachdem meine Frau Gisela, geborene Große-Lochtmann, nach unserer Heirat mit nach Berlin gegangen ist. Sie ist wie ich Dorstener Kind und absolvierte die Oberschule von St. Ursula im Dorstener Ursulinenkloster.

Meine hauptsächliche Schule war das Gymnasium Petrinum zu Dorsten, dem ich viel verdanke, besonders dem Studienrat Dr. Heinrich Dieckhöfer, der mich von der Sexta bis zur Oberprima begleitet hat. Zum Tode meiner Mutter hat er mir noch ein persönliches Schreiben geschickt, das ich wie ein Kleinod bewahre.

Das Gymnasium Petrinum als humanistisches oder altsprachliches Gymnasium war für mich der Anlass, Latein und Griechisch zu studieren und dieses Studium 1956 in Tübingen zu beginnen. Dort studierte ich Altphilologie bei den Professoren Wolfgang Schadewaldt und Walter Jens, Philosophie und Geschichte und Politik bei Walter Schulz und Theodor Eschenburg.

Schon auf dem Dorstener Gymnasium faszinierte mich die Antike, die mir noch in Tübingen näher gebracht wurde. Mein gesellschaftliches Engagement leistete ich dadurch, dass ich im dritten Studiensemester Vorsitzender des Allgemeinen Studentenausschusses der Eberhard-Karls-Universität wurde.

Durch einen Berliner Freund im Studium bin ich nach Berlin gekommen. Dieser Vorgang bedeutete einen tiefen Einschnitt durch den grundsätzlichen Wechsel von der Kleinstadt zur Großstadt, die damals auf einer politischen Insel lag, aber immer noch das Flair einer Hauptstadt hatte. Es war der Wechsel von der Kleinteiligkeit zur Großzügigkeit, von der örtlichen Begrenztheit zur Großräumigkeit, fast könnte man mit Hegel sagen: von der Endlichkeit zur Unendlichkeit.

Mein Vater, der als Lehrer für mich Vorbild war und dem ich nachstreben wollte, versuchte mich nach dem Mauerbau 1961 in den Westen zurückzuholen, was ihm nicht gelang. Dass es sich gelohnt hatte, in Berlin zu bleiben, zeigte sich in der politischen Entwicklung 1989/90, die Berlin wieder zur echten Hauptstadt machte, nämlich zur Hauptstadt der wiedervereinigten Bundesrepublik Deutschland.

Das Statement, das ich zu meiner Verabschiedung aus dem Berufsleben im „Diskurs 24" vom Juni 2001 veröffentlicht habe, trägt den Titel „Schule – mein Schicksal" (siehe Epilog S. 166). Fast mein ganzes Leben hat mit Schule zu tun, so dass ein Teil der Aufsätze Schule und Bildung zum Inhalt hat. Nach dem Studium in Berlin mit seinen Abschlüssen war ich zunächst für vier Jahre am Gymnasium Steglitz, das denselben Charakter wie das Dorstener Gymnasium Petrinum hatte. Ein wohlwollendes Schicksal brachte mich dann 1966 zum Berlin-Kolleg, zu einem Institut der Erwachsenenbildung, was meinen Bildungshorizont durch den Umgang mit Erwachsenen erheblich erweiterte. 35 Jahre blieb ich an dieser Schule für Erwachsene, zuletzt als Fachbereichsleiter für Politische Weltkunde. Der Weg hatte mich von der Antike zur Politik und Geschichte geführt, was mir bei der Erschließung des Nachlasses meines Vaters zugute kam.

Seit 2008 befasse ich mich mit diesem Nachlass, der durch den Nachlass meines Schwiegervaters Bernhard Große-Lochtmann ergänzt wurde, von dem es bei Heinz Klopries in dem Buch „Andere Dorstener Geschichten" heißt, dass er die Rundfunkübertragung der Olympischen Spiele 1936 „im Hause ‚Lohgerber Müller', nahe der Kanalbrücke" in Dorsten, bewerkstelligt hatte. (Edelgard Moers, Hrg., Dorsten 2005, S. 30 f.) Das Statement „Schule – mein Schicksal" befasst sich mit der Herkunft des Wortes Schule als „Muße" und bringt zum Schluss ein Gedicht von Nietzsche aus seiner „Fröhlichen Wissenschaft", das in dem dritten und vierten Vers die Worte hat: „Offen liegt das Meer, ins Blaue / treibt mein Genueser Schiff." Mit dem Schiff aus Genua sind wir beim dort geborenen Christoph Kolumbus, der von 1492 bis 1500 seine drei Entdeckungsreisen nach Amerika unternahm. Nietzsches „Entdeckungsreise" landet im achten Vers bei der „Unendlichkeit".

Die Zusammenstellung folgender Texte, bei denen ich auch der Dokumentation der Arbeitsgemeinschaft Bischoff/Biermann viel zu verdanken habe, ist das Produkt der Nietzsche-Fahrt auf dem „offenen Meer", das sich mir durch den Abschied aus dem Berufsleben erschloss, damit ich mich mit der Geschichte und Zeitgeschichte meiner ersten Heimat beschäftigen konnte.

Von den 17 kürzeren und längeren Texten sind 10 Texte schon einmal veröffentlicht, und zwar fünf Texte auf Vermittlung des Vereins für Orts- und Heimatkunde Dorsten im Heimatkalender der Herrlichkeit Lembeck und der Stadt Dorsten 2011 - 2013, der Vorsitzende des Vereins, Dr. Josef Ulfkotte, hat die Besprechung des Garczyk-Buches ins Internet gesetzt. Je zwei Texte sind in dem Buch „Kriegskinder", das Anke Klapsing-Reich herausgegeben hat, und in der Zeitschrift für das Berlin-Kolleg, dem „Diskurs", veröffentlicht.

Alle Texte sind erneut durchgesehen und korrigiert worden. Bei Übernahme von Dokumenten ist zum größten Teil die heute gültige Schreibweise übernommen worden.

Schwerpunkt des Buches sind im Hauptteil III (2 und 3) die Quellen der genannten Dokumentation, die sich im Stadtarchiv der Stadt Dorsten befindet.

Geschichtliche Ereignisse im unmittelbaren Umfeld des Autors auf der Hardt in Dorsten

1) Felix vorm Walde und die jüngere Geschichte des Kohlhauses zwischen Dorsten und Gahlen
(Zuerst erschienen: Heimatkalender der Herrlichkeit Lembeck und der Stadt Dorsten 2012)

2012 jährte sich zum 40sten Male das Jahr 1972, in dem das Kohlhaus abgebrochen wurde. Das historisch bedeutende Haus wurde unter Friedrich dem Großen 1767 an der Lippe errichtet. Davon zeugte der alte Hausstein in lateinischer Sprache, der auch den Namen des holländischen Architekten Wauters nannte. Das Gebäude diente der preußischen Verwaltung als Umladestation der Kohle, die auf dem Gahlenschen Kohlenweg vom Ruhrtal bei Hattingen über Bochum, Herne, Gelsenkirchen bis Buer und dann nach Dorsten und der Hardt bis Gahlen-Östrich transportiert wurde, um auf Schiffe an der Lippe verladen zu werden.

Historisches Kohlhaus

Die geschichtliche Bedeutung des Gahlenschen Kohlenweges ist von dem Historiker René Franken erforscht und in der Ausgabe 4 des Vereins für Orts- und Heimatkunde Dorsten e.V. unter der Überschrift „Dorsten – einst und jetzt" veröffentlicht worden. Der Historiker schreibt auf Seite 4: „Das Kohlhaus in Gahlen, die Verladestation an der Lippe, überstand durch den Einsatz der Gahlener Bevölkerung den Bau des neuen Lippe-Seitenkanals und wurde erst in den 1970er Jahren abgebrochen." Die „Ruhrnachrichten" berichten 10 Jahre nach dem Abbruch am 9. Oktober 1982 über diesen Vorgang, der „für die damals zarten Stimmen der Denkmalschützer und Heimatkundler eine Untat" war.

Felix v.d. Walde

Derselbe Artikel erwähnt auch den letzten Besitzer und Pächter des Kohlhauses, Felix vorm Walde, der seit 1909 zusammen mit seinem Vater Johann den Gutshof bewirtschaftete und am 29. Juli 1971 im Alter von 93 Jahren verstarb.

Bis 1972 blieb der Verwalter Heinrich Wellmann aus der Bauernschaft Üfte in Schermbeck auf dem Hof, auf dem er seit 1927 tätig war. Als 1925 der Bau des Lippe-Seitenkanals in Angriff genommen wurde, musste der Gutshof wohl oder übel an die Kanalverwaltung bzw. an den Fiskus verkauft werden. Im selben Jahr war Felix vorm Waldes Mutter verstorben, nachdem schon 1913 vor dem 1. Weltkrieg der Vater Johann vorm Walde gestorben war. Dieser hatte das Kohlhaus 1897 erworben und war von Essen-Borbeck als Rentier und ehemaliger Mühlenbesitzer nach Gahlen-Hardt gezogen. Für den Verkauf des Kohlhauses bekam Felix vorm Walde eine „gebührende Entschädigung", so dass er sich einen Bauernhof in Ratingen bei Düsseldorf kaufen konnte, den er aber verwalten ließ, und als Pächter des Kohlhauses zufrieden war, weil er so die Existenz des historischen Ortes retten konnte.

Der Hauptlehrer Otto Erley aus Gahlen, der 1936 auf der Hardt Schützenkönig wurde, obwohl er schon 77 Jahre alt war, hat zu seiner Zeit in einer Zeitung in Serie eine ausführliche Geschichte des Kohlhauses verfasst, diese trägt den Titel „Märkische Steinkohle für klevische Lande. Geschichtliches um das Gahlener Kohlhaus". Dass Felix vorm Walde, der sonst in den neueren Darstellungen des Kohlhauses nicht vorkommt, obwohl er 62 Jahre auf dem Gutshof gelebt hat, gebührend gewürdigt wird, ist Hans-Jürgen Miserok von der Hardt zu verdanken, der „ausführliche Berichte und Geschichten vom und um das Kohlenhaus an der Lippe" dem Stadtarchiv in Dorsten zur Verfügung gestellt hat, dessen Leiterin Christa Setzer mich auf diese Unterlagen hingewiesen hat. Diese Zusammenstellung enthält auch Bilder des Ehepaares Felix und Sofie vorm Walde, geborene Bückemeyer, und eben den außerordentlich detailreichen Abdruck über die Geschichte des Kohlhauses von Otto Erley, die mit einer Würdigung der Persönlichkeit Felix vorm Waldes abschließt: „Er hat es vorgezogen, lieber als Pächter im ‚Kohlhaus'

Sofie v. d. Walde, geb. Bückemeyer

zu bleiben, offenbar deshalb, weil er sich mit der Stätte, die er solange mit Liebe und Fleiß betreut hat, aufs innigste verbunden fühlt."

In diesem Zusammenhang ist mir als Hardter gerade eine geschichtliche Reminiszenz begegnet, die sich zu erwähnen lohnt. Johannes Buchmann von der Hardt, der 2011 sein Buch "Der Rest wurde am Boden zerstört. Erinnerungen an den Luftkrieg im Mittelmeer und an eine abenteuerliche Flucht aus sowjetischer Gefangenschaft" in Dorsten vorgestellt hat, schreibt an einer Stelle über seine Mutter Amelie Burg, dass sie ihren Beruf als Putzmacherin im Kohlhaus entdeckte, „unweit ihres Elternhauses direkt an der Lippe, wo vor dem Bau der Kanäle im Ruhrgebiet die in Bochum geförderte Kohle auf Schiffe umgeladen wurde", als die Hausbesitzerin des Kohlhauses, nämlich Felix vorm Waldes Mutter, sie „mit modischen Belangen und mit Handarbeit vertraut gemacht" hat. (Aachen 2010, S. 32/33)

Als Vorbereitung des Veranstaltungsjahres „Ruhr 2010", in dem der Gahlensche Kohlenweg als Kunststraße für die Kultur wiederbelebt wurde, schreibt der Schermbecker Helmut Scheffler in der „Dorstener Zeitung": „Die Kunstwerke entlang der 29 Kilometer langen Strecke sollen an die Aufenthaltsorte der Fuhrleute ... erinnern und damit Blickwechsel auf eine wichtige, vom Material geprägte Region ermöglichen." Dieser Zeitungsartikel vom 2. Januar 2008 bringt ein schönes Bild vom Kohlhaus, auf dem vielfältiges Federvieh zu sehen ist, erwähnt aber leider auch nicht den letzten Besitzer und Pächter des Kohlhauses, Felix vorm Walde.

Die im Zusammenhang mit dem Kohlhaus genannten Namen von Persönlichkeiten sind mir aus eigenem Erleben bekannt, besonders das Ehepaar vorm Walde. Mein Vater Peter Lindgens war seit 1920 auf der Hardt an der Overbergschule in der Storchsbaumstraße Lehrer und wohnte bis zu seinem Tod 1971 auf der Hardt, er hatte sich schon früh mit Felix vorm Walde angefreundet und hat ihm bei seiner Beerdigung Anfang August 1971 noch die letzte Ehre erwiesen, er starb selber am 15. August und damit schloss sich der Ring einer Freundschaft, die über 51 Jahre Bestand hatte.

Mein Bruder Peter und ich lernten bei Besuchen unserer Eltern im Kohlhaus das Ehepaar vorm Walde kennen, der Gutshof mit seinen Gärten und Wegen kam uns vor wie ein Schloss aus Grimms Märchen und wir hingen an den Lippen des Gutsherrn, wenn er mit seiner sonoren, durchdringenden Stimme von seinen Erlebnissen mit einem gewissen Rittmeister erzählte, der in seinem Regiment die Kavallerie befehligte. Während mein Vater als Vorsitzender, Oberst und Schützenkönig leidenschaftliches Mitglied des Hardter Schützenvereins war, liebte Felix vorm Walde eher die Jagd. So findet sich in Klaus Beisenbuschs Buch „Leben in Alt-Dorsten 1900 – 1950" ein Foto auf Seite 115, wo die „große Dorstener Jagdgesellschaft" dargestellt ist, zu der, wie Klaus Beisenbusch unter dem Bild schreibt, auch Persönlichkeiten von Dorsten wie „Adolf Böckenhoff, Josef Calkum, Wilhelm Otto Duesberg, Theodor Schmidt, Dr. med. Franz Schwegmann und Felix vorm Walde" gehörten. (Dorsten 2000)

Felix vorm Walde, Jahrgang 1878, war ein ausgesprochener Junggeselle, er lebte von 1913 bis 1925 zusammen mit seiner Mutter auf dem Gutshof, wo sie (wie z.B. die Mutter von Johannes Buchmann) junge Damen in hauswirtschaftlichen Dingen betreute. Unter diesen Damen war auch die 1902 geborene Sofie Bückemeyer, die aus der Nachbarschaft stammte und als Hausdame angestellt wurde. Erst in den vierziger Jahren hat Felix sie geheiratet. Der größte Teil der Hardter Bevölkerung war nach dem Augsburger Religionsfrieden 1555 protestantisch, auch heute noch gehört die Hardter evangelische Kirche zu Gahlen, das eine evangelische Hoheit hatte. Toleranz hat die Hardt gepflegt, weshalb 1912 auf der Hardt die katholische Overbergschule eingerichtet wurde. Die wenigen katholischen Hardter wie Felix vorm Walde, die Bauern Franz Hoffrogge und Josef Timmermann, waren von der evangelischen Mehrheit der Hardter anerkannt. Peter Lindgens wurde sogar 1934 als Katholik Schützenkönig auf der Hardt. Felix vorm Walde spazierte sonntags mit seinem obligatorischen Spazierstock über die Hardt zur katholischen St. Agatha-Kirche in Dorsten und kehrte beim Rückweg in verschiedenen Gaststätten ein, so zum Beispiel bei meinem Onkel Josef Beisenbusch, der 1945 seine Kneipe, die er vorher am Markt in Dorsten hatte, an der Ecke Klosterstraße/Storchsbaumstraße eingerichtet hatte. Bis 2009 lebte in diesem Haus seine Tochter Elisabeth Bischoff mit ihrer Familie. Nach „Tuttis" Tod, Tutti war ihr Kurzname, weil viele Frauen aus dem Hause Beisenbusch den Namen Elisabeth trugen, ließ ihr Sohn Christian das Bungalowhaus abreißen, um ein neues Gebäude hier auf der Hardt zu errichten.

Felix vorm Walde war ein leidenschaftlicher Fußgänger, einen persönlichen Autopark besaß er nicht, seine Frau Sofie erledigte ihren Einkauf in der Stadt Dorsten meistens mit dem Fahrrad. Sie musste nach dem Tod ihres Mannes den Abriss des Kohlhauses erleben und zog in ein eigenes Haus in der Overbergstraße, hinter dem Komplex, wo früher die bekannte Hardter Gaststätte „Elbers" stand. Sie überlebte ihren viel älteren Mann nicht einmal um zwei Jahre und starb schon am 18. Februar 1973.

Nachkommen besaßen Felix und Sofie vorm Walde nicht. Ein Neffe von Felix verwaltete den Gutshof in Ratingen bei Düsseldorf, der dann an die Stadt Düsseldorf verkauft wurde, als der Flughafen Lohausen erweitert wurde.

Felix vorm Walde war auf der Hardt und in Dorsten eine einzigartige Persönlichkeit, die von 1909 bis 1971 auf der Hardt in Dorsten lebte. Er hat auch 40 Jahre nach seinem Tod eine Hommage verdient, wenn er auch an die Persönlichkeit eines Napoleon nicht heranreichen kann. Von ihm handelt eine Inschrift auf dem Marktbrunnen, den Schwester Paula vom Dorstener Ursulinenkloster gestaltet hat und der vor dem Alten Rathaus am Markt steht: „Napoleon rastet auf der Flucht 1813 im Kohlhaus." So wird mit dem Kohlhaus eine Linie von Friedrich dem Großen, dem berühmten Preußenkönig der Aufklärung, gezogen zum Kaiser der Franzosen, der halb Europa mit Krieg überzog, dann seine Niederlagen bei Moskau, Leipzig und Waterloo erlebte und 1821 in Longwood auf der Insel St. Helena starb. Nach der Völkerschlacht bei Leipzig soll er auf der Flucht nachParis im Kohlhaus geschlafen haben, nachdem er im damaligen Sommerhaus auf dem Gelände des Kohlhauses sich entspannt hatte. 1900 hatte die bekannte Hardter Familie Heselmann von Johann vorm Walde dieses Gelände gekauft. Bis 1912 stand dieses Sommerhaus, das viele Dorstener zum Kaffee bewirtet hatte. Zur geschichtlichen Verbürgung schreibt der Chronist Otto Erley: „Dokumentarische Beweise hierfür liegen nicht vor, doch kann es leicht möglich sein, weil Napoleon die Besichtigungsreise liebte, um die annektierten Länder kennenzulernen. Unter den noch lebenden ältesten Nachbarn des ‚Kohlhauses' ist niemand, der von diesem Gerücht etwas weiß." Otto Erley bringt nicht die Version von der Flucht 1813, sondern verknüpft das Gerücht mit der französischen Zeit von 1808 bis 1813, als „Napoleon I. während einer Besichtigungsreise am Niederrhein und der unteren Lippe eines Tages auch das ‚Kohlhaus' besucht, in ihm übernachtet und am folgenden Nachmittag mit seiner Begleitung in dem Sommerhäuschen seine Kaffeemahlzeit eingenommen habe." Während der Gahlensche Kohlenweg im Zusammenhang mit dem Kulturhauptstadtjahr 2010 gut erforscht ist und zur Kunststraße erhoben wurde, bleibt die jüngere Geschichte des Kohlhauses selbst noch Aufgabe für die Wissenschaft und die Heimatforschung. Zur Gestaltung des Kohlenweges als Kunststraße hatten „sich die Kunstvereine Gelsenkirchen, Hattingen, Virtuell-Visuell Dorsten sowie die Bochumer ‚Galerie Januar' und der Förderverein der Zeche ‚Unser Fritz 2/3' zusammengeschlossen", um „mit Werken zeitgenössischer Künstler den Verlauf des historischen Verkehrsweges in Erinnerung zu rufen", wie es Christa Setzer und der 1. Vorsitzende des Vereins für Orts- und Heimatkunde in Dorsten, Dr. Josef Ulfkotte, in der Ausgabe 4 von „Dorsten – einst und jetzt" im September 2010 schreiben. (S. 1) Helmut Scheffler hatte schon 2008 auf die Bedeutung dieser Kunststraße hingewiesen: „Die Werke der Künstler stellen elementar in Form und Farbschöpfung Bezüge zur Historie her, rufen nachdrücklich spezifische Orte ins Gedächtnis und veranschaulichen mit ihren eigenen Ausdrucksqualitäten den eminenten Strukturwandel einer von der Technologie und Industrie gestalteten Landschaft." (Ruhr Nachrichten vom 2. Januar 2008)

Während die Entwicklung der Technologie und Industrie durch die Schiffbarmachung und den Eisenbahnbau den Kohlentransport zur Lippe überflüssig machte, verlor das Kohlhaus seine funktionelle Bedeutung, wurde aber durch die Landwirtschaft wiederbelebt und gewann eine neue Bedeutung als Gutshof. Dass das Kohlhaus als historische Stätte und landwirtschaftlicher Produktionsort seinen Rang behielt, war für das 20. Jahrhundert der Familie vorm Walde zu verdanken und in ihr besonders dem letzten Besitzer und Pächter Felix vorm Walde. In diesem Verständnis sollen meine Darlegungen einen historischen Beitrag leisten.

2) Historische Nachbarschaften von Krankenhaus, Schule und Kirche
(Zuerst erschienen: Heimatkalender der Herrlichkeit Lembeck und der Stadt Dorsten 2013)

Das Gelände, auf dem heute das St. Elisabeth Krankenhaus auf der Hardt in Dorsten steht, hat eine bedeutende historische Tradition für die Geschichte Dorstens vom Dorf zur Stadt und darüber hinaus, die Gebiete nördlich und südlich der Lippe waren wesentlich für die Entwicklung Dorstens an der Lippefurt, die die beiden Teile verband. Der westliche Teil des südlichen Gebietes wurde durch den Schölzbach abgetrennt, den es heute noch gibt, auch wenn seine Mündung in die Lippe 1633 zur Stadt hin verlegt wurde. Früher mündete der Schölzbach zwischen dem Kohlhaus im Westen und den Schölzbachniederungen beim Storchsbaum in die Lippe, also dort etwa, wo man sich die heutige Storchsbaumstraße nach Norden verlängert denken muss. Der Schölzbach war seit eh und je Grenzfluss und trennte Rheinland und Westfalen. Die Hardt gehörte politisch bis 1929 zu Gahlen und damit früher zum Herzogtum Kleve, während der nördliche Teil zum Bistum Münster gehörte und der östliche Teil zum Vest Recklinghausen in der Erzdiözese Köln. Seit dem Augsburger Religionsfrieden 1555 war Gahlen mit der Hardt evangelisch, während Dorsten katholisch blieb. Kirchlicherseits gehört die Hardt auch heute noch zu Gahlen, während die Gemeinde selbst seit 2010 zu Dorsten zählt.

An der heutigen Storchsbaumstraße auf der Hardt liegt die Pestalozzischule, die früher „Overbergschule" hieß und seit ihrem Bau 1912 eine katholische Konfessionsschule war, während die ursprüngliche Pestalozzi-Schule an der Gahlener Straße unterhalb des Hardtberges für den hauptsächlich evangelischen Bevölkerungsteil errichtet worden war. In neuerer Zeit wurden zwei Kirchen gebaut, die evangelische Kirche auf dem ehemaligen Sportplatz, der zur früheren Pestalozzi-Schule gehörte und die katholische Kirche auf den Feldern zwischen der heutigen Klosterstraße, die früher Mittelstraße hieß, und der Storchsbaumstraße. Die Felder waren früher Eigentum der Familie Beisenbusch auf dem Bergkamp und wurden vor der Gründung der katholischen Nikolaus-Kirche an die Kirche verkauft bzw. Grundstücke wurden getauscht. Die evangelische Friedenskirche wurde 1963 errichtet. Beide Kirchen sind durch regelmäßigen ökumenischen Austausch miteinander verbunden.

Zwischen der Storchsbaumstraße und der Gahlener Straße lagen früher nur Wiesen. In diesen Wiesen soll früher der Hof „Leemwysche" gelegen sein, von dem heute nur noch der neuzeitliche Straßenname Lehmwiese kündet. Jenseits der Gahlener Straße gab es seit alten Zeiten ein Hofgelände, das als Bergkamp zum ehemaligen Oberhof Dorsten gehörte. Im 19. Und 20. Jahrhundert bis 1928 war der Bergkamphof, auf dem meine Mutter Elisabeth 1897 geboren wurde, im Besitz der Familie Beisenbusch. Sie war die Tochter des Landwirts Wilhelm Beisenbusch, der in erster Ehe mit Maria Fahnenbrock und in zweiter mit Anna Lehmkuhl verheiratet war. Maria Fahnenbrock, Jahrgang 1865, starb schon mit 34 Jahren, auch deren ältester Sohn und Hoferbe Heinrich Beisenbusch hatte auf dem Hof kein

Glück, seine erste Frau mit ihrem ersten Kind kam hier zu Tode, weshalb er 1928 den Hof an das St. Elisabeth Krankenhaus verkaufte und sich einen neuen Hof in Waltrop an der Brücke des Datteln-Hamm-Kanals kaufte. Deshalb wird der Beisenbusch-Hof in der Literatur „Krankenhaus-Hof" genannt, so zum Beispiel bei Franz Schuknecht in seinem Sammelband „Dorsten und die Herrlichkeit Lembeck. 2000 Jahre Geschichte an der Lippe", das 2011 vom Verein für Orts und Heimatkunde Dorsten herausgegeben wurde. Dort spricht er in seinem ersten Aufsatz „Topographie und Genese der Stadt Dorsten" von dem Oberhof Dorsten und dem Hof Leemwysche, die von der Flur her ein eigenes Blockgemenge darstellen, nämlich Parzellen verschiedener Eigentümer: „Die Flur des Oberhofes liegt westlich der Stadt – die Parzellierung begann bereits in vorstädtischer Zeit durch Aufteilung der Hofländereien an die hofhörigen Einwohner des Dorfes Dorsten. Die Pachtgelder für diese Ländereien zog das Stift Xanten noch im 14. Jahrhundert ein. Innerhalb dieser Hofländereien liegt der ehemalige Hof Bergkamp, im 20. Jahrhundert auch Krankenhaus-Hof genannt." (S. 20)

Daraus ergibt sich, dass der Hof Bergkamp politisch und kirchlich zum Machtbereich des Xantener Stiftes gehörte. Über diesen Hof heißt es weiter: „Der Dorstener Oberhof war ein großer Einzelhof, nach heutiger Bezeichnung ein Gutshof. Der Bach, an dem Hof und Hofsmühle liegen, trägt daher den Namen Schölzbach, d.h. Bach des (Hof-) Schulten. Die (ehemalige) Lage in der Gemarkung Gahlen ist ein weiteres Argument für die Hofstelle, diese Lage hängt mit der Klever Vogtei zusammen, welcher der Hof unterstand. Heute steht auf dem Gelände das neue Krankenhaus." (S. 21)

Das Xantener Stift gehörte zum Feudalbereich des Grafen von Kleve, der „als weltlicher Schutzherr dieser Einrichtung auftrat und zudem die Rechtsprechung (Blutgericht) über die unfreien Bauern übernahm." (Franz Schuknecht a.a.O. S. 361) Auf dem Bergkamphof saß als Stellvertreter des Landesherrn der Schulten oder Schulze, „der auf lokaler Ebene Abgaben einzog und eventuell Recht sprach (Niedergericht)." (a.a.O. S. 360)

Die Geschichtsstation am Eingang des heutigen St. Elisabeth Krankenhauses enthält eine Reihe neuzeitlicher Hinweise, die zunächst auf das alte Krankenhaus östlich der Schölzbachbrücke an der Gahlener Straße Bezug nehmen. Der Dorstener Pfarrer Wilhelm Schmitz hatte 1850 den Grundstein gelegt für das Krankenhaus an der Gahlener Straße und später am Westwall, das zwei Jahre danach in Betrieb genommen wurde. 1928 kaufte der damalige Dorstener Pfarrer Ludwig Heming den früheren Bergkamphof von meinem Onkel Heinrich Beisenbusch. Eine Notiz aus der „Dorstener Volkszeitung" vom 4. Oktober 1991 erwähnt die Tatsache, dass der Bischof von Münster wegen des zu hohen Kaufpreises den Pfarrer als Kuratoriumsvorsitzenden ablöste und ihn durch Kaplan Schneider ersetzen ließ. (Nachricht von Cäcilie Rietmann in Dorsten)

An den Pfarrer Wilhelm Schmitz und den damaligen Besitzer des Bergkamphofes erinnern die Straßennamen, an denen das heutige Krankenhaus liegt: „Pfarrer-Wilhelm-Schmitz-Straße" und „Am Beisenbusch".

Über die Gahlener Straße und die Lehmwiese gelangt man zur Overbergschule an der Storchsbaumstraße. An dieser Schule war mein Vater Peter Lindgens von 1920 bis zu seiner Pensionierung 1956 Lehrer, zuletzt als Leiter dieser Schule. 1973 wurde die Overbergschule in Pestalozzi-Schule umgetauft und verlor ihren katholischen Charakter, nur die Overbergstraße erinnert heute noch an den bekannten Pädagogen aus Münster, Bernhard Overberg, der zum Kreis um die Fürstin Amalie von Gallitzin gehörte, die das Leben der Kirche durch „katholische Aufklärung" erneuern und durch soziale Aktionen die Verantwortlichkeit der Laien stärken wollte. Selbst Goethe hat von ihr geschwärmt, als er auf der Rückkehr von seinem Besuch der „Kampagne von Valmy" 1792 in Münster eintraf, nachdem er über Luxemburg, Koblenz, Köln, Duisburg, Dülmen in die Bischofsstadt gereist war. (s. Reisebeschreibungen in: Goethe, Die Reisen, Zürich-München 1978, S. 1008-1037)

Feldpostkarte 1915 von P. Lindgens (ganz rechts)

Die Pestalozzi-Schule an der Gahlener Straße war die ursprüngliche evangelische Schule auf der Hardt. Sie hat ihren Namen von dem Schweizer Sozialpädagogen Johann Heinrich Pestalozzi, dem Begründer der Volksschule. Nach Aufgabe der Overbergschule als Konfessionsschule und der Verlegung der Pestalozzi- Schule zur Storchsbaumstraße wurde diese Schule zur Zweigstelle der katholischen St. Agatha-Schule aus Dorsten, die mangels Nachfrage geschlossen wird. Von 1975 bis zu seinem frühen Tod 1983 war Karlheinz Bischoff Rektor an der konfessionsungebundenen Pestalozzi-Schule an der Storchsbaumstraße. Er war der Ehemann von Elisabeth, geborene Beisenbusch, genannt Tutti, deren Vater ein Stiefbruder meiner Mutter war, nämlich Josef Beisenbusch, genannt Jupp. Nach Zerstörung der Stadt Dorsten am 22. März 1945 baute er sich auf der Hardt eine neue Wirtschaft auf, die an der Ecke Klosterstraße/Storchsbaumstraße lag. Nach Tuttis Tod errichtete ihr Sohn Christian an dieser Stelle ein neues Wohnhaus. Dieses Land und die Grundstücke gegenüber in westlicher Richtung waren Eigentum der Beisenbusch-Erben.

Pfarrer Franz Westhoff kaufte in den sechziger Jahren von ihnen für die St. Agatha-Gemeinde in Dorsten Grundstücke oder tauschte sie, um dort 1964 die St. Nikolaus-Kirche zu errichten. An dieser Kirche war mein Vater Peter Lindgens bis zu seinem Tod 1971 Mitglied des Kirchenvorstandes. So schließt sich der Kreis, der die Nachbarschaft vom neuen St. Elisabeth-Krankenhaus, der Overbergschule, die jetzt Pestalozzischule ist, und der St. Nikolaus-Kirche kennzeichnet und die Hardter Familien Beisenbusch und Lindgens miteinander verbindet.

Pfarrer Westhoff mit Blumenkindern, Kaplan Werners und Pater Heribert vor dem Weihbischof Roloff

3) Die Geschichte der Overbergschule auf der Hardt in Dorsten
(Zuerst erschienen: Heimatkalender der Herrlichkeit Lembeck und der Stadt Dorsten 2013)

Die Hardt gehörte bis 1929 zum Rheinland, d.h. zur Gemeinde Gahlen im Kreis Dinslaken. Hier war der Niederrhein in erster Linie von evangelischen Familien bewohnt, von denen die meisten Landwirte waren. Der Schölzbach, dicht vor der Stadt Dorsten am Westwall, war die Grenze zwischen Rheinland und Westfalen, zwischen dem Vest Recklinghausen und der niederrheinischen Provinz. Längs des Baches verlief die Grenzstraße, die heute Clemens-August-Straße heißt, nach dem berühmten Bischof aus Münster, Clemens August Graf von Galen, der 1941 in drei Predigten in Münster die Nationalsozialisten wegen ihres Euthanasieprogrammes des Mordes anklagte.

Der Ortsteil Östrich zwischen der Hardt und Gahlen kam 1975 zu Dorsten, Gahlen selbst im Jahre 2010, so dass sich Westfalen leicht nach Westen verschoben hat. 1912 wurde ein Schulgebäude mit Lehrerwohnung an der Storchsbaumstraße 37 errichtet und bekam den Namen „Overbergschule" als katholische Grund- und Hauptschule. Sie war für die Minderheit der katholischen Familien auf der Hardt gedacht, da in den letzten Jahren mehr katholische Bauern auf der Hardt sich angesiedelt hatten. Die Schule hatte zwei Klassenräume, in denen alle Grund- und Hauptschüler zusammen unterrichtet wurden.

1920 kam mein Vater Peter Lindgens an diese Schule und unterrichtete zusammen mit dem Kollegen Hans Hünnecke die katholischen Schüler und Schülerinnen der Hardt. Für Peter Lindgens, geboren 1890, war dies die erste Stelle, nachdem er im Januar 1914 am „Königlichen Lehrerseminar" zu Odenkirchen im Rheinland sein Zeugnis über die Entlassungsprüfung als Lehrer erhalten hatte. Das Zeugnis liegt im Original vor. Verbunden mit diesem Zeugnis war das „Zeugnis über die wissenschaftliche Befähigung für den einjährig-freiwilligen Dienst" beim preußischen Militär. Wahrscheinlich hat er diesen Dienst angetreten und nach Kriegsausbruch 1914 am Krieg in Frankreich teilgenommen, wie ihn ein Bild von 1915 als Soldaten zeigt. Er geriet 1916 in den Vogesen in französische Gefangenschaft, in der er bis 1920 verblieb. Aus dieser Zeit gibt es Dokumente.

Mit der Ernennungsurkunde vom 15. Mai 1921 wurde er durch die „preußische Regierung zu Düsseldorf, Abteilung für Kirchen und Schulwesen" endgültig zum Lehrer des Schulverbandes Gahlen, Kreis Dinslaken ernannt. Peter Lindgens war von dieser Zeit bis zu seiner Pensionierung 1956 Lehrer an der Overbergschule in der Storchsbaumstraße, bis 1939 als erster Lehrer und nach 1945 ab 1953 als Hauptlehrer. Aus dieser Zeit liegt reiches Bildmaterial vor.

Die Volkspädagogik eines Johann Heinrich Pestalozzi aus dem 18. Jahrhundert war grundlegend für die evangelischen Grundschulen und so wurde die zentrale Volksschule auf der Hardt Pestalozzi-Schule genannt. Sie lag an der Gahlener Straße, sozusagen am Fuß des Hardtberges. Pestalozzi beeinflusste

Lehrer P. Lindgens (links) und H. Hünnecke mit Schülern an der Overbergschule

die „katholische Aufklärung" des 19. Jahrhunderts, auch die katholische Pädagogik eines Bernhard Overberg, der als Oberer des bischöflichen Seminars zum Kreis der Prinzessin Amalie von Gallitzin gehörte, die Geistliche und Laien um sich sammelte, um das Leben in der katholischen Kirche zu erneuern und durch die „katholische Aktion" die soziale Verantwortlichkeit der Laien zu stärken. Es war ein Zeichen von Toleranz der evangelischen Kirche, dass sie auf der evangelischen Hardt neben der Pestalozzi-Schule die katholische Overbergschule annahm.

Hans Hünnecke und Peter Lindgens betreuten zunächst nach 1920 die katholischen Schüler und Schülerinnen der Overbergschule, die Familie Hünnecke wohnte in dem angebauten Gebäude der Schule, mein Vater in der Gahlener Straße in Richtung der Stadt Dorsten, nachdem er 1928 meine Mutter Elisabeth Beisenbusch vom Beisenbusch-Hof auf dem Bergkamp geheiratet hatte. Auf diesem Hof hatte mein Vater 1920 Kost und Logis genommen. Der Erbe dieses Hofes, der älteste Bruder meiner Mutter, Heinrich Beisenbusch, hatte zu Ende der 20er Jahre den Hof an das St. Elisabeth-Krankenhaus verkauft, das in den letzten Jahren dort eine moderne Klinik errichtet hat. Eine Geschichtsstation vor dem Eingang des neuen Krankenhauses kündet von diesem Wechsel.

In der nationalsozialistischen Zeit nach 1933 konnte sich die katholische Overbergschule auch auf Grund des Reichskonkordates von 1933 bis zum Kriegsjahr 1939 halten, dann wurden Pestalozzi- und Overbergschule aufgelöst und als Gemeinschaftsschule nach dem Ort Langemarck aus dem Ersten Weltkrieg benannt, an dem gerade junge Leute, fast unbewaffnet, von den französischen Maschinengewehren niedergemäht wurden.

Im Stadtarchiv von Dorsten ist die Personalakte der Lehrerin Maria Mecklenburg vorhanden, die auch meine Lehrerin war. Um als Beamtin in der Nazizeit angenommen zu werden, musste sie „Treue zum Führer" schwören. Während mein Vater Peter Lindgens als Luftschutzleiter für die Stadt Dorsten 1937 NSDAP-Mitglied wurde, waren die Lehrerinnen Maria Mecklenburg und Agnes Beckmann nicht Parteimitglieder und hielten die katholische Tradition der ehemaligen Overbergschule in dieser dunklen Zeit aufrecht. Die beiden Hardter Schulen wurden als Langemarckschule I und II von dem SA-Mann Hauptlehrer Walter Berke geleitet, der nach 1945 diese Stelle nicht mehr bekam, sondern von Elisabeth Crüsemann vertreten wurde. Von 1952 bis 1975 wurde die Pestalozzi-Schule von Gerhard Hans geleitet, zu dem mein Vater als Hauptschullehrer der Overbergschule bis zu seiner Pensionierung 1956 ein gutes Verhältnis hatte. Nach 1945 agierten die beiden Schulen wieder als Bekenntnisvolksschulen mit ihren angestammten Namen Pestalozzi- und Overbergschule. Nachfolger meines Vaters waren dann Theo Duvenbeck und Franz Heckmann. Maria Mecklenburg wurde 1967 Konrektorin und ist auf einem Bild in dem Buch von Anke Klapsing-Reich über die 60er Jahre in Dorsten im Kreis ihrer Karneval feiernden Schüler in der Overbergschule zu sehen. (Anke Klapsing-Reich, Unsere 60er Jahre in Dorsten, Gudenberg-Gleichen 2007, S. 53)

Overbergschule

1958 wurde die Overbergschule erweitert und bekam zwei Klassenräume dazu. Die Zahl der Katholiken hatte übrigens nach 1945 wegen der Flüchtlinge und später wegen der vielen Neubauten zugenommen. Deshalb wurde auch 1964 die neue katholische Kirche St. Nikolaus nicht weit von der Overbergschule an der Storchsbaumstraße Ecke Klosterstraße errichtet, so dass die Schule eine Zukunft hätte haben müssen.

Als erste verzichtete die evangelische Pestalozzi-Schule auf ihren Bekenntnischarakter und erklärte sich zur bekenntnisfreien Grundschule. 1973 wurde die Overbergschule als katholische Bekenntnisschule aufgelöst und verlor ihren Namen. An den katholischen Volkspädagogen aus Münster erinnert jetzt nur noch die Overbergstraße auf der Hardt, die die Storchsbaumstraße an der Stelle kreuzt, wo heute die erweiterte und renovierte Gemeinschaftsschule Pestalozzi steht.

Karlheinz Bischoff, der wie sein Vater Lehrer geworden war, leitete diese Schule von 1975 bis zu seinem tragischen Tod im Jahre 1983. Sein Sohn Christian, Jahrgang 1964, wird in der „Dorstener Zeitung" vom 2. Dezember 2010 zitiert: „Er fiel plötzlich an der Schultafel um." Die ursprüngliche Pestalozzi-Schule auf der Hardt wurde zur Zweigstelle der katholischen St. Agatha-Schule der Stadt Dorsten. Jetzt hat der Stadtrat beschlossen, die letzte katholische Schule auf der Hardt wegen nachlassender Nachfrage zu schließen. Damit hat die katholische Schule auf der Hardt keine Zukunft mehr und die Overbergschule ist Geschichte.

Heute heißt die Overbergschule, wie dargelegt, Pestalozzi-Schule und ist eine Gemeinschaftsgrundschule. 2012 feierte sie ihr 100jähriges Jubiläum, obwohl sich dieses auf die Gründung der katholischen Overbergschule bezieht.

II Dokumente aus dem Familiennachlass: Programme der Nationalsozialisten zur Vernichtung der christlichen Kirchen und Klöster sowie der Tötung behinderter Menschen und Widerstand dagegen in Dorsten und im Bistum Münster

1) Das Programm der „Nationalen Reichskirche Deutschlands" von 1937 und Erläuterungen zum Programm

a) Abschrift des Programms (Dokument 1)

Das Programm der Nationalen Reichskirche Deutschlands.

1. Die nationale Reichskirche Deutschlands (künftig R.K.) beansprucht mit aller Gutwilligkeit das alleinige Recht und die alleinige Macht über alle innerhalb Deutschlands befindlichen Kirchen; sie erklärt diese zu Reichskirchen Deutschlands.

2. Das deutsche Volk hat nicht der Reichskirche zu dienen, sondern die R.K. dient ausschließlich und allein der neuen Doktrin: „Volk und Rasse".

3. Das Arbeits- und Tätigkeitsgebiet der R.K. wird abgegrenzt durch die territorialen Reichs- und Kolonialgrenzen Deutschlands.

4. Die R.K. zwingt keinen deutschen Menschen sich ihr anzuschließen, sie ist aber bereit, alles in ihren Kräften Befindliche zu tun, um auch die letzte deutsche Seele zu erfassen. Andere Kirchen und kirchenähnliche Verbände, zudem solche, die international gebunden oder dirigiert werden, kann und wird sie in Deutschland nicht dulden.

5. Die R.K. ist entschlossen, unabänderlich und mit allen Mitteln, den im Unglücksjahr 800 in Deutschland importierten und dem deutschen Volke aufgezwungenen wesensfremden christlichen Glauben auszurotten.

6. An den christlichen Kirchen darf keine grundlegende Bauveränderung vorgenommen werden; denn sie stellen deutsches Volksgut, deutsche Kultur und einen Teil des historischen Werdeganges unseres Volkes dar. Sie sind als deutsches Volksgut nicht nur zu werten, sondern auch zu erhalten.

7. In der R.K. gibt es keine Schriftgelehrten, Pastöre, Kapläne, Geistliche, sondern in ihr haben Reichskirchenredner zu sprechen.

8. Die R.K.-Feiern finden des Abends und nicht am Morgen statt, und zwar sonnabends bei festlicher Beleuchtung.

9. In der R.K. sollen sich deutsche Männer und Frauen, deutsche Jungen und Mädel zu Gott und seinen unvergänglichen Werken einmütig bekennen.

10. Die R.K. erstrebt unverrückbar ihre unausbleibliche Verschmelzung mit dem Staate. Sie hat sich diesem als dienendes Glied unterzuordnen.

11. Auf Grund dessen fordert die R.K. die sofortige Abgabe sämtlichen territorialen Besitzes aller Kirchen und Konfessionen an den Staat. Sie verbietet auch, dass künftig die Kirchen sich die kleinste Fläche deutscher Erde aneignen oder solche ihr wieder abgetreten wird; denn nicht die Kirchen erobern, sondern ausschließlich das deutsche Volk, der deutsche Staat.

12. Die R.K.-Redner amtieren als Staatsbeamte nach dem Staatsgesetz.

13. Die R.K.-Redner dürfen niemals diejenigen werden, die heute mit aller Eisigkeit und Tücke in Wort und Schrift die unbedingte Notwendigkeit und Aufrechterhaltung der christlichen Lehre in Deutschland betonen; denn die belügen nicht nur sich selbst, sondern auch das deutsche Volk, und zwar um ihrer Stellung und ihres süßen Brotes willen.

14. Die R.K. fordert die sofortige Einstellung des weiteren Druckens und Verlegens der Bibel innerhalb Deutschlands sowie weiteres Erscheinen von Sonntagsblättern, Schriften, Lektüren kirchlichen Inhalts.

15. Die R.K. hat mit aller Strenge darüber zu wachen und schärfste Gegenmaßnahmen zu treffen, dass eine Importierung der Bibel und christlicher religiöser Schriften nach Deutschland unmöglich ist.

16. Die R.K. erklärt als ihr und somit unseres Volkes größtes Dokument das Buch unseres Führers „Mein Kampf". Sie ist sich dabei wohl bewusst dessen, dass in diesem Buch nicht nur die größte, sondern vielmehr die reinste und wahrste Ethik für das gegenwärtige und zukünftige Leben unseres Volkes verkörpert ist.

17. Die R.K. hat sich unbeirrbar die Aufgabe gestellt, ihre ganze Kraft daran zu setzen, dass das Buch „Mein Kampf" so volkstümlich wird und bleibt, dass jeder Deutsche mit und nach diesem Buch seinen Lebenskampf führt und vollendet.

18. Die R.K. fordert, dass Seitenzahl und Inhalt dieses Buches, in welcher Größe es auch erscheinen mag, auch in Zukunft mit der bisher erschienenen Volksausgabe übereinstimmt.

19. Die R.K. räumt von ihren Altären das Kruzifix, die Bibel und sämtliche Heiligenbilder.

20. Auf den Altären der R.K. ist dem Deutschen Volke somit unser allerheiligstes Buch „Mein Kampf" und diesem zur linken das Schwert zu weihen. Die R.K.-Redner haben nach bestem Wissen und Können während der R.K.-Feiern dieses Buch zu erörtern.

21. In der R.K. gibt es keine Vergebung der Sünden. Sie vertritt dabei den Standpunkt und wird diesen auch immer betonen, dass einmal im Leben begangene Sünden unerbittlich gerächt werden, gerächt durch die ehernen und unumstößlichen Gesetze der Natur, und zwar auf dieser Welt.

22. Die R.K. verwirft die Taufe deutscher Kinder, zumal die mit Wasser und dem Heiligen Geist.

23. Die Eltern eines deutschen Kindes (eines neugeborenen Kindes) haben nur vor dem Altar der R.K. das Deutschlandgelöbnis abzulegen. Es hat folgenden Wortlaut:

Der Mann: „Ich schwöre bei Gott diesen heiligen Eid, dass ich Vater dieses Kindes meines Weibes und nachweislich arischer Abstammung bin. Als Vater gelobe ich, im deutschen Geist hin zum deutschen Volke zu erziehen."

Die Frau: „Ich schwöre bei Gott diesen heiligen Eid, dass ich meinem Mann ein Kind geboren habe und dass mein Mann Vater dieses Kindes ist und dass ich, die Mutter, nachweislich arischer Abstammung bin. Als Mutter gelobe ich, dieses Kind im deutschen Geist hin zum deutschen Volke zu erziehen."

24. Auf Grund dieses Deutschlandgelöbnisses darf und muss für den neuen Staatsbürger das deutsche Ursprungsdiplom ausgestellt werden.

25. Die R.K. hat die Konfirmation und den Konfirmandenunterricht sowie die Kommunion mit dem Kommunionsunterricht aufzuheben. Die Erziehungsstätten unserer deutschen Jugend sind und bleiben die Familien, die Schule, das deutsche Jungvolk, die Jungmädelschaft, die H.J. und der B.D.M. Um dem Schulabschluss unserer deutschen Jugend einen ganz besonders feierlichen Charakter zu verleihen, sind alle Reichskirchen am Staatsjugendtag, welcher auf den Freitag vor Ostern zu verlegen ist, dem Jungvolk, der Jungmädelschaft, der H.J. und B.D.M. zur Verfügung zu stellen. An diesem Tag haben ausschließlich und allein Führer dieser Organisationen zu sprechen.

26. Die Trauung deutscher Männer und Frauen erfolgt unter Ablegung des Treueschwures unter gleichzeitiger Berührung des Schwertes mit der linken Hand. In der R.K. darf keine Handlung in unwürdigem Knien vollzogen werden.

27. Den 10. Tag vor Pfingsten bestimmt die R.K. zum Feiertag der deutschen Familie.

28. Die R.K. lehnt den Landes- Buß- und Bettag ab. Sie beansprucht diesen Tag aber zur Umwandlung und Verlegung auf den Feiertag zur Grundlegung der Reichskirche.

29. Die R.K. duldet keinesfalls die Schaffung eines Zeichens kirchlich religiöser Art.

30. Mit dem Tag der Gründung der Reichskirche ist von allen Kirchen und Domen innerhalb des Reiches und der Kolonialgrenzen das Christuskreuz zu entfernen und durch das einzige unversiegbare Symbol Deutschlands, das Hakenkreuz, zu ersetzen. Im 5. Jahre nationaler Zeitrechnung.

b) Erläuterungen zum Programm

Die katholische Kirche glaubte auf Grund des Reichskonkordates vom 20. Juli 1933 vom nationalsozialistischen Staat Hitlers die Existenzgarantie und die Sicherung ihrer Rechte erreicht zu haben, die sich auf die katholische Bekenntnisschule und die katholischen Organisationen und Verbände bezogen. Sie musste aber schon bald die Nichtbeachtung des Vertrages feststellen, woraufhin sie mit der Enzyklika „Mit brennender Sorge" von Papst Pius XI. am 14. März 1937 antwortete, die insgesamt das Vorgehen des Hitlerstaates kritisierte. Die Nichtbeachtung des Konkordates wurde vollends offenbar, als nach dem Anschluss Österreichs 1938 das Konkordat nicht für das neue „Großdeutsche Reich" galt. Das seit 1937 vorliegende Programm macht deutlich, dass der Hitlerstaat die Vernichtung der christlichen Kirchen zum Ziele hatte.

Das galt auch für die Evangelische Kirche Deutschlands, die sich 1933 in Deutsche Christen und Bekennende Kirche gespalten hatte. 1934 wurde der Vertraute und Bevollmächtigte Hitlers von den Deutschen Christen, Ludwig Müller, Reichsbischof, der sich aber nicht durchsetzen konnte, zumal die Bekennende Kirche auf der Barmer Synode von 1934 das „Barmer Bekenntnis" beschloss, das die Unvereinbarkeit von totalitärem Nationalsozialismus und Evangelischer Kirche erklärte. Für die Bekennende Kirche traten besonders Dietrich Bonhoeffer, Martin Niemöller und Helmut Gollwitzer ein, die für ihren Mut Haft und Verfolgung in Kauf nahmen, Bonhoeffer den Tod.

Die „Nationale Reichskirche" sollte als einzige kirchliche Institution in Deutschland und in den Kolonialgebieten, die Deutschland nach dem Ersten Weltkrieg verloren hatte und die offenbar wieder zum politischen Programm gehörten, gelten und sie hatte der nationalsozialistischen Theorie und der nach ihr ausgeübten Praxis zu dienen.

Die neue Doktrin wurde mit dem Slogan „Volk und Rasse" festgezurrt, und es war ihr Ziel „die letzte deutsche Seele zu erfassen" und sie der christlichen Lehre abspenstig zu machen, deren Existenz beseitigt werden sollte. Da das Christentum „im Unglücksjahr 800" eingeführt wurde, also zu Zeiten Karls des Großen, der sich Weihnachten 800 vom Papst zum deutschen Kaiser krönen ließ, sollte es als „wesensfremd aufgezwungen" endgültig „ausgerottet" werden.

Die Konsequenz dieser Maßnahme war auch, dass aller Besitz der Kirche, ihre Gebäude und Dome, in den Besitz des Hitlerstaates überging. Außerdem verloren alle kirchlichen Personen ihre Ämter und Funktionen, und die sogenannten Reichskirchen-Redner hatten das alleinige Recht, in den Kirchen oder kirchlichen Räumen zu den Menschen zu sprechen.

Die Emotionen der Menschen sollten durch die Tatsache verstärkt werden, dass die Feiern nur abends bei Beleuchtung stattfinden sollten, wie überhaupt die nationalsozialistische Regie mit dem Licht und den sogenannten Lichtdomen arbeitete, um über die Gefühlsebene die Menschen besonders für sich einzunehmen.

Es fällt auf, dass der Hitlerstaat den sogenannten Gottglauben vorgegeben hat, zu dem sich alle Menschen zu bekennen hatten, weil sich in „den Werken Gottes" der Nationalsozialismus widerspiegele. Deutlich wird die absolute Verschmelzung von Kirche und Staat, und alle in der Reichskirche Tätigen wurden „Staatsbeamte", zu denen nicht ehemalige Kirchenfunktionäre zählen konnten, weil „die nicht nur sich selbst belügen, sondern auch das deutsche Volk, und zwar um ihrer Stellung und ihres süßen Brotes willen."

Alle kirchlichen Schriften wurden verboten, auch und besonders der Import von Bibeln oder anderer christlicher Literatur. An die Stelle der Bibel trat Hitlers „Mein Kampf", das als Buch der Bücher zu gelten und die Altäre zu schmücken hat, wie es mein Vater im Krieg bei einer Reise nach Ostpreußen selbst erlebte. Als Ersatz für die Bibelexegese galt nun die Interpretation des Hitlerbuches, nach dem „jeder Deutsche seinen Lebenskampf führt und vollendet." Neben dem Buch „Mein Kampf" hat links auf dem Altar das Schwert zu liegen, das als mittelalterliches Reichskleinod zum Hoheitszeichen und Krönungsschmuck der deutschen Kaiser gehörte und die Macht über Leben und Tod ausdrücken sollte. Dieses Schwert kehrt bei der Trauungszeremonie wieder und stellt damit auch die Ehe unter die Macht des Staates.

Inhaltlich wichtig ist die Tatsache, dass der für die christliche Lehre maßgebliche Begriff der „Vergebung der Sünden" abgeschafft wird, ersetzt wird er durch die Rache für „im Leben begangene Sünden", die schon „in dieser Welt" durch die Gewalt des nationalsozialistischen Staates ausgeübt wird. Dabei bestimmt der Staat selbst, was „Sünde" ist. Die Zugehörigkeit zur einer „nichtarischen Rasse" genügte schon, um der „Rache" der Nationalsozialisten anheimzufallen, wie es den Juden millionenfach geschehen ist.

In den christlichen Kirchen sind die Zeremonien der Taufe, Trauung, Konfirmation und Kommunion von großer Bedeutung. Die Nationalsozialisten nehmen den Zeremonien ihren kirchlichen Charakter und machen sie zu einer staatlichen Institution. Sie verwerfen die christliche Taufe „mit Wasser und dem Heiligen Geist" und setzen an ihre Stelle das „Deutschlandgelöbnis" der Eltern, das im Wortlaut abgedruckt wird, jeweils getrennt nach Mann und Frau, wobei beide schwören, Vater oder Mutter des betreffenden Kindes zu sein, wichtiger als die Abkunft scheint den Nationalsozialisten „die arische Abstammung", die noch durch den Begriff „nachweislich" besonders betont wird. Hinzu kommt das Gelöbnis der Erziehung „im deutschen Geist hin zum deutschen Volk." Als Ergebnis dieses Vorganges wird den Eltern für das Kind „als neuen Staatsbürger" ein Dokument ausgehändigt, das sich „das deutsche Ursprungsdiplom" nennt.

Es ist klar, dass die Erziehung allein der Staat mit einer nationalsozialistischen Schule und den angeschlossenen Organisationen übernimmt: Alle Jugendlichen sind erfasst „im deutschen Jungvolk, in der Jungmädelschaft, der H.J. (Hitlerjugend) und dem B.D.M. (Bund deutscher Mädel)." Höhepunkt der blasphemischen Veränderung der Feiertage ist die Verlegung der „Schulabschlussfeier" auf „den Freitag vor Ostern", auf den für die christlichen Kirchen hohen oder sogar höchsten Feiertag, den Karfreitag, an dem nach dem Hitlerschen Führerprinzip „ausschließlich und allein Führer dieser Organisationen zu sprechen" haben.

Die in der katholischen Kirche übliche Kniebeuge wird als „unwürdig" abgelehnt. Der Buß- und Bettag, der in der evangelischen Kirche eine nicht geringe Bedeutung hat, wird abgeschafft und zum Feiertag „der Gründung der Reichskirche" erklärt. Umso bedauerlicher ist es, dass in jüngerer Zeit in allen Ländern, außer im Freistaat Sachsen, der betreffende Feiertag abgeschafft wurde, um den Ertrag der werktäglichen Arbeit für die Pflegeversicherung einzusetzen. Der Himmelfahrtstag wird als „Feiertag der deutschen Familie" bezeichnet, wobei der heutige „Vatertag" leider auch seinen kirchlichen Charakter verloren hat.

Zum Schluss versteigt sich das Programm zu einem schlimmen Vorgang, nämlich zur Entfernung des Christuskreuzes auf den Kirchen und Domen, das durch das Hakenkreuz ersetzt wird, das als „das einzige unversiegbare Symbol" bezeichnet wird. Schließlich wird auch eine neue Zeitrechnung eingeführt, wie sie auch die Französische Revolution vergeblich versucht hat, nämlich vom Tag und Jahr der Machtusurpation der Nationalsozialisten am 30. Januar 1933 zu rechnen, diese Denkweise steht hinter dem hochtrabenden Begriff: „Im 5. Jahr nationaler Zeitrechnung", nämlich im Jahre 1937 nach Christi Geburt.

2) Zwischen augenscheinlicher Anpassung und vorsichtiger Distanz: Der Brief der Aenne Galland an Adolf Hitler über Hermann Göring

(Zuerst erschienen: Heimatkalender der Herrlichkeit Lembeck und der Stadt Dorsten 2011)

a) Einführung in Zeit und Umstände

Der Brief von Aenne Galland zur Rettung der Oberschule der Ursulinen in Dorsten vor der Verstaatlichung durch die Nationalsozialisten ist ein Dokument des Zeitgeschehens.

Adolf Galland, Jahrgang 1912, war einer der erfolgreichsten Jagdflieger im Zweiten Weltkrieg, 1941 Oberstleutnant mit Ritterkreuz, 1942 Inspekteur der Jagdflieger und 1944 Generalleutnant der Deutschen Luftwaffe.

Er stammte aus Westerholt und war 1941 „heimischer Ritterkreuzträger", wie ihn der nationalsozialistische „Westfälische Beobachter" feiert, als im Dezember 1941 der Stukaflieger Theo Nordmann seine Heimatstadt Dorsten besucht und als erster Ritterkreuzträger der Stadt mit allen Ehren empfangen wird. Nordmann war sechs Jahre jünger als Galland und starb im Kriegsmonat Januar des Jahres 1945, während Galland noch nach dem Krieg von 1949 bis 1955 als Berater der argentinischen Luftwaffe fungierte.

Im Juli 1941 wandte sich die Mutter von Adolf Galland, Frau Aenne Galland, über Hermann Göring, der für die Luftwaffe zuständig war, an Adolf Hitler, um die Oberschule der Ursulinen vor der Verstaatlichung zu retten. Dieser Brief war ein mutiger Vorgang für eine Frau, die als Mutter eines für die Nazis sehr erfolgreichen Jagdfliegers in das nationalsozialistische System eingegliedert war. Sie beruft sich in ihrem Brief auf die eigene Schullaufbahn bei den Ursulinen und nennt die Ursulaschule eine „Kulturstätte, die über 240 Jahre lang in Westfalen segensreich besteht und die mir den Geist vermittelte, in dem ich meine vier Söhne für das Vaterland aufziehen durfte." Sie macht den ursulinischen Geist mitverantwortlich für ihre eigene Erziehung, die sie auch ihren Söhnen angedeihen ließ, die nun im Krieg an der Front standen und wie ihr Sohn Adolf besondere Leistungen für den nationalsozialistischen Krieg erbrachten.

Sie unterlässt es dabei nicht, die Schwestern zu loben als „hervorragende, selbstlose Pädagogen aus alteingesessenen Familien, die den 350 Schülerinnen neben einer gründlichen Schulbildung eine tiefe Liebe zu Heimat und Vaterland vermitteln." Sie weiß, dass solche Begriffe bei den Nationalsozialisten ankommen und schreibt sie den Ursulinen zu, um deren Tätigkeit für die damalige Zeit in einem guten Licht erscheinen zu lassen.

Dies verbindet sie mit einem ausgesprochenen Lob für die katholischen Schwestern in einer Zeit, wo Nonnen und andere Ordensleute gegen die Bestimmungen des Reichskonkordates von 1933 aus ihren sozialen Einrichtungen und eigenen Klöstern vertrieben wurden.

Der für Westfalen zuständige Bischof von Münster, Clemens August Graf von Galen, wird im August desselben Jahres seine berühmte Predigt gegen das sogenannte Euthanasieprogramm der Nazis halten, in der er darauf hinweist, dass Behinderte aus den sozialen Einrichtungen herausgeholt würden, um getötet zu werden. Er brandmarkt dies öffentlich als Mord.

In dieser Zeit sich für eine katholische Schule einzusetzen, war sehr mutig und zeugt von einer aufrechten Haltung der Frau Galland, auch wenn sie die Autorität ihres Sohnes als Rückhalt für sich vermutete.

Deshalb unterstützt sie auch mit vielen anderen Eltern und Persönlichkeiten, zu denen auch nationalsozialistische Vertreter gehörten, die Eingaben der Ursulinen an die Behörden in Münster, indem sie sich energisch für die Beibehaltung der Schule unter der Leitung der Ursulinen einsetzt. Sie bezeichnet diesen Einsatz als „die erste und einzigste Bitte", die sie persönlich an Adolf Hitler richtet, und zwar „als Mutter des Oberstleutnant Galland und meiner drei anderen Söhne, die an vorderster Linie für das Vaterland kämpfen." Sie bittet auch noch Hermann Göring um Vermittlung und stellt sich ihm als „Mutter eines ihrer bewährtesten Flieger" vor, um ihrem Anliegen Nachdruck zu verleihen. Dabei hofft sie, dass Göring die Angelegenheit vielleicht schon hat erledigen können. Der Brief hatte keinen Erfolg. Die Oberschule wurde ausgegliedert, in das Gebäude des Gymnasium Petrinum verlegt und unter die Leitung einer nationalsozialistischen Direktorin gestellt. Die Mittelschule dagegen konnte den Nonnen erhalten bleiben, wenn auch unter kommissarischer Leitung von außen, die aber der Schule ihr Eigenleben gestattete. Im Laufe des Krieges wurde das Kloster zum Lazarett erklärt und so vor der Beschlagnahme durch die SS gerettet. Besondere Verdienste dabei erwarb sich die damalige Oberin Mater Petra Brüning, die den Bestand des Klosters wahrte und „ihre Schwestern vor den Nachstellungen der Gestapo beschützte", wie es Wolf Stegemann und Maria Frenzel in ihren „Lebensbilder..." aus Dorsten schreiben. (Dorsten 1997, S. 90)

b) Anmerkungen von Gisela Lindgens zur Herkunft des Briefes

Wie Wolf Stegemann und Maria Frenzel in ihrem Buch „Lebensbilder aus sechs Jahrhunderten Dorstener Stadtgeschichte" berichten, ordnete die Oberin der Ursulinen, Mater Petra, kurz vor der angedrohten Schließung des Klosters durch die Nationalsozialisten die Verbringung von Wertsachen zu Freunden in der Stadt an.

Zu ihren vertrauensvollen Freunden zählte auch mein Vater, der Elektromeister Bernhard Große-Lochtmann; er war unmittelbarer Nachbar und zuständig für die Stromversorgung des Klosters und seiner Schulen; er war auch als einer der wenigen Bürger und Geschäftsleute der Stadt, die nicht Mitglied der NSDAP waren, ihr Berater in persönlichen Fragen in schwieriger Zeit.

Mein Vater war mit seiner Firma vom Kriegsdienst freigestellt für die Stromversorgung in der Heimat und verfügte somit über einen Wagenpark, den er jederzeit auch für die notwendigen Fahrten der Schwestern einsetzte: So fuhr er immer wieder Mater Petra, Mater Alexia und andere Schwestern zu den Regierungsstellen in Recklinghausen und Münster, wo um die Entscheidung über Sein und Nichtsein, über Weiterbestehen oder Schließung von Kloster oder Schule verhandelt und gerungen wurde.

50 Jahre später, nach dem Tode meiner Eltern, fand meine Schwester Unterlagen und Dokumente aus Kriegstagen im Safe unserer elterlichen Wohnung, unter denen auch die meinen Eltern 1944 übergebenen Wertsachen von Mater Petra waren. Meine Mutter hatte sie vor dem Feuer im März 1945 gerettet, indem sie die Unterlagen aus dem Kloster auf unserer Flucht ins Sauerland in ihrem persönlichen Gepäck trug.

Mein Mann und ich haben diese Unterlagen zusammen mit dem Dokumentenkoffer meines Schwiegervaters mit in unser Berliner Domizil genommen, wo sich mein Mann nach seiner Pensionierung des „Koffers" annahm und die Inhalte historisch aufarbeitete (vgl. dazu Dorstener Zeitung Nr. 004, Dorsten 5. Januar 2008 „Ein Koffer voller Geschichte(n)").

Zu diesen Dokumenten gehört auch der Durchschlag des Briefes von Frau Aenne Galland zur Rettung der Oberschule der Ursulinen in Dorsten vor der Verstaatlichung vom 5. Juli 1941.

c) Der Brief im Wortlaut (Dokument 2)

Abschrift des Briefes von Aenne Galland, Mutter des hochdekorierten Jagdfliegers Adolf Galland aus dem 2. Weltkrieg, an Adolf Hitler über den Reichsmarschall Hermann Göring, der für den Luftkrieg zuständig war, um das Ursulinenkloster in Dorsten vor der Schließung zu retten.

Westerholt, den 5.7.1941
(Kreis Recklinghausen)

Mein Führer!
Als Mutter eines der erfolgreichsten Fliegerhelden glaube ich, eine Bitte vortragen zu dürfen.
    Die Oberschule der Ursulinen in Dorsten i.W. sollte behördlicher Ordnung gemäß verstaatlicht werde.
    Nicht allein ich, sondern viele meiner Verwandten waren und sind Schülerin dieser Anstalt und dem Hause in Dankbarkeit ergeben. Uns liegt daran, dass diese Kulturstätte, die über 240 Jahre lang in Westfalen segensreich besteht und die mir den Geist vermittelte, in dem ich meine vier Söhne für das Vaterland erziehen durfte, unter der Leitung der Schwestern erhalten bliebe.
    Die Schwestern sind ganz hervorragende, selbstlose Pädagogen aus alteingesessenen Familien, die den 350 Schülerinnen neben einer gründlichen Schulbildung eine tiefe Liebe zu Heimat und Vaterland vermitteln. Wie mir bekannt, haben die verschiedensten Kreise der Bevölkerung und Eltern Eingaben wegen Beibehaltung dieser Schule an den Gauleiter und Oberpräsidenten in Münster gemacht. Auch der zuständige Landrat und Kreisleiter, ferner der Ortsgruppenleiter und Bürgermeister der interessierten Gemeinden haben sich wärmstens für die Beibehaltung der Schule eingesetzt.
    Die Eingaben der Ursulinen vom 2. Februar und 25. Juni d. J. an den Oberpräsidenten zu Münster i.W. habe ich mir erbeten und füge sie als Anlage bei. Ich unterschreibe alles darin Gesagte und bitte Sie, mein Führer, herzlich, die Verstaatlichung der Dorstener Ursulinenschule gütigst zurückstellen zu lassen. Diese erste und einzigste Bitte, die ich, mein Führer, an Sie persönlich richte, als Mutter des Oberstleutnants Galland und meiner drei anderen Söhne, die in vorderster Linie für das Vaterland kämpfen, werden Sie nicht zurückweisen. Dieses ist mein festes Vertrauen.
Den innigsten Dank der vielen Eltern und Schülerinnen, sowie meinen eigenen, verbinde ich mit einem ergebenen Gruß.

Meinem Führer Heil!
(Unterschrift)

An den Reichsmarschall H. Göring, Berlin

Als Mutter eines ihrer bewährtesten Flieger habe ich mir erlaubt, an den Führer die Bitte zu richten, die ich ihnen im Original mit der Bitte um Überreichung beifüge. Ihnen lege ich eine Abschrift dieses Schreibens bei. Sollten Sie, verehrter Herr Reichsmarschall, meine Bitte durch Anweisung an den Gauleiter Dr. Meyer selbst erledigen können, wäre ich ihnen natürlich zu außerordentlichem Dank verpflichtet.
Mit ergebenem Gruß,

Heil Hitler!
(Unterschrift)

Anmerkung: „Galland hat diesen Brief persönlich Göring übergeben und erklärt, dass er mit seiner Mutter vollkommen übereinstimme. Und wenn die Klosterverfolgungen nicht aufhören, wird er alle Auszeichnungen ablegen, - Mölders und der gefallene Flieger Wick sind ebenfalls gute Katholiken." (300 Jahre St. Ursula Dorsten 1699–1999, Ursulinenkloster Dorsten Hrg., Red. Dr. Thomas Biegel u.a., S. 33. Hier ist der Brief auch veröffentlicht.)

3) Der Bischof von Münster Clemens August Graf von Galen im Kampf gegen den Nationalsozialismus

a) Der für Dorsten zuständige Bischof gestern, heute, morgen und als Kardinal „in der Nachfolge der Heiligen"

Am 9. Oktober 2005 wurde Clemens August von dem im April desselben Jahres gewählten deutschen Papst Benedikt XVI. selig gesprochen und der Grund gelegt, dass Clemens August eines Tages zur Schar der Heiligen der Katholischen Kirche gehören könnte.

Wie Günter Beaugrand in seinem Buch „Kardinal von Galen. Der Löwe von Münster." (Münster 1996) schreibt, ist bereits zehn Jahre nach seinem Tod das Seligsprechungsverfahren eingeleitet worden. Es nannte sich damals „bischöflicher Informationsprozess zur Feststellung des Rufes eines heiligmäßigen Lebens, der Tugenden und Wunder." (a.a.O. S. 81) Dieser Prozess ist jeweils 1959 und 1965 weitergeführt und noch weitere Male 1981, 1982 und 1984 verstärkt worden, zuletzt mit 2200 Protokollseiten für die „Römische Kongregation für die Heiligsprechungen."

Clemens August v. Galen, Münster (Bistumsarchiv Münster)

Wegweisend für diesen Prozess, der „in der Nachfolge der Heiligen" steht, sind die Worte des damaligen Nachfolgers des Bischofs von Münster, Dr. Reinhard Lettmann, der Kardinal von Galen als Vorbild für „heutiges christliches und kirchliches Leben" preist mit den Worten: „Es ist die Haltung christlichen Freimutes. Es geht um das christliche Selbstbewusstsein. – Diese Haltung äußerte sich in der tiefen Frömmigkeit von Bischof Clemens August. Sie war das Fundament christlichen Freimutes, mit dem Kardinal von Galen in der Zeit des Nationalsozialismus für die Rechte Gottes und der Menschen eintrat. Unerschrocken und mit der Bereitschaft, sein eigenes Leben in die Waagschale zu werfen, hat er in seinen berühmt gewordenen Predigten im Sommer 1941 das Recht der Menschen auf Leben verteidigt. Mir scheint, dass diese Haltung christlichen Freimutes für unsere Zeit von besonderer Bedeutung ist, und zwar der Freimut in beiderlei Sinn: das freimütige

Stehen vor Gott in Gebet und Gottesdienst und der Freimut im Einstehen für Gott und den Menschen." (a.a.O., S. 82)

Diese Predigten jährten sich 2011 zum 70. Mal und sind einerseits ein historisches Dokument für den Widerstand eines hohen Kirchenmannes im Nationalsozialismus, andererseits sprechen sie Themen an, die auch heute noch aktuell sind, wenn es um die sogenannte Euthanasie und die Fürsorge für behinderte und alte Menschen geht.

Auch jährte sich 2011 zum 65. Male der tragische Tod des Kardinals am 22. März 1946, sechs Tage nach seinem triumphalen Einzug in seine Bischofsstadt Münster und seinem 68. Geburtstag, den er bei der Gnadenkapelle „der Schmerzhaften Mutter" in Telgte begonnen hatte.

Der Todestag des Bischofs, der 22. März 1946, ist auch heute der Gedächtnistag der katholischen Kirche, die in ihrer Liturgie des seligen Clemens August Graf von Galen gedenkt und ihn besonders in ihre Gebete einschließt. Er ist ebenfalls der 1. Jahrestag der Zerstörung Dorstens.

An diesen Tag habe ich als Zeitzeuge noch gute Erinnerung, da ich in Dorsten im Süden des Münsterlandes geboren und dort als Kind und Jugendlicher aufgewachsen bin. Außerdem habe ich später im Nachlass meines Vaters die Schreibmaschinenabschrift der dritten Predigt des Bischofs vom 3. August 1941 gefunden, deren „Verbreiten und Vervielfältigen ... zu einem lebensbedrohenden Wagnis wurde. Wer dabei entdeckt wurde, musste mit Einlieferung ins Konzentrationslager und mit Aburteilung wegen Hoch- und Landesverrats rechnen." (G. Beaugrand, a.a.O., S. 46)

In meinem Buch über „Katholische Kirche und modernen Pluralismus", in dem ich besonders die Texte des Zweiten Vatikanischen Konzils (1962–1965) interpretiere, habe ich unter der Überschrift „Widerstandsrecht" über Graf von Galen gehandelt. (Stuttgart 1980, S. 217f.) Nicht nur war von Galen mitverantwortlich für die Enzyklika „Mit brennender Sorge" Pius' XI., die sich kritisch mit dem Nationalsozialismus befasste, sondern auch noch indirekt für den Konzilstext aus „Gaudium et spes" Nr. 74, wo es heißt: „Wo jedoch die Staatsbürger von einer öffentlichen Gewalt, die ihre Zuständigkeit überschreitet, bedrückt werden, sollten sie sich nicht weigern, das zu tun, was das Gemeinwohl objektiv verlangt. Sie haben jedoch das Recht, ihre und ihrer Mitbürger Rechte gegen den Missbrauch der staatlichen Autorität zu verteidigen..." (Stuttgart 1980, S. 214)

Auch Tisa von der Schulenburg, die als Schwester Paula seit 1946 im Dorstener Ursulinenkloster lebte, schreibt in ihren Lebenserinnerungen „Ich hab's gewagt" über die mutigen Worte des Bischofs im Jahre 1943 im englischen Rundfunk (Freiburg 1981, S. 149), was auch G. Beaugrand in seinem Buch erwähnt. (S. 42)

In der Kriegszeit war ich Messdiener in der Dorstener St. Agatha-Kirche, bei Pfarrer Westhoff und Kaplan Spaemann, dem Vater des späteren bekannten Philosophieprofessors Robert Spaemann aus Stuttgart. Heinrich Spaemann war als Atheist zum Katholizismus konvertiert und katholischer Priester geworden, Religionsunterricht hatte ich bei den Schwestern im Ursulinenkloster, die uns auch zur ersten heiligen Kommunion führten. Diese Persönlichkeiten aus Kloster und der Pfarrgemeinde haben bei mir als Jugendlichem einen bleibenden Eindruck hinterlassen. Pfarrer Westhoff war 1940 von Clemens August zum Pfarrer in Dorsten ernannt worden, er glich seiner Statur nach dem Bischof von Münster, weil sie beide „hochgewachsene" Personen waren, die allein wegen ihrer körperlichen Größe auffielen. So zitiert Tisa von der Schulenburg ihre erste Begegnung mit Pfarrer Westhoff in ihren Lebenserinnerungen: „Auf der Straße (der zerstörten Stadt Dorsten) ein hochgewachsener Mann in Schwarz, ... die einzige Senkrechte in der Horizontalen der plattgewalzten Umgebung." (S. 208) An Clemens August erinnern in Dorsten die Kardinal-von-Galen-Schule im Stadtteil Altendorf-Ulfkotte und in der Altstadt die Clemens-August-Straße, die früher Grenzstraße hieß, weil sie bis 1929 die Grenze zwischen Rheinland und Westfalen war. Nach Westen hin lag die Hardt, die zu Gahlen/Dinslaken gehörte und weitgehend protestantisch war, während die Stadt Dorsten zum Vest Recklinghausen zählte, das ursprünglich zum Erzbistum Köln gehörte und katholisch orientiert war. Gahlen/Dinslaken gehörte seit 1614 zum späteren Königreich Preußen, weil das Herzogtum Kleve mit seinen niederrheinischen Besitzungen dem Kurfürstentum Brandenburg zugeschlagen wurde. Der Name Gahlen war der Familienname der Grafenfamilie Galen, die wohl dieses Gebiet, das protestantisch wurde, verlassen hat. Sonst waren die Galen ein altes westfälisches Adelsgeschlecht, das aus dem 12. Jahrhundert stammte.

Die Großeltern Clemens Augusts lebten im Haus Assen bei Lippborg an der Lippe, Matthias Graf Galen und Anna Gräfin Galen, geborene Freiin Ketteler von Harkotten, die eine Schwester des großen Mainzer Sozialbischofs Wilhelm Emmanuel von Ketteler war, der 1870 zu den Minderheitenbischöfen gehörte, die sich gegen das Dogma vom Primat des Papstes auf dem Ersten Vatikanischen Konzil wandten und einen „liberal-sozialen Katholizismus" vertraten. Vorfahr Freiherr Heinrich von Galen wurde 1641 mit dem Drostenamt im entlegenen Vechta des Oldenburger Münsterlandes betraut und nahm Wohnung auf der Burg Dinklage in der Nähe von Quakenbrück, wo Clemens August am 16. März 1878 geboren wurde. Er war das elfte Kind von 13 Kindern der Ehegatten Graf Heribert von Galen und seiner Ehefrau Elisabeth, geborene Reichsgräfin von Spee. 1904 feierte Clemens August in seiner Großfamilie seine Primiz und wurde Domvikar und Bischöflicher Kaplan bei seinem Onkel, dem Weihbischof Maximilian Gereon von Galen. Ein Onkel Clemens Augusts war in den siebziger Jahren des 19. Jahrhunderts Pfarrer in Lembeck, Friedrich Graf von Galen, der dafür sorgte, dass der Lembecker Priester Dr. Bernhard Liesen Geheimsekretär und Hauskaplan bei dem Mainzer Bischof Wilhelm Emmanuel von Ketteler wurde, dem Großonkel von Clemens August. (Wolf Stegemann/ Maria Frenzel, Lebensbilder..., Dorsten 1997, S. 68)

Schon seit 1906 wurde Clemens August als Kaplan nach St. Matthias und später als Kuratus an St. Clemens berufen. Von 1919 bis 1929 amtierte er als sechster Pfarrer an der Großstadtgemeinde in Berlin-Schöneberg. 1929 kehrte er nach Münster als Pfarrer von St. Lamberti zurück. Die Schöneberger Gemeinde mit ihrer imposanten Kirche am bekannten Winterfeldtplatz kennen wir von vielen Sonntagsbesuchen.

b) Clemens August 23 Jahre als Seelsorger in der Großstadtgemeinde in Berlin

In der Gemeinde St. Matthias in Berlin-Schöneberg erinnert alles an Clemens August Graf von Galen, den Bischof und Löwen von Münster. Seit ihrer Gründung 1868 durch den Münsteraner Ministerialdirektor im preußischen Kultusministerium, Matthias Aulike, werden die Pfarrer vom Bistum Münster nach Berlin geschickt und vertreten sozusagen den westfälischen Glaubensmut in der Großstadt Berlin.

Clemens August war der sechste Pfarrer in dieser Reihe, ihm folgten die Pfarrer Albert Coppenrath (1929-1945) und Josef Schütte (1945-1977). Seit 1977 amtiert der Pfarrer Edgar Kotzur, der am 9. Oktober 2005 die Seligsprechung Clemens Augusts in Rom miterleben durfte. Dieser Vorgang ist in den Pfarrnachrichten ausführlich dokumentiert, auch weist das Galenportal mit dem Bronzemedaillon des Löwen auf den Bischof von Münster, Kardinal von Galen, hin. Für Clemens August war der Wechsel von Münster nach Berlin ein tiefgreifender Einschnitt, er wurde als wohlbehüteter Adeliger, wie er mit Hauslehrern auf der heimatlichen Burg Dinklage aufgewachsen ist und in der Schweiz und Österreich als Theologiestudent lebte, mit den sozialen Notständen in einer Großstadt konfrontiert, die die Zeit vor, während und nach dem Ersten Weltkrieg kennzeichneten und das Entstehen und Vergehen der Weimarer Republik markierten.

Mit dieser Zeit hat sich ausführlich der ehemalige Leiter der Katholischen Nachrichtenagentur Ernst-Alfred Jauch befasst, den ich in Berlin-Lichterfelde persönlich kennengelernt habe. Berlin ist und war seit jeher für die katholische Kirche Diaspora und es war schon ein besonderes Ereignis, dass die beiden bedeutenden katholischen Kirchen im Westen Berlins von außen gegründet wurden, nämlich die St. Matthias-Kirche in Schöneberg von Münster und die St. Ludwig-Kirche in Wilmersdorf von dem Zentrumsmann Ludwig Windthorst aus Niedersachsen, die heute von Franziskanerpatres aus dem Münsterland betreut wird.

Clemens August widmete sich besonders dem Kolpingverein, der sich seit der Zeit seines Gründers Adolph Kolping, des Spätberufenen, um die Handwerksgesellen kümmert, die über Land ziehen, um Arbeit zu suchen und irgendwo ansässig zu werden. Als stolzer Präses und Kuratus präsentiert er sich im Gesellenverein „Berlin-Central", wie es das Bild bei G. Beaugrand zeigt. (S. 21) Die Glockenweihe des Jahres 1924 ist hier ebenfalls abgedruckt wie auch in den Unterlagen aus den Pfarrnachrichten von St. Matthias ersichtlich ist.

Ernst-Alfred Jauch spricht von Clemens Augusts „konservativem Denken", das durch eine „vaterländische Gesinnung" gekennzeichnet war. Er stellte sich nach Ausbruch des Ersten Weltkrieges sofort für den Felddienst zur Verfügung, um seinen Gesellen ein Vorbild zu sein. Schließlich blieb er der Gemeinde St. Clemens als Kuratus erhalten und wurde in dem unruhigen Jahr 1919 Pfarrer von St. Matthias. Über diese Zeit der Nöte und Entbehrungen schreibt Ernst-Alfred Jauch: „Er nimmt seine Aufgabe sehr ernst. In den Jahren des Hungers und der materiellen Not organisiert er unermüdlich Hilfstätigkeiten, Suppenspeisungen und Lebensmittelverteilungen. Er müht sich um Unterkünfte für Kinderreiche und erbittet Kleidung von besser Situierten für die Armen seiner Gemeinde." (G. Beaugrand a.a.O., S. 21)

Es soll nicht verschwiegen werden, dass Clemens August kein glühender Anhänger der Weimarer Republik war. Durch seine Sozialisation war er der Tradition verhaftet, war aber damals schon fähig, wie Ernst-Alfred Jauch schreibt, die „vom Zeitgeist dem Nationalismus gesetzten engen Grenzen zu durchstoßen, wo das Bekenntnis zum Glauben und zu christlicher Ethik dies erforderte." (G. Beaugrand a.a.O., S. 20)

Es geht darum aufzuzeigen, dass der Lebensweg des späteren Bischofs stimmig war, dass seine Grundhaltung von einer Glaubensstärke geprägt war, die ihr Fundament in der Treue zur Kirche, zur Tradition und zu den christlichen Werten der Ethik hatte. Nicht von ungefähr hieß dann auch sein Wahlspruch zu seiner Bischofsweihe am 28. Oktober 1933: „Nec laudibus - nec timore" – er sagt dazu in seinem ersten Hirtenbrief: „Das soll mein Wahlspruch sein, das soll unser aller Richtschnur sein: Nicht Menschenlob, nicht Menschenfurcht soll uns bewegen! ... Ich will darüber wachen, dass kein Irrtum und keine Irrlehre sich in die Lehre und den Glauben der Münsterischen Kirche einschleiche. Weder Menschenlob, noch Menschenfurcht soll mich jemals daran hindern." (G. Beaugrand, a.a.O., S. 12)

Schon bald wird sich der neue Bischof von Münster gegen das Machwerk Alfred Rosenbergs wenden, „Der Mythus des 20. Jahrhundert", in dem auf dem Boden von Blut und Rasse eine neu-heidnische Religion gegründet werden sollte. Unter der Überschrift „Studien zum Mythos des 20. Jahrhunderts" hat dann der Bischof von Münster eine Gegenschrift herausgegeben und schon 1934 gezeigt, dass er sich nicht kampflos der nationalsozialistischen Theorie und Praxis ergeben wird.

Seine drei berühmten Predigten aus dem Kriegsjahr 1941, als die Nazis noch auf der Siegerspur waren, ergeben sich zwar aus der Grundhaltung des Bischofs, sind aber in ihrer Deutlichkeit ein besonderes Zeichen des Mutes und der Standhaftigkeit in einer gefährlichen Zeit.

Clemens August v. Galen auf einer Firmreise (Bistumsarchiv Münster)

c) Die drei berühmten Predigten des Bischofs von Münster gegen den Nationalsozialismus

Am 30. Januar 1933 hatte Hitler beim Reichspräsidenten Hindenburg durchgesetzt, dass er den „böhmischen Gefreiten" doch zum Reichskanzler ernannte und ihn mit der Bildung der Regierung beauftragte.

Am 28. Februar 1933 wurde die Reichstagsbrandverordnung erlassen, die schon die meisten Grundrechte kassierte, so dass die Wahl zum Reichstag am 5. März 1933 schon keine freie Wahl mehr war. Im Ermächtigungsgesetz vom 24. März 1933 hat sich der Reichstag sogar mit den Stimmen der katholischen Zentrumspartei selbst entmachtet, nur die SPD blieb standhaft, während die Kommunisten schon aus dem Reichstag entfernt worden waren. Hitler schaffte es, dass am 20. Juli 1933 das Reichskonkordat mit dem Heiligen Stuhl in Rom als erster völkerrechtlicher Vertrag abgeschlossen wurde. Am selben Tag löste sich die Zentrumspartei auf und es herrschte nur noch eine Partei, die NSDAP.

In dieser Zeit, am 18. Juli 1933 wurde Clemens August, der Pfarrer von St. Lamberti in Münster, zum Bischof gewählt – aus einer Liste, auf der vorher Clemens August nicht stand. Nachdem zwei Kandidaten freiwillig aus dem Rennen ausgeschieden waren, wurde von Galen noch auf die Zweierliste gesetzt und gewählt. Hubert Wolf, Kirchenhistoriker aus Münster, schreibt in den Pfarrnachrichten von St. Matthias: „Im wahrsten Sinne des Wortes, als Bischof dritte Wahl, wie wir nun aus den seit Februar 2003 neu zugänglichen Akten im Vatikanischen Geheimarchiv definitiv wissen." (St. Matthias 2005/6, Nr.2, S. 10) Überhaupt heißt die Überschrift dieses Artikels in den Pfarrnachrichten „Vom ‚ganz durchschnittlichen Zeitgenossen' zum Seligen." Wir wissen auch aus diesem Artikel, dass der damalige Nuntius bei der nationalsozialistischen Reichsregierung, Cesare Orsenigo, der nicht gerade gegen Hitler auftrumpfte, die Nichtberücksichtigung des Pfarrers von St. Lamberti betrieb. Damals galt Clemens August „als Prediger langweilig und ohne Talent." Das Charisma zum Redner, der äußerlich geschliffen und mit innerem Tiefgang gepredigt hätte, sei bei ihm keineswegs aufgefallen.

Umso mehr überraschte er seine Zuhörer mit den drei Predigten gegen den Nationalsozialismus: am 13. Juli und 3. August 1941 in der Lamberti-Kirche und am 20. Juli 1941 in der Unterwasserkirche in Münster. G. Beaugrand bringt die beiden ersten Predigten in ganzer Länge, während er die dritte nur gekürzt abdruckt. Ich bringe sie ungekürzt, wie ich sie bei meinem Vater in Schreibmaschinenschrift vorfand.

Die erste Predigt hat das Augustinus-Wort „fundamentum regnorum iustitia" zum Leitspruch: „Die Gerechtigkeit ist das Fundament der Staaten." Der Bischof sagt deutlich, was er von der gegenwärtigen Staatsgewalt hält, die seit 1. September 1939 einen gewaltigen Krieg angezettelt hatte: „Die Staatsgewalt kann nur dann der rechtswidrigen Gewaltanwendung von zufällig Stärkeren, der Unterdrückung der Schwachen und ihrer Erniedrigung zu unwürdigem Sklavendienst mit Ehrlichkeit und Aussicht auf dauernden Erfolg entgegentreten, wenn auch die Inhaber staatlicher Machtmittel sich in Ehrfurcht beugen vor der königlichen Majestät der Gerechtigkeitund das strafende Schwert nur im Dienst der Gerechtigkeit gebrauchen." (G. Beaugrand, a.a.O., S. 101) Die zweite Predigt hat das berühmte Motto, mit dem sich der Bischof gegen den Klostersturm des NS-Regimes wendet: „Wir sind zur Zeit Amboss, nicht Hammer." (ebd., S.14 und 103) Auch diese Predigt endet, wie die beiden anderen, mit einem Gebet für die jeweils vom NS-Regime Bedrängten und mit der Formel: „Für unser deutsches Volk und Vaterland und seinen Führer!" Er will sich als deutscher Bischof nicht nachsagen lassen, dass er kein Pflichtgefühl für Volk und Vaterland habe, und bezieht sogar Adolf Hitler als offiziellen Führer des deutschen Reiches in sein Gebet ein, obwohl er seine Regierung des Mordes anklagt, wie dies in aller Deutlichkeit in seiner dritten Predigt zum Ausdruck kommt.

Diese Predigt trägt bei Beaugrand die Überschrift: „Wehe uns allen, wenn wir alt und krank sind!" (ebd. S. 108-111) Als theologischen Ausgangspunkt wählt er das Evangelium des 9. Sonntags nach Pfingsten, der 1941 am 3. August gefeiert wurde. Es ist die Klage Jesu unter Tränen über Jerusalem, das „die Tage der Heimsuchung nicht erkannt hat", wie es Lukas im 19. Kapitel, Vers 41 bis 47 berichtet.

Es ist Zufall oder auch nicht, dass Clemens August in seiner berühmtesten Predigt das Sonntagsevangelium des 3. August benutzen konnte, um auf das Schicksal Deutschlands hinzuweisen angesichts der Tatsache, wie die Nazis mit den Alten, Kranken und Behinderten umgingen, dass sie sie sammelten, um sie zu ermorden.

An mehreren Stellen wiederholt der Bischof wie ein Leitmotiv die Textstelle aus dem Lukasevangelium, um die Aktualität mit dem Bibelwort der Klage Jesu über Jerusalem und seine Zerstörung zu konfrontieren. Jerusalem war geschichtlich die wichtigste Stadt des Alten und Neuen Testaments und ist es politisch auch heute noch in dieser Region: Die Stadt ist ein Zankapfel zwischen den großen Weltreligionen Islam, Judentum und Christentum. Deshalb haben die Päpste Paul VI., Johannes Paul II. und Benedikt XVI. die Stadt besucht und für ihre Internationalisierung geworben.

Im Hintergrund stehen die Worte der Apokalypse über das „neue Jerusalem" (21.9 – 22.5), wo es heißt: „Da entrückte er mich in der Verzückung auf einen hohen Berg und zeigte mir die heilige Stadt Jerusalem, wie sie von Gott her aus dem Himmel herabkam, erfüllt von der Herrlichkeit Gottes. Sie glänzte wie ein kostbarer Edelstein, wie ein kristallener Jaspis." (10-11)

Nun aber weint Jesus über die Stadt Jerusalem und im Verlauf seiner Predigt spricht er von ihrer Zerstörung: „Wenn du es doch erkennen wolltest noch heute an diesem Tage, was dir zum Frieden dient. Nun aber ist es vor deinen Augen verborgen. Sieh, es werden Tage über dich kommen, wo deine Feinde ... dich zu Boden schmettern und deine Kinder und in dir keinen Stein auf dem anderen lassen werden, weil du die Tage deiner Heimsuchung nicht erkannt hast." (Lk. 19.42 - 44)

Damit prophezeit Clemens August schon zu der Zeit, in der Deutschland noch im Siegestaumel war, weil besonders Frankreich im Blitzkrieg besiegt wurde, den Untergang Deutschlands, den das Land dann 1945 erleben musste.

Noch ein anderes Bild verwendet der Bischof aus dem Lukasevangelium, wenn er von der Henne spricht, die ihre Küchlein unter ihre Flügel sammelt und sie mit Jerusalem vergleicht, das seine Kinder versammelt: „Aber du hast nicht gewollt!" (Lk. 13.34)

Dieses Nichtwollen hebt er schon am Anfang seiner Predigt hervor und wiederholt es mehrmals, um dadurch seiner Predigt die notwendige Steigerung zu geben. Er bezieht dieses Nichtwollen auf das Verbrechen der sog. Euthanasie, die sich gegen die Gebote Gottes und die Gesetze der Menschen richtet. Er spricht über die Tränen Christi, der über die Menschen weint, die die Kranken, Alten und Behinderten in den Tod führen. „Darum weint Jesus ... über das Unrecht, über das Nichtwollen und über das daraus entstehende Unheil, das seine Allwissenheit kommen sieht, das seine Gerechtigkeit verhängen muss, wenn der Mensch den Geboten Gottes, den Mahnungen des Gewissens, allen liebevollen Einladungen des göttlichen Freundes, des besten Vaters, seinem Nichtwollen entgegensieht." Weiter hinten gebraucht der Bischof in diesem Zusammenhang noch stärkere Worte, wenn er sagt: „Jesus sieht das Sündhafte, das Furchtbare, das Verbrecherische, das Verderbenbringende, dieses Nichtwollen. Der kleine Mensch, das hinfällige Geschöpf stellt seinen geschaffenen Willen gegen Gottes Willen. Jerusalem (und Jerusalem steht für Deutschland, für die Hitlerregierung) und seine Bewohner, sein einst auserwähltes und bevorzugtes Volk, stellt seinen Willen gegen Gottes Willen, trotzt töricht und verbrecherisch dem Willen Gottes! Darum weint Jesus: Über die abscheuliche Sünde und über die unausbleibliche Bestrafung - Gott lässt seiner nicht spotten!"

Der Bischof spricht von Jerusalem, aber jeder Zuhörer weiß, wer gemeint ist. Deshalb bringt er aktuelle Beispiele für gegenwärtige Untaten des NS-Regimes. Er zitiert zunächst den Hirtenbrief der deutschen Bischöfe vom 26. Juni 1941 mit dem entscheidenden Satz: „Nie, unter keinen Umständen darf der Mensch außerhalb des Krieges und der gerechten Notwehr einen Unschuldigen töten."

Dann berichtet er ausführlich und detailliert von dem Abtransport Geisteskranker aus den Heil- und Pflegeanstalten, damit sie getötet werden. Wenn sich Angehörige nach dem Verbleiben ihrer Verwandten erkundigen, erhalten sie die Mitteilung: „Der Kranke sei verstorben, die Leiche sei verbrannt; die Asche könne abgeholt werden." Er spricht von der sog. Lehre der Euthanasie, „die behauptet, man dürfe sog. lebensunwertes Leben vernichten, also unschuldige Menschen töten, wenn man meint, ihr Leben sei für Volk und Staat nichts mehr wert. Eine furchtbare Lehre, die die Ermordung Unschuldiger rechtfertigen will, die die gewaltsame Tötung der nicht mehr arbeitsfähigen Invaliden, Krüppel, unheilbar Kranken, Altersschwachen grundsätzlich freigibt!"

Das sind für die damalige Zeit sehr mutige Worte, die sich mit den Worten vergleichen lassen, die die Angeklagten des 20. Juli 1944 dem Präsidenten des Volksgerichtshofes, Roland Freisler, angesichts des Todes entgegengehalten haben. Der Bischof wagt es auch, öffentlich den Mordparagraphen 211 des Reichsstrafgesetzbuches zu zitieren, der denjenigen mit dem Tode bestraft, der vorsätzlich und mit Überlegung einen Menschen tötet. Er geht sogar noch weiter und zitiert den § 139, der denjenigen bestraft, der ein Verbrechen wider das Leben nicht zur Anzeige bringt. Deshalb erwähnt er seine eigene Anzeige vom 28. Juli, die er beim Staatsanwalt und Polizeipräsidenten von Münster eingereicht hat, nachdem er von dem Vorhaben erfahren hatte, „Kranke aus Marienthal abzutransportieren, um sie zu töten." Schon vorher hatte er schriftlich „ernstesten Einspruch" erhoben, weil Kranke aus Marienthal und Warstein abtransportiert waren. Erbost ist der Bischof auch darüber, dass er für keine Antwort würdig befunden wurde, obwohl er als Bischof im Staat für eine Autorität zu gelten hatte.

Er setzt sich auch mit den Ärzten auseinander, die Gutachten verfassten, nach denen „unproduktive Volksgenossen" kein Lebensrecht mehr hatten. Dabei bringt er den Vergleich mit alten Pferden und Kühen, die zum Schlachter gebracht würden, oder den Vergleich mit einer alten Maschine, die verschrottet würde. Es sind plastische Bilder, die nichts zu wünschen übrig lassen.

Höhepunkt der eindringlichen Argumentation ist der Hinweis auf die aus dem Krieg zurückkehrenden schwerverletzten Soldaten, die auch damit rechnen müssten, als „unproduktive Mitmenschen" getötet zu werden. Er findet die Worte, die sich damals niemand traute, in der Öffentlichkeit zu sagen, denn man musste mit einem Prozess wegen „Wehrkraftzersetzung" rechnen, der meistens mit der Todesstrafe und der Hinrichtung endete. Auch damit musste der Bischof rechnen, aber die Nazis wagten es nicht, ihn festzunehmen und anzuklagen, sie würden ihn allerdings nach dem Endsieg als ersten aufhängen, wie es Goebbels formulierte. Das Ende von Goebbels und Hitler ist bekannt. Bischof von Galen erhielt 1946 den Kardinalshut, hatte aber nach seiner Rückkehr aus Rom am 16. März 1946, an seinem 68sten Geburtstag, nur noch sechs Tage zu leben, ehe er am 22. März 1946 von Gott abberufen wurde. Er hatte seine Mission erfüllt, seinen Lebensweg beendet und dafür seinen irdischen Lohn erhalten: die Kardinalswürde. Clemens August betont besonders das fünfte Gebot: „Du sollst nicht töten! ... Wehe den Menschen, wehe dem deutschen Volke, wenn dieses heilige Gottesgebot, das Gott, unser Schöpfer, von Anfang an in das Gewissen der Menschen geschrieben hat, nicht nur übertreten wird, sondern diese Übertretung sogar geduldet und ungestraft angewendet wird!"

Der Bischof bringt nun ein Beispiel eines 55jährigen Bauern aus dem Münsterland, den sein Sohn bei seinem Heimaturlaub als Soldat in der Heilanstalt Marienthal besuchen wollte und der vorher getötet worden war. Eine Auskunft hatte der Sohn noch nicht erhalten und Clemens August sagt dazu: „Dann wird der Sohn, der im Felde steht und sein Leben für die deutschen Volksgenossen einsetzt, den Vater hier auf Erden nicht mehr wiedersehen, weil deutsche Volksgenossen hier in der Heimat ihn ums Leben gebracht haben!" Clemens August beruft sich weiter auf die zehn Gebote, deren Anfang er zitiert und die er seinen Zuhörern und damit allen ans Herz legt: „Aus Liebe zu uns hat er diese Gebote unserem Herzen eingeschrieben und sie uns verkündet; denn sie entsprechen dem Bedürfnis unserer von Gott geschaffenen Natur; sie sind die unabdingbaren Normen eines vernunftgemäßen, eines gottgefälligen, eines heilbringenden und heiligen Menschen- und Gemeinschaftslebens."

Damit bezieht er sich auf das allgemeine Sittengesetz, das in der Vernunft begründet ist und dafür steht, dass die Menschen mit Rücksicht aufeinander in der Gemeinschaft zusammenleben können. Dies gilt allgemein, aber besonders

„in unserem deutschen Vaterland, in unserer westfälischen Heimat, in unserer Stadt Münster."

Weiterhin nennt der Bischof einschlägige Gebote aus dem Sinai-Katalog und wendet sich gegen „den freien Geschlechtsverkehr und die uneheliche Mutterschaft", die „der berüchtigte Brief des inzwischen verschwundenen Rudolf Heß" propagierte, mit der Parole: „Dem Führer ein Kind!" Heß war im Mai 1941 in einer Wahnsinnstour nach England geflogen, wo er bis 1945 auf seinen Prozess in Nürnberg wartete. In diesem wurde er zu lebenslänglicher Haft verurteilt, die er bis zu seiner Selbsttötung 1987 im Spandauer Gefängnis in Berlin absaß. Er hat seine Stellvertreterschaft bei Hitler mit 46 Jahren Haft gebüßt. Nach seinem Tod wurde das Gefängnis abgebrochen, damit nichts an die Nazigefangenen erinnert. Dies als Gegenstück zur Grabkapelle im Dom zu Münster, wo Clemens August bestattet ist, zum Zeichen der Erinnerung an ihn, den großen Warner und Mahner aus der Nazizeit.

Im siebten Gebot: „Du sollst nicht fremdes Gut dir aneignen!" kommt er auf die Enteignungen der Klöster zu sprechen, die Thema der zweiten Predigt vom 20. Juli 1941 in der Unterwasserkirche waren. Schließlich wiederholt er das fünfte Gebot: „Du sollst nicht töten!" und kommt dann auf das vierte Gebot zu sprechen, das Ehrfurcht vor den Eltern erfordert. Dabei vergleicht er den Gehorsam gegenüber Eltern und Staat mit dem gegenüber Gott und sagt: „Glaubt man, dass aufrichtige Ehrfurcht und gewissenhafter Gehorsam gegenüber der staatlichen Obrigkeit erhalten bleiben, wenn man fortfährt, die Gebote der höchsten Obrigkeit zu übertreten, wenn man sogar den Glauben der Väter bekämpft, ja auszurotten versucht?"

Schließlich rundet er diese Gebotskatechese durch die Betonung des ersten Gebotes ab: „Du sollst keine fremden Götter neben mir haben!" Es ist die einzige Stelle, an der er mit einem Wort den Rassenwahn erwähnt, der sonst nicht eigens thematisiert wird: „Statt des einzig wahren ewigen Gottes macht man sich nach Gefallen eigene Götzen, um sie anzubeten: die Natur oder den Staat oder das Volk oder die Rasse. Und wie viele gibt es, deren Gott in Wirklichkeit nach dem Wort des hl. Paulus „der Bauch" ist (Phil. 3.19), das eigene Wohlbefinden; denen sie alles, selbst Ehre und Gewissen, opfern, der Sinnengenuss, der Geldrausch, der Machtrausch! Dann mag man es auch versuchen, sich selbst göttliche Befugnisse zuzumessen, sich zum Herrn zu machen über Leben und Tod der Mitmenschen."

Damit ist er wieder bei seinem Thema, dem Machtrausch, der Leben und Tod der Menschen bestimmt und den sog. „Unproduktiven" das Lebensrecht nimmt.

Bei der Nennung des Begriffes Rasse hätte er auch auf das Schicksal der Juden im Bistum Münster eingehen können, die ihm in der Stadt mit dem gelben Stern begegnen mussten. Er hat sich aber auf das Problem der Euthanasie beschränkt, das er allerdings in aller Breite und Schärfe artikulierte.

d) Der Bischof von Münster prophezeit die Zerstörung Deutschlands am Beispiel Jerusalems

Der Bischof spricht zum Schluss seiner Predigt noch einmal die Münsteraner direkt an: „Christen von Münster! Hat der Sohn Gottes damals in seiner Allwissenheit nur Jerusalem gesehen? Ist das Volk Israel das einzige Volk, das Gott mit Vatersorge und Mutterliebe umgeben, beschützt, an sich gezogen hat? Und das nicht gewollt hat? Das Gottes Wahrheit abgelehnt, Gottes Gesetz von sich geworfen und so sich ins Verderben gestürzt hat? Hat Jesus, der allwissende Gott, damals auch unser deutsches Volk geschaut? Auch unser Westfalenland, unser Münsterland, den Niederrhein? Hat er auch über uns geweint? über Münster geweint?"

Im Oldenburgischen Teil des Bistums Münster geboren, aus einem alten westfälischen Adelsgeschlecht entstammend, ist Clemens August wie eine westfälische Eiche, unbiegsam und allen Witterungen trotzend, erd- und schollenverbunden, ein fester Bestandteil der westfälischen Heimat. Als Bischof kein Zugezogener, sondern in seinem Bistum Münster zu Hause, zeigt er sich als Prophet, der die Zerstörung seines Vaterlandes Deutschland mit seiner Vaterstadt Münster voraussieht und das zu einer Zeit, als noch die Siegesfanfaren erschallten, der Weltkrieg zwar mit der Sowjetunion, aber noch nicht mit den USA begonnen hatte. Der Bischof von Münster steht in der Nachfolge des alttestamentarischen Propheten Jeremias und der Klagelieder.

Der Prophet Jeremias erlebte die erste Zerstörung Jerusalems und spricht von den vergeblichen Versuchen, sie zu verhindern: „Immerfort sandte ich zu euch alle meine Knechte, damit sie mahnten: ‚Verübt doch nicht solche abscheulichen Dinge, die ich hasse!' Aber sie hörten nicht zu und neigten nicht ihr Ohr, sich von ihrer Bosheit abzukehren und fremden Göttern zu opfern. Da entlud sich mein Grimm und meine Wut und entbrannte in den Städten Judas und auf den Straßen Jerusalems, dass sie zu wüsten Trümmerstätten wurden, wie es heute der Fall ist. Nun spricht der Herr, der Gott Zebaoth, der Gott Israels: Warum tut ihr euch selbst so großes Unheil an, dass ihr euch ausrottet, Mann und Frau, Kind und Säugling aus Judas Mitte und nichts von euch übrigbleibt?" (Jer. 44.4 - 7) Die Klagelieder sprechen von Gottes Strafgericht über Jerusalem, die Tochter Zion: „Herr, schaue und sieh doch, wen du verderbt hast. Sollen denn die Frauen ihre Leibesfrucht essen, die Kindlein, die man auf Händen trägt? Sollen denn Propheten und Priester in dem Heiligtum des Herrn erschlagen werden? Es lagen in den Gassen auf der Erde Knaben und Alte, meine jungen Frauen und Jünglinge sind durchs Schwert gefallen. Du hast getötet am Tage deines Zorns, du hast ohne Erbarmen geschlachtet. Du hast von allen Seiten her meine Feinde gerufen wie zu einem Feiertag, so dass niemand am Tage des Zorns des Herrn entronnen und übriggeblieben ist." (Klagelieder 2.20 - 22)

Das ist die ungeschminkte Sprache des Alten Testaments, die das Strafgericht Gottes plastisch vor Augen führt, wie es sich dann im Verlaufe des Zweiten Weltkrieges abgespielt hat. Dass es so kommen würde, hat Clemens August vorausgesehen und zum Schluss deutlich darauf hingewiesen: „Wer aber fortfahren will, Gottes Strafgericht herauszufordern, wer unsern Glauben lästert, wer Gottes Gebote verachtet, wer gemeinsame Sache macht mit jenen, die unsere Jugend dem Christentum entfremden, die unsere Ordensleute berauben und vertreiben, mit jenen, die unschuldige Menschen, unsere Brüder und Schwestern, dem Tode überliefern, mit denen wollen wir jeden vertrauten Umgang meiden, deren Einfluss wollen wir uns und die Unsrigen entziehen, damit wir nicht angesteckt werden von ihrem gottwidrigen Denken und Handeln, damit wir nicht mitschuldig werden und so anheimfallen dem Strafgericht, das der gerechte Gott verhängen muss und verhängen wird über alle, die gleich der undankbaren Stadt Jerusalem nicht wollen, was Gott will."

Zum Schluss seiner Predigt verwendet er eine Zeile aus dem Sonntagsevangelium vom „Nichtwollen" Jerusalems für ein Gebet und sagt: „O Gott, lass uns doch alle heute, an diesem Tage, bevor es zu spät ist, erkennen, was uns zum Frieden dient."

Vom Frieden war die damalige Zeit meilenweit entfernt, vielmehr weitete sich der europäische Hitlerkrieg durch den Eintritt der überfallenen Sowjetunion und der Weltmächte USA und Japan zum umfassenden Weltkrieg aus, der schließlich 50 Millionen Menschen das Leben kostete. Obwohl der Bischof, was die Euthanasie angeht, einen Teilerfolg erzielte, denn Hitler befahl noch im selben Monat, die sog. T4-Aktion (T4: Adresse der verantwortlichen Zentraldienststelle war Tiergartenstr. 4 in Berlin) vorübergehend einzustellen, traf das „Strafgericht" des Krieges Gerechte und Ungerechte, Schuldige und Unschuldige. Viele Zivilisten starben bei den Luftangriffen auf deutsche Städte, von denen die Stadt Münster und auch unsere Geburtsstadt Dorsten nicht verschont wurden. Auch kamen viele Zivilisten beim Angriff und Rückzug der deutschen Armeen um, und schließlich 6 Millionen Juden und andere in den Vernichtungs- und Konzentrationslagern der Nazis verloren ihr Leben. Nach dem 20. Juli 1944, der Hitler den Tod bringen sollte, wurden tausende mutige Widerstandskämpfer elendiglich hingerichtet. Bischof von Galen blieb verschont, die Nazis wagten es nicht, an ihn Hand anzulegen, weil sie den Protest der katholischen Bevölkerung fürchteten, die sie für ihren totalen Krieg brauchten.

Die Seligsprechung des Kardinals Clemens August Graf von Galen, des Bischofs von Münster, der wegen seiner Standhaftigkeit und seines Mutes im Kampf gegen den Nationalsozialismus der „Löwe" genannt wird, bedeutet einen großen Einschnitt in die Lebens- und Wirkungsgeschichte dieses Mannes aus dem Oldenburgischen Dinklage und dieser Prozess dauerte fast 60 Jahre. Der tragisch-frühe Tod des Kardinals, der seine Würde nur kurze Zeit genießen konnte, bleibt für uns Zeitgenossen unvergesslich.

Die Grabkapelle im Dom zu Münster, seiner Wirkungsstätte als Bischof, ist dem heiligen Ludger geweiht, der um 805 der erste Bischof von Münster war. Diese Kapelle ist ein Anziehungspunkt für jeden Besucher der Stadt Münster, dort brennen immer Kerzen, die auf seine Beliebtheit bis auf den heutigen Tag hindeuten. Die ausdrucksvolle lebensgroße Büste mit Mitra, die auf die Grabplatte blickt, dient als Sinnbild für die dauernde Gegenwart des verstorbenen Kardinals. Der Künstler dieses Bronzegusses, Professor Edwin Scharff, schreibt

1951 unter dieser Büste: „Kopf des Kardinals Clemens August Graf von Galen, Bischof von Münster, in Lebensgröße mit Mitra, darauf Darstellung des Guten Hirten mit zwei Lämmern unter den reißenden Wölfen." Dieses Sinnbild erinnert noch einmal an seinen Kampf gegen den verbrecherischen Nationalsozialismus. Bei seinem Deutschlandbesuch ist Papst Johannes Paul II. am 1. Mai 1987 an das Grab des Kardinals gekommen und hat die lobenden Worte gesagt: „Kardinal von Galen hat selbst unerschrocken das Wort Gottes verkündet. Zugleich hat er aber auch gelebt, was er verkündet. Sein Leben war ein Zeugnis für das Evangelium Jesu Christi. Die ihm von Gott geschenkte Zeit seines Lebens hat er eingesetzt im Dienst für seinen Herrn und Meister und für die ihm anvertrauten Gläubigen. Als 70. Nachfolger des Gründerbischofs, des heiligen Ludgerus, hat er hier in Münster den Hirtenstab ergriffen und seine Diözese mutig geführt, als es dunkel wurde in Deutschland, als Menschen in gottlosem Hochmut sich selbst zur letzten Instanz für das Menschenleben machten, worauf Blut, Tod und Untergang folgten." (Günter Beaugrand, Kardinal von Galen. Der Löwe von Münster, 4. erw. Aufl. Münster 1996, S. 94)

Der Zufall wollte es, dass der Todestag des Kardinals der erste Jahrestag der Zerstörung der Stadt Dorsten war, an dem in der Stadt in Vertretung des Bischofs ein Prälat die neue St. Agatha-Notkirche als Barackenbau hinter dem Kolpinghaus eingeweiht hat. Das Kolpinghaus steht heute nicht mehr. Dafür ist in unmittelbarer Nähe das neue Jüdische Museum errichtet. Pfarrer Westhoff begrüßte 1946 die Gäste im Ursulinenkloster und dankte allen Helfern. (Edelgard Moers, Hrg., Andere Dorstener Geschichten, Dorsten 2005, S. 72 - 82)

In diesem Buch gibt es noch einen Hinweis, der unmittelbar die Verbindung der Geschichte Dorstens zum hier angesprochenen Thema der sog. Euthanasie herstellt. Unter der Überschrift „Kein Lebensrecht im Dritten Reich" schreibt die Zeitgenossin Elisabeth Pfeil von ihrem 1943 geglückten Versuch, ihr krankes Kind vor einer „braunen Schwester" zu retten. Ein mutiger Arzt des zuständigen Krankenhauses hatte die Mutter gewarnt, dass die Nazis das Kind umbringen würden, weshalb sie es „bei Nacht und Nebel" zu ihrer Mutter in einem anderen Stadtteil brachte, wo das Kind nicht gemeldet war: „Jedenfalls war mein Kind gut versteckt und wurde nicht entdeckt." (a.a.O. S. 105f.)

e) Der Wortlaut der dritten Predigt vom 3. August 1941 (Dokument 3)

Abschrift der eng geschriebenen Schreibmaschinenseiten, die geheim von der Predigt in der Nazizeit zirkulierten, die der Bischof von Münster, Clemens August Graf von Galen, am Sonntag, dem 3. August 1941, in der Lamberti-Kirche in Münster gehalten hat.

Nach Verlesung des Tagesevangeliums vom 9. Sonntag nach Pfingsten:

„...als Jesus Jerusalem nahe kam und die Stadt sah, weinte er über sie..." (Lk. 19.41)
    Meine lieben Diözesanen! Eine erschütternde Begebenheit ist es, die das heutige Sonntagsevangelium berichtet. Jesus weint! Der Sohn Gottes weint! - Wer weint, leidet Schmerzen, Schmerzen am Leibe oder am Herzen. Jesus litt damals noch nicht dem Leibe nach, und doch weinte er. Wie groß muss der Seelenschmerz, das Herzensweh dieses tapfersten der Männer gewesen sein, dass er weinte! - Warum weinte er? Er weinte über Jerusalem, über die heilige, ihm teure Gottesstadt, die Hauptstadt seines Volkes. Er weinte über ihre Bewohner, seine Volksgenossen, weil sie nicht erkennen, was allein die von seiner Allwissenheit vorausgesehenen, von seiner göttlichen Gerechtigkeit vorausbestimmten Strafgerichte abwenden könnte: „Wenn du es doch erkenntest, was dir zum Frieden dient!" Warum erkennen es die Bewohner Jerusalems nicht? Nicht lange vorher hat Jesus es ausgesprochen: „Jerusalem, Jerusalem, wie oft wollte ich deine Kinder versammeln, wie eine Henne ihre Küchlein unter ihre Flügel sammelt. Aber du hast nicht gewollt!" (Lk. 13.34) – Du hast nicht gewollt! – Ich, dein König, dein Gott, ich wollte! Aber du wolltest nicht. Wie geborgen, wie behütet, wie beschützt ist das Küchlein unter dem Flügel der Henne; sie wärmt es, sie nährt es, sie verteidigt es. So wollte ich dich schützen, behüten, gegen jedes Ungemach verteidigen: ich wollte! Du hast nicht gewollt!
    Darum weint Jesus, dieser starke Mann, darum weint Gott, über die Torheit, über das Unrecht, über das Verbrechen des Nichtwollens, und über das daraus entstehende Unheil, das seine Allwissenheit kommen sieht, das seine Gerechtigkeit verhängen muss, wenn der Mensch den Geboten Gottes, allen Mahnungen des Gewissens, allen liebevollen Einladungen des göttlichen Freundes, des besten Vaters, seinem Nichtwollen entgegensieht. „Wenn du es doch erkenntest, noch heute an diesem Tage, was dir zum Frieden dient! Aber du hast nicht gewollt!" Es ist etwas Furchtbares, etwas unerhört Ungerechtes und Verderbenbringendes, wenn der Mensch seinen Willen gegen Gottes Willen stellt! Ich wollte! Du hast nicht gewollt. Darum weint Jesus über Jerusalem.
    Andächtige Christen! In dem am 6. Juli ds. Js. in allen katholischen Kirchen Deutschlands verlesenen gemeinsamen Hirtenbrief der deutschen Bischöfe vom 26. Juni 1941 heißt es u.a.: „Gewiss gibt es nach der katholischen Sittenlehre positive Gebote, die nicht mehr verpflichten, wenn ihre Erfüllung mit allzu großen Schwierigkeiten verbunden wäre. Es gibt aber auch heilige Gewissensverpflichtungen, von denen uns niemand befreien kann; und die wir erfüllen müssen, koste es uns selbst das Leben. Nie, unter keinen Umständen darf der Mensch außerhalb des Krieges und der gerechten Notwehr einen Unschuldigen

töten." Ich hatte schon am 6. Juli Veranlassung, diesen Worten des gemeinsamen Hirtenbriefes folgende Erläuterung hinzuzufügen:

Seit einigen Monaten hören wir Berichte, dass aus Heil- und Pflegeanstalten für Geisteskranke auf Anordnung von Berlin Pfleglinge, die schon länger krank sind und vielleicht unheilbar erscheinen, zwangsweise abgeführt werden, regelmäßig erhalten die Angehörigen dann nach kurzer Zeit die Mitteilung, der Kranke sei verstorben, die Leiche sei verbrannt; die Asche könne abgeholt werden. Allgemein herrscht der an Sicherheit grenzende Verdacht, dass diese zahlreichen unerwarteten Todesfälle von Geisteskranken nicht von selbst eintraten, sondern absichtlich herbeigeführt wurden; dass man dabei jener Lehre folgt, die behauptet, man dürfe sog. „lebensunwertes Leben" vernichten, also unschuldige Menschen töten, wenn man meint, ihr Leben sei für Volk und Staat nichts mehr wert. Eine furchtbare Lehre, die die Ermordung Unschuldiger rechtfertigen will, - die die gewaltsame Tötung der nicht mehr arbeitsfähigen Invaliden, Krüppel, unheilbar Kranken, Altersschwachen grundsätzlich freigibt!

Demgegenüber erklären die deutschen Bischöfe: „Nie, unter keinen Umständen darf ein Mensch außerhalb des Krieges und der gerechten Notwehr einen Unschuldigen töten!"

Wie ich zuverlässig erfahren habe, werden jetzt auch in Heil- und Pflegestätten der Provinz Westfalen Listen aufgestellt von solchen Pfleglingen, die als sog. „unproduktive Volksgenossen" abtransportiert und in kurzer Zeit ums Leben gebracht werden sollen. Aus der Anstalt Marienthal bei Münster ist im Laufe dieser Woche der erste Transport abgegangen!

Deutsche Männer und Frauen! Noch hat Gesetzeskraft der § 211 des Reichsstrafgesetzbuches, der bestimmt: „Wer vorsätzlich einen Menschen tötet, wird, wenn er die Tötung mit Überlegung ausgeführt hat, wegen Mordes mit dem Tode bestraft." - Wohl um diejenigen, die jene armen kranken Menschen, Angehörige unserer Familien, vorsätzlich töten, vor dieser gesetzlichen Bestrafung zu bewahren, werden die zur Tötung bestimmten Kranken aus der Heimat abtransportiert in eine entfernte Anstalt; als Todesursache wird dann irgendeine Krankheit angegeben. Da die Leiche sogleich verbrannt wird, können die Angehörigen und auch die Kriminalpolizei es hinterher nicht mehr feststellen, ob die Krankheit wirklich vorgelegen hat und welche Todesursache vorlag.

Es ist mir versichert worden, dass man im Reichsministerium des Inneren und auf der Dienststelle des Reichsärzteführers Dr. Conti gar keinen Hehl daraus machte, dass tatsächlich eine große Zahl von Geisteskranken in Deutschland getötet worden ist und in Zukunft getötet werden soll.

Das Reichsstrafgesetzbuch bestimmt in § 139: „Wer von dem Vorhaben eines Verbrechens wider das Leben ... glaubhafte Kenntnis erhält und es unterlässt, der Behörde oder dem Bedrohten hiervon zur rechten Zeit Anzeige zu machen, wird ... bestraft."

Als ich von dem Vorhaben erfuhr, Kranke aus Marienthal abzutransportieren, um sie zu töten, habe ich am 28. Juli bei der Staatsanwaltschaft beim Landgericht in Münster und bei dem Herrn Polizeipräsidenten in Münster Anzeige erstattet durch eingeschriebenen Brief mit folgendem Wortlaut: „Nach mir zugegangenen Nachrichten soll im Laufe dieser Woche (man spricht vom 31. Juli) eine große Anzahl Pfleglinge der Provinzheilanstalt Marienthal bei Münster als sog. „unproduktive Volksgenossen" nach der Heilanstalt Eichberg überführt werden, um dann alsbald, wie es nach solchen Transporten aus anderen Heilanstalten nach allgemeiner Überzeugung geschehen ist, vorsätzlich getötet zu werden. – Da ein derartiges Vorgehen nicht nur dem göttlichen und natürlichen Sittengesetz widerstreitet, sondern auch als Mord nach § 211 des Reichsstrafgesetzbuches mit dem Tode zu bestrafen ist, erstatte ich gemäß § 139 des Reichsstrafgesetzbuches pflichtmäßig Anzeige und bitte, die bedrohten Volksgenossen unverzüglich durch Vorgehen gegen die den Transport und die Ermordung beabsichtigende Stelle zu schützen und mir von dem Veranlassten Nachricht zu geben."

Nachricht über ein Einschreiten der Staatsanwaltschaft oder der Polizei ist mir nicht zugegangen.

Ich hatte bereits am 26. Juli bei der Provinzialverwaltung der Provinz Westfalen, der die Anstalten unterstehen, der die Kranken zur <u>Pflege</u> und <u>Heilung</u> anvertraut sind, schriftlich ernstesten Einspruch erhoben. Es hat nichts genutzt! Der erste Transport der schuldlos zum Tode Verurteilten ist von Marienthal abgegangen! Und aus der Provinzialheil- und Pflegeanstalt in Warstein sind, wie ich höre, bereits 800 Kranke abtransportiert.

So müssen wir damit rechnen, dass die armen, wehrlosen Kranken über kurz oder lang umgebracht werden. Warum? Nicht, weil sie ein todwürdiges Verbrechen begangen haben, nicht etwa, weil sie ihren Wärter oder Pfleger angegriffen haben, so dass diesen nichts anderes übrig blieb, als dass er zur Erhaltung des eigenen Lebens in gerechter Notwehr dem Angreifer mit Gewalt entgegentrat. Das sind Fälle, in denen neben der Tötung des bewaffneten Landesfeindes im gerechten Krieg Gewaltanwendung bis zur Tötung erlaubt und nicht selten geboten ist.

Nein, nicht aus solchen Gründen müssen jene unglücklichen Kranken sterben, sondern darum, weil sie nach dem Urteil irgendeines Arztes, nach dem Gutachten irgendeiner Kommission „lebensunwert" geworden sind; weil sie nach diesen Gutachten zu den „unproduktiven Volksgenossen" gehören! Man urteilt: Sie können nicht mehr Güter produzieren; sie sind wie ein altes Pferd, das unheilbar lahm geworden ist, sie sind wie eine Kuh, die nicht mehr Milch gibt. Was tut man mit einer solch alten Maschine? Sie wird verschrottet. Was tut man mit solch einem lahmen Pferd? Mit einem solch „unproduktiven" Stück Vieh? ...

Nein, ich will den Vergleich nicht bis zu Ende führen, es handelt sich nicht um Pferd und Kuh, deren einzige Bestimmung es ist, dem Menschen zu dienen, für den Menschen Güter zu produzieren! Man mag sie zerschlagen, man mag sie schlachten, sobald sie diese Bestimmung nicht mehr erfüllen!

Nein, hier handelt es sich um Menschen, unsere Mitmenschen, unsere Brüder und Schwestern! Arme Menschen, kranke Menschen, – unproduktive Menschen, meinetwegen. Aber haben sie damit das Recht auf das Leben verwirkt? Hast du, habe ich nur solange das Recht zu leben, solange wir produktiv sind, solange wir von <u>andern</u> als produktiv <u>anerkannt</u> werden?

Wenn man den Grundsatz aufstellt und anwendet, dass man den „unproduktiven" Menschen töten darf, dann wehe uns allen, wenn wir alt und altersschwach werden! Wenn man die unproduktiven Menschen töten darf, dann wehe den Invaliden, die im Produktionsprozess ihre Kraft, ihre gesunden Knochen eingesetzt, geopfert und eingebüßt haben! Wenn man die unproduktiven Menschen beseitigen darf, dann wehe unseren braven Soldaten, die als Schwerkriegsverletzte, als Krüppel, als Invaliden in die Heimat zurückkehren!

Wenn einmal zugegeben wird, dass Menschen das Recht haben, „unproduktive" Mitmenschen zu töten – und wenn es jetzt auch nur arme, wehrlose Geisteskranke trifft, – dann ist grundsätzlich der Mord an allen unproduktiven Menschen, also den unheilbar Kranken, den arbeitsunfähigen Krüppeln, den Invaliden der Arbeit und es Krieges, dann ist der Mord an uns allen, wenn wir alt und altersschwach und damit unproduktiv werden, freigegeben! Dann braucht nur irgendein Geheimerlass anzuordnen, dass das bei den Geisteskranken erprobte Verfahren auch auf andere „Unproduktive" auszudehnen ist, dass es auch bei den unheilbar Lungenkranken, bei den Altersschwachen, bei den Arbeitsinvaliden, bei den schwer kriegsverletzten Soldaten anzuwenden sei! Dann ist keiner von uns seines Lebens sicher; irgendeine Kommission kann ihn auf die Liste der Unproduktiven setzen, die nach ihrem Urteil „lebensunwert" geworden sind! Und <u>keine</u> Polizei wird ihn schützen, und kein Gericht wird seine Ermordung ahnden und den Mörder der verdienten Strafe übergeben! – Wer kann dann noch Vertrauen haben zu einem Arzt? Vielleicht meldet er den Kranken als „unproduktiv" und erhält die Anweisung, ihn zu töten! - Es ist nicht auszudenken, welche Verwilderung der Sitten, welch allgemeines gegenseitiges Misstrauen bis in die Familien getragen wird, wenn diese furchtbare Lehre geduldet, angenommen und befolgt wird! – Wehe den Menschen, wehe dem deutschen Volke, wenn das heilige Gottesgebot „Du sollst nicht töten!", das der Herr unter Donner und Blitz auf Sinai verkündet hat, das Gott, unser Schöpfer, von Anfang an in das Gewissen der Menschen geschrieben hat, nicht nur übertreten wird, sondern diese Übertretung sogar geduldet und ungestraft angewendet wird!

Ich will Euch ein Beispiel sagen von dem, was jetzt geschieht: In Marienthal war ein alter Mann von eben 55 Jahren, ein Bauer aus einer Landgemeinde des Münsterlandes, – ich könnte Euch den Namen nennen – der seit einigen Jahren unter Geistesstörungen leidet und den man daher der Provinzialheil- und Pflegeanstalt Marienthal anvertraut hat zur Pflege. Er war nicht ganz verrückt; er konnte Besuch empfangen und freute sich immer, sooft seine Angehörigen kamen. Noch vor 14 Tagen hatte er Besuch von seiner Frau und von einem seiner Söhne, der als Soldat an der Front steht und Heimaturlaub hatte. Der Sohn hängt sehr an seinem kranken Vater. So war der Abschied schwer; wer weiß, ob der Soldat wiederkommt, den Vater wiedersieht, denn er kann ja im Kampfe für die Volksgenossen fallen.

Der Sohn, der Soldat, wird seinen Vater wohl sicher auf Erden nicht mehr wiedersehen: denn er ist seitdem auf die Liste der Unproduktiven gesetzt. Ein Verwandter, der in diesen Tagen den Vater in Marienthal besuchen wollte, wurde abgewiesen mit der Auskunft, der Kranke sei auf Anordnung des Ministerrates für Landesverteidigung von hier abtransportiert; wohin, könne nicht gesagt werden. Den Angehörigen werde in einigen Tagen Nachricht gegeben werden.

Wie wird die Nachricht lauten? Wieder so wie in anderen Fällen? Dass der Mann gestorben sei; dass die Leiche verbrannt sei, dass die Asche gegen Entrichtung einer Gebühr abgeliefert werden könne! Dann wird der Sohn, der im Felde steht und sein Leben für die deutschen Volksgenossen einsetzt, den Vater hier auf Erden nicht mehr wiedersehen, weil deutsche Volksgenossen in der Heimat ihn ums Leben gebracht haben! - Die von mir angesprochenen Tatsachen stehen fest. Ich kann die Namen des kranken Mannes, seiner Frau, seines Sohnes, der Soldat ist, nennen und den Ort, wo sie wohnen! ---

„Du sollst nicht töten!" Gott hat dieses Gebot in das Gewissen der Menschen geschrieben, längst ehe ein Strafgesetzbuch den Mord mit Strafe bedrohte, längst ehe Staatsanwaltschaft und Gericht den Mord verfolgten und ahndeten. Kain, der seinen Bruder Abel erschlug, war ein Mörder, lang bevor es Staaten und Gerichte gab. Und er bekannte, gedrängt von der Anklage seines Gewissens: „Größer ist meine Missetat, als dass ich Verzeihung finden könnte! -- Jeder, der mich findet, wird mich, den Mörder, töten." (Gen. 4.13)

„Du sollst nicht töten!" Dieses Gebot Gottes, des einzigen Herrn, der das Recht hat, über Leben und Tod zu bestimmen, war von Anfang an in die Herzen der Menschen geschrieben, längst bevor Gott den Kindern Israels am Berge Sinai sein Sittengesetz mit jenen lapidaren, in Stein gehauenen kurzen Sätzen verkündet hat, die uns die Heilige Schrift aufgezeichnet hat, die wir als Kinder aus dem Katechismus auswendig gelernt haben.

„Ich bin der Herr, Dein Gott!" so hebt dieses unabänderliche Gesetz an. „Du sollst keine fremden Götter neben mir haben!" Der einzige, ewige, überweltliche, allmächtige, allwissende, unendlich heilige und gerechte Gott hat diese Gebote gegeben. Unser Schöpfer und einstiger Richter! Aus Liebe zu uns hat er diese Gebote unseren Herzen eingeschrieben und sie uns verkündet; denn sie entsprechen dem Bedürfnis unserer von Gott geschaffenen Natur; sie sind die unabdingbaren Normen eines vernunftgemäßen, eines gottgefälligen, eines heilbringenden und heiligen Menschen- und Gemeinschaftslebens.

Gott, unser Vater, will mit diesen Geboten uns, seine Kinder, sammeln, wie die Henne ihre Küchlein unter ihre Flügel sammelt. Wenn wir Menschen diesen Befehlen, diesen Einladungen, diesem Rufe Gottes folgen, dann sind wir behütet, beschützt, vor Unheil bewahrt, gegen das drohende Verderben verteidigt, wie die Küchlein unter den Flügeln der Henne.

„Jerusalem, Jerusalem, wie oft wollte ich deine Kinder sammeln, aber du hast nicht gewollt!" Soll das aufs Neue wahr werden in unserm deutschen Vaterlande, in unserer westfälischen Heimat, in unserer Stadt Münster? Wie steht es in Deutschland, wie steht es hier bei uns mit dem Gehorsam gegen die göttlichen Gebote?

Das achte Gebot: „Du sollst kein falsches Zeugnis geben!", du sollst nicht lügen. Wie oft wird es frech auch öffentlich verletzt!

Das siebte Gebot! „Du sollst nicht fremdes Gut dir aneignen!" Wessen Eigentum ist noch sicher nach der willkürlichen und rücksichtslosen Enteignung des Eigentums unsrer Brüder und Schwestern, die katholischen Orden angehören! Wessen Eigentum ist geschützt, wenn dieses widerrechtlich beschlagnahmte Eigentum nicht zurückerstattet wird?

Das sechste Gebot! „Du sollst nicht ehebrechen!" Denkt an die Anweisungen und Zusicherungen, die der berüchtigte Brief des inzwischen verschwundenen Rudolf Heß, der in allen Zeitungen veröffentlicht wurde, über den freien Geschlechtsverkehr und die uneheliche Mutterschaft gegeben hat. Und was kann man sonst noch über diesen Punkt auch in Münster an Schamlosigkeit und Gemeinheit lesen und beobachten und erfahren? An welche Schamlosigkeit der Kleidung hat sich die Jugend gewöhnen müssen: Vorbereitung späteren Ehebruchs! Denn es wird die Schamhaftigkeit zerstört, die Schutzmauer der Keuschheit.

Jetzt wird auch das fünfte Gebot „Du sollst nicht töten!" beiseite gesetzt und unter den Augen der zum Schutz der Rechtsordnung und des Lebens verpflichtenden Stellen übertreten, da man es sich herausnimmt, unschuldige, wenn auch kranke Mitmenschen vorsätzlich zu töten, nur weil sie „unproduktiv" sind, keine Güter mehr produzieren können.

Wie steht es mit der Befolgung des vierten Gebotes, das Ehrfurcht gegen die Eltern und Vorgesetzten fordert? Die Stellung und Autorität der Eltern ist schon weithin untergraben und wird mit all den Anforderungen, die gegen den Willen der Eltern der Jugend auferlegt werden, immer mehr erschüttert. Glaubt man, dass aufrichtige Ehrfurcht und gewissenhafter Gehorsam gegen die staatliche Obrigkeit erhalten bleiben, wenn man fortfährt, die Gebote der höchsten Obrigkeit, die Gebote Gottes, zu übertreten, wenn man sogar den Glauben an den einzig wahren, überweltlichen Gott, den Herrn des Himmels und der Erde, auszurotten versucht?

Die Befolgung der ersten drei Gebote ist ja schon lange für die Öffentlichkeit in Deutschland und in Münster weithin eingestellt. Von wie vielen wird der Sonntag nebst den Feiertagen entweiht und dem Dienste Gottes entzogen! Wie wird der Name Gottes missbraucht, verunehrt und gelästert!

Und das erste Gebot „Du sollst keine fremden Götter neben mir haben!" Statt des einzig wahren ewigen Gottes macht man sich nach Gefallen eigene Götzen, um sie anzubeten: die Natur oder den Staat oder das Volk oder die Rasse. Und wie viele gibt es, deren Gott in Wirklichkeit nach dem Wort des hl. Paulus „der Bauch" ist (Phil. 3.19), das eigene Wohlbefinden, denen sie alles, selbst Ehre und Gewissen, opfern, der Sinnengenuss, der Geldrausch, der Machtrausch! Dann mag man es auch versuchen, sich selbst göttliche Befugnisse zuzumessen, sich zum Herrn zu machen über Leben und Tod der Mitmenschen. - Als Jesus Jerusalem nahe kam und die Stadt sah, weinte er über sie und sprach: „Wenn du es doch erkennen wolltest noch heute an diesem Tage, was dir zum Frieden dient. Nun aber ist es vor deinen Augen verborgen. Sieh, es werden Tage über dich kommen, wo deine Feinde ... dich zu Boden schmettern und deine Kinder und in dir keinen Stein auf dem anderen lassen werden, weil du die Tage deiner Heimsuchung nicht erkannt hast."

Mit seinen leiblichen Augen schaute er damals nur die Mauern und Türme der Stadt Jerusalem, aber seine göttliche Allwissenheit sah tiefer, erkannte, wie es innerlich mit der Stadt stand und seinen Bewohnern.

„Jerusalem! Ich wollte deine Kinder sammeln, wie die Henne ihre Küchlein unter ihre Flügel sammelt. Aber du hast nicht gewollt!" Das ist der große

Schmerz, der Jesu Herz bedrückt, der seinen Augen Tränen entlockt: Ich wollte dein Bestes, aber du willst nicht! – Jesus sieht das Sündhafte, das Furchtbare, das Verbrecherische, das Verderbenbringende, dieses Nichtwollen. Der kleine Mensch, das hinfällige Geschöpf, stellt seinen geschaffenen Willen gegen Gottes Willen. Jerusalem und seine Bewohner, sein einst auserwähltes und bevorzugtes Volk, stellt sein Wollen gegen Gottes Willen, trotzt töricht und verbrecherisch dem Willen Gottes! Darum weint Jesus: über die abscheuliche Sünde, – und über die unausbleibliche Bestrafung: Gott lässt seiner nicht spotten!

Christen von Münster! Hat der Sohn Gottes damals in seiner Allwissenheit nur Jerusalem und sein Volk gesehen? Ist das Volk Israel das einzige Volk, das Gott mit Vatersorge und Mutterliebe umgeben, beschützt, an sich gezogen hat? Und das nicht gewollt hat? Das Gottes Wahrheit abgelehnt, Gottes Gesetz von sich geworfen und so sich ins Verderben gestürzt hat?

Hat Jesus, der allwissende Gott, damals auch unser deutsches Volk geschaut? Auch unser Westfalenland, unser Münsterland, den Niederrhein? Und hat er auch über uns geweint? Über Münster geweint?

Seit 1000 Jahren hat er unsere Vorfahren und uns mit seiner Wahrheit belehrt, mit seinem Gesetz geleitet, mit seiner Gnade genährt, uns gesammelt, wie die Henne ihre Küchlein unter ihre Flügel sammelt. Hat der allwissende Sohn Gottes damals gesehen, dass er in unserer Zeit auch über uns das Urteil sprechen muss? „Du hast nicht gewollt! Sieh, Euer Haus wird Euch verwüstet werden!" Wie furchtbar wäre das!

Meine Christen! Ich hoffe, es ist noch Zeit. Aber es ist die höchste Zeit! Dass wir es erkennen, noch heute, an diesem Tage, was uns zum Frieden dient! Was allein uns retten, vor dem göttlichen Strafgericht uns bewahren kann!

Dass wir rückhaltlos und ohne Abstrich die von Gott geoffenbarte Wahrheit annehmen und durch unser Leben bekennen!

Dass wir die göttlichen Gebote zur Richtschnur unseres Lebens machen und ernst machen mit dem Wort: Lieber sterben als sündigen! Dass wir in Gebet und aufrichtiger Buße Gottes Verzeihung und Erbarmen auf uns herabflehen, auf unsere Stadt, auf unser Land, auf unser ganzes liebes deutsches Volk! –

Wer aber fortfahren will, Gottes Strafgericht herauszufordern, wer unsern Glauben lästert, wer Gottes Gebote verachtet, wer gemeinsame Sache macht mit jenen, die unsere Jugend dem Christentum entfremden, die unsere Ordensleute berauben und vertreiben, mit jenen, die unschuldige Menschen, unsere Brüder und Schwestern, dem Tode überliefern, mit denen wollen wir jeden vertrauten Umgang meiden, deren Einfluss wollen wir uns und die Unsrigen entziehen, damit wir nicht angesteckt werden von ihrem gottwidrigen Denken und Handeln, damit wir nicht mitschuldig werden und somit anheimfallen dem Strafgericht, das der gerechte Gott verhängen muss und verhängen wird über alle, die gleich der undankbaren Stadt Jerusalem nicht wollen, was Gott will.

O Gott, lass uns doch alle heute, an diesem Tage, bevor es zu spät ist, erkennen, was uns zum Frieden dient!

O heiligstes Herz Jesu, bist betrübt zu Tränen über die Verblendung und über die Missetaten der Menschen, hilf uns mit deiner Gnade, dass wir stets das erstreben, was dir gefällt, und auf das verzichten, was dir missfällt, damit wir in deiner Liebe bleiben und Ruhe finden für unsere Seelen. Amen.

Lasset uns beten für die armen vom Tode bedrohten Kranken, für unsere verbannten Ordensleute, für alle Notleidenden, für unsere Soldaten, für unser Volk und Vaterland und seinen Führer.

Kirchenprozession 1947 vor der zerstörten St. Agatha-Kirche

Leben und Sterben im Zweiten Weltkrieg (1939–1945) in Dorsten und an den Fronten

1) Kriegskinder berichten über das Leben in Dorsten
(Zuerst erschienen: Kriegskinder. Dorstener Zeitzeugen erzählen, Anke Klapsing-Reich, Dorstener Zeitung 2010)

a) „Wir posierten auf dem Flakgeschütz"

Mein Bruder Peter (Jg. 1932) und ich haben fast die ganze Zeit des Krieges in Dorsten miterlebt. Die Erfahrungen waren insgesamt widersprüchlich: Einerseits haben sich die Kriegsjahre als großes, interessantes, abwechslungsreiches Spiel ergeben, andererseits haben wir schon frühzeitig Keller und Bunker aufsuchen müssen, um uns vor den Fliegerangriffen zu schützen, die von Jahr zu Jahr stärker einsetzten und im März 1945 ihren Höhepunkt hatten. Das Dröhnen der Flugzeuge und die Salven der Flak gehörten schon bald zum nächtlichen Erlebnis und in den letzten Jahren kamen die Tagesangriffe dazu, die uns schließlich zu der Aussage führten: „Wir sind mit allem einverstanden, wenn nur nicht mehr die Bomben aus dem Himmel fallen."

Kriegsgerät und Soldaten waren für uns Spielzeug und Spielkameraden, der Ernst des Krieges war uns nicht bewusst, zumal in Presse und Rundfunk nur von Erfolgen im Blitzkrieg die Rede war. Ein Geschütz stand auf dem Schulhof der früheren Overbergschule, an der mein Vater bis 1939 Erster Lehrer war. Wir Kinder der Nachbarschaft bemächtigten uns des Kriegsgerätes und posierten für den Fotoapparat. Wir hatten viele Spielmöglichkeiten und kannten keine Langeweile: Krieg war für uns ein besonderes Ereignis.

Der Ernst des Lebens kam erst auf uns zu, als wir von den Toten in den zerstörten Häusern und in den abgeschossenen Flugzeugen hörten und sie sahen, aber alle diese Erlebnisse hatten für uns noch keine existentielle Bedeutung. An die nächtlichen Verdunkelungen gewöhnten wir uns und die Kampfhandlungen am nächtlichen Himmel waren für uns ein willkommenes Schauspiel, wenn die einzelnen Scheinwerfer Flugzeuge ins Visier nahmen und die Flakgeschütze ihre Salven in die Nähe der Lichtkegel donnerten. Noch heute werden bei jedem Feuerwerk Erinnerungen wach, wenn ich an die vielen „Christbäume" denke, die für die Bombenabwürfe der Flugzeuge die Ziele markieren sollten. Anderntags suchten wir die Felder nach Splittern und Flugblättern ab. Der Aufenthalt im Freien war für uns von Jahr zu Jahr immer gefahrvoller, aber wir hatten als Kinder nicht das richtige Gespür für Gefahren und sahen viele Vorkommnisse als Abenteuer an.

Der Schulhof im Kleinen und die Hardt im Großen mit Hardtberg und Kanal boten viele Spielmöglichkeiten und wir waren mit den Kindern der Familien Cramer, Suchalla, Dahms, Kleinespel und Grefer die ganzen Tage an der frischen Luft und machten uns nichts aus den feindlichen Flugzeugen am Tageshimmel. Zum Schluss erlebten wir einen unglücklich gelandeten Lastensegler auf dem Hardtberg, dessen Absturz kein Insasse überlebte. Die älteren

Kinder mussten auch bei der Bergung von Toten helfen, was ich persönlich nicht erlebt habe.

In der Schule und in den Lehrbüchern spielten der Nationalsozialismus und die anfänglichen Kriegserfolge eine große Rolle, obwohl die Lehrerinnen, mit denen ich es zu tun gehabt habe, z.B. Maria Mecklenburg, vom Nazivirus nicht infiziert waren und ihre katholische Gesinnung in dieNazizeit hinübergerettet hatten. Eindruck auf den Straßen machten schon das marschierende Jungvolk und die Hitlerjugend in ihren Uniformen. Mein Bruder, der schon das Alter für das Jungvolk hatte, bekam Streit mit meiner Mutter, weil sie nicht wollte, dass sich mein Bruder mit einem Dolch ausrüstete. Überhaupt stand sie dem System distanziert gegenüber und wollte verhindern, dass mein Vater als Luftschutzleiter mit der Hakenkreuzbinde in die Öffentlichkeit ging.

Im letzten Kriegsjahr wurden die Schulen geschlossen, meine Familie verließ das Schulgebäude in der Storchsbaumstraße und wir fuhren nach dem Bombenangriff auf Dorsten am 23. März 1945 zu dem Hof meines Onkels Heinrich Beisenbusch in Waltrop, wo wir gemeinsam wohlbehalten das Kriegsende am 8. Mai 1945 erlebten, noch im Mai gingen wir wieder nach Dorsten zurück.

Die katholische Religion war für unsere Familie und auch für uns Kinder das Band, das uns an die Tradition knüpfte und uns wenigstens zum Teil gegen den Nationalsozialismus immunisierte.

Absturztrümmer feindlicher Flieger

Die katholische Overbergschule wurde noch vor dem Kriegsbegin in die Gemeinschaftsschule Pestalozzischule eingegliedert, die von einem Nazidirektor geleitet wurde. Die Lehrerinnen Maria Mecklenburg und Agnes Beckmann betreuten weiterhin die Erstkommunionkinder und hatten in Dorsten und auf der Hardt ihren Anteil an der Aufrechterhaltung der christlichen Tradition.

Mein Bruder und ich waren in St. Agatha Messdiener bei Kaplan Spaemann, der zusammen mit seinem Sohn Robert später berühmt wurde, und die Schwestern Aloisia und Canisia betreuten uns in St. Ursula weiter im Religionsunterricht. Der Dienst als Messdiener wurde damals in der Nachbarschaft kritisch gesehen und kann zusammen mit der Erstkommunion als leiser Widerstand gegen das System gesehen werden. Auch bei Pfarrer Westhoff fanden wir immer ein offenes Ohr und ich erinnere mich noch an die kalten Stunden mit ihm am Altar bei zerstörten Kirchenfenstern in St. Agatha.

Noch Jahre nach Kriegsende war Dorsten eine Trümmerstadt, das alte Rathaus in der Mitte der Stadt war fast als einziges Gebäude stehengeblieben, die Familie Koop vom Markt zog in dieses Gebäude und eröffnete ein Lokal, ich war mit dem ältesten Sohn Hans-Heinrich befreundet und verkehrte in diesem Gebäude. Als Messdiener machte ich weiter Dienst, erst in der Behelfskirche bei St. Ursula, dann hinter dem Kolpinghaus, bis die neue Kirche St. Agatha mit einem Weihespiel eingeweiht wurde. Die Zeit danach ist in Dorsten gekennzeichnet von ihrem Wiederaufstieg unter Führung des langjährigen Bürgermeisters Paul Schürholz. Die Straßenfluchten der Innenstadt wurden beibehalten, ein äußeres Zeichen für die Unlust zu grundlegender Veränderung, die mehr für die Verdrängung der Vergangenheit sprach als für die Aufarbeitung der Zeit von 1933 bis 1945, in der schließlich Dorsten für seine „braune Zeit" gebüßt hatte.

b) SS-Männer brüllten: „Autoschlüssel her oder wir schießen!"
(Gisela Lindgens, geb. Große-Lochtmann, Jg. 1935)

Gisela und Bernd Große-Lochtmann

1944 baute mein Vater auf dem Grundstück unseres Wohnhauses am Lippetor einen kleinen, bombensicheren Bunker, in dem die Familie das Kriegsende überleben sollte. Als die Front immer näher rückte, brachte mein Vater allerdings die Familie aus Dorsten weg, ins Sauerland, wo er uns auch wegen der Versorgung mit Nahrungsmitteln besser aufgehoben wähnte. Wir wohnten in einem kleinen Holzhäuschen. Meine Mutter war schwanger. Mein Vater und einige bei ihm angestellte Elektromonteure waren vom Kriegsdienst, d.h. vom Dienst an der Waffe, freigestellt, um die Stromversorgung in der Heimat sicherzustellen. Als Dorsten am 22. März 1945 nach dem Großangriff in Schutt und Asche lag, unser Wohnhaus abgebrannt war, das Geschäft und die Firma meiner Eltern zerstört waren, mein Vater in unserem Bunker das Inferno überlebt hatte, fuhr er in einem Auto, das sein Freund aus Gladbeck ihm zur Verfügung gestellt hatte, durch brennende Städte des Ruhrgebietes ins Sauerland, seine Frau Betty und seine Kinder Gisela und Bernd zu sehen. Bei ihm war Heinz Westhoff, einer der jungen Monteure.

Kurz nach ihrer Ankunft ereignete sich dann das für mich von Todesängsten geprägte Kriegserlebnis, das sich für immer in die Kinderseele einbrennen sollte: Vier SS-Männer, auf der Flucht vor der Festnahme durch die Amerikaner, hatten das Auto vor unserer Hütte stehen sehen. Sie stürmten mit Revolvern in den Händen unsere Wohnung und forderten von meinem Vater die Herausgabe des Autoschlüssels. Mein Vater hatte ihn nicht, der Schlüssel war bei Heinz Westhoff geblieben, der den Wagen als Letzter gefahren hatte und nach anstrengender Tour in den nahestehenden Wald gegangen war. Die SS glaubte meinem Vater nicht, wir mussten das Haus verlassen, uns draußen an die Wand stellen, die Männer richteten ihre Revolver auf uns und stellten ein Ultimatum von wenigen Minuten: Entweder die Herausgabe der Schlüssel oder mein Vater wird erschossen!

Der liebe Gott, ein Heer von Schutzengeln und Heinz Westhoff hörten unsere Rufe nach ihm, unsere Schreie in Todesängsten. Und wie von unsichtbaren Flügeln getragen war Heinz, der gehbehinderte Heinz, plötzlich in allerletzter Minute zur Stelle und, die Situation sofort erkennend, warf er noch im Laufen aus der Entfernung in hohem Bogen die Autoschlüssel durch die Luft, den mörderischen SS-Leuten vor die Füße. Die Familie war gerettet!

Am 8. Mai 1945 war der unselige Krieg zu Ende. Die Familie kehrte nach Dorsten zurück, ihr wurde in einem neuen Zuhause ein neues Leben und ein kleines neues Lebewesen geschenkt: Meine Schwester Brigitte erblickte das Licht der Welt – im Frieden. Über den Bunker wurde später die Straße zur Kanalbrücke verlegt, niemand hatte ihn sprengen können, er war tatsächlich bombensicher.

Nach dem Verbleib seines Autos soll der Freund meines Vaters niemals gefragt haben.

2) Die Bedeutung der Dokumentation der Arbeitsgemeinschaft Bischoff/Biermann für die Geschichte Dorstens im Nationalsozialismus

a) Einleitung mit Hinweisen auf die Familie Bischoff und auf den ersten Ritterkreuzträger in Dorsten, Theodor Nordmann

Christian Bischoff von Dorsten-Hardt und Walter Biermann aus Holsterhausen haben schon seit Jahrzehnten eine Dokumentation erarbeitet und sie dem Heimatmuseum und dem Stadtarchiv zur Verfügung gestellt, die an Hand von Originaldokumenten die Zeit des Nationalsozialismus von 1939 bis 1945 in Dorsten und Umgebung illustriert, um einen Beitrag zur Dorstener Stadtgeschichte zu leisten, der „als eine Mahnung an die Jugend" verstanden werden soll, und zwar nach der Devise: „Was damals geschah, darf sich nie wiederholen."

So hat es Rudolf Plumpe in der Chronik zum Schützenfest 1997 des Allgemeinen Bürger-Schützenvereins der Altstadt Dorsten in einem Vorwort geschrieben. (S. 18)

Christian Bischoff stützte sich bei seiner Zusammenstellung auf die Arbeit seines Vaters Karlheinz Bischoff, „der Gegenstände aus der Kriegszeit sammelte, darunter zahlreiche Totenzettel und Fotos gefallener Soldaten." (s.o.) Karlheinz Bischoff war bis zu seinem Tod 1983 Rektor der Pestalozzischule auf der Hardt, die vormals die Overbergschule war. Karlheinz Bischoffs Vater Heinrich Bischoff war ein Kollege meines Vaters und kam aus der Gaststätte „Am Gemeindedreieck" in Hervest-Dorsten.

Die Dokumentation Bischoff/Biermann zeigt an Hand von Originalunterlagen

Heinrich Bischoff

aus dem Leben des Heinrich Bischoff den Übergang von der Weimarer Republik zum Dritten Reich, denn schon 1931 wurde dem Volksschullehrer Heinrich Bischoff aus Hervest-Dorsten „die Rettungsmedaille am Bande" vom Preußischen Staatsministerium verliehen, das der damalige preußische Ministerpräsident Otto Braun von der SPD selbst unterschrieben hatte. Wahrscheinlich hatte Bischoff als guter Schwimmer Schüler vor dem Ertrinken gerettet. Seine Verdienste für die Allgemeinheit führten auch in der Nazizeit zu verschiedenen Auszeichnungen, darunter ist auch ein „Ehrenkreuz für Frontkämpfer" aus dem Ersten Weltkrieg, das ihm im „Namen des Führers und Reichskanzlers" 1934 vom Landrat verliehen wurde und „zur Erinnerung an den Weltkrieg 1914/18 vom Reichspräsidenten-Generalfeldmarschall von Hindenburg gestiftet" worden war.

Im Krieg bekam Heinrich Bischoff noch zwei weitere Auszeichnungen, und zwar „als Anerkennung für 25jährige treue Dienste das silberne Treudienst-Ehrenzeichen" und „das Luftschutz-Ehrenzeichen zweiter Stufe." Beide Male hatte „der Staatsminister und Chef der Präsidialkanzlei des Führers und Reichskanzlers" Otto Meissner unterschrieben, am 7. Mai 1941 und am 31. Juli 1944. Otto Meissner gehörte von Anfang an zur Kamarilla Hindenburgs, zu der auch dessen Sohn und persönlicher Adjutant Oskar zählte. Meissner war nach Hindenburgs Wahl zum Reichspräsidenten 1925 sein Staatssekretär und Leiter im Büro des Reichspräsidenten. Dieses arbeitete auf eine Machtübernahme durch Hitler hin, was ihnen 1933 gelang, zum Dank blieb Meissner Staatsminister unter Hitler bis 1937 und leitete die Präsidialkanzlei von 1935 bis zum bitteren Ende 1945.

Als Heinrich Bischoff 1944 die Luftschutz-Auszeichnung bekam, war sein Sohn Karlheinz 17 Jahre alt und gehörte zur Klasse 5 des Gymnasium Petrinum zu Dorsten. Die Schüler der Jahrgänge 26/27/28 wurden 1944 als Luftwaffenhelfer eingezogen und erhielten ihren Gymnasialunterricht in ihrer Flakstellung. Sie trugen Zivilkleidung bzw. schon Uniform mit Schirmmütze und Koppel als Wehrausrüstung. Die Dokumentation zeigt Fotos der 5. und 6. Klasse als Flakhelfer, auf denen jeweils bekannte Personen zu sehen sind. Auf dem Bild der Klasse 5 sind u.a. Karlheinz Bischoff, Hans Holthaus, Klaus Nordmann, der Bruder des Ritterkreuzträgers Theodor Nordmann, und Clemens Niermann. Auf dem Foto der Klasse 6 sind Helmut Wirtz vom Hardtberg, Helmut Stecher, der Bruder meines Schulkollegen Walter Stecher und Sohn des Studienrats August Stecher, und Guntram Lohmeyer, der Sohn des Lehrers Wilhelm Lohmeyer aus Hervest-Dorsten. Für Karlheinz Bischoff und Guntram Lohmeyer enthält die Dokumentation Auszeichnungen des Batteriechefs bzw. des Kommandeurs der Flakdivision. Beide werden als Hitlerjungen angesprochen, die beim Ausscheiden den offiziellen Text bekommen: „Anlässlich seines Ausscheidens wird ihm hierdurch für dem dem Vaterland in jungen Jahren geleisteten Kriegshilfsdienst Dank und Anerkennung ausgesprochen." Der Luftwaffenhelfer Guntram Lohmeyer bekam noch eine besondere Auszeichnung „im Namen des Oberbefehlshabers der Luftwaffe das Kampfabzeichen der Flakartillerie." Hier hat am 20. November 1943 ein Generalmajor unterschrieben. Dieser Auszeichnung liegt eine Punktetabelle zugrunde, die die Teilnahme des Luftwaffenhelfers an Abschüssen von englischen Flugzeugen aufweist. Von März bis Mai 1943 werden acht Flugzeuge mit Ort des Abschusses und Art des Flugzeuges angegeben (Lancaster, Manchester und Halifax). Auch ein „Luftwaffenhelferzeugnis" ist beigefügt, das den Luftwaffenhelfer in die 7. Klasse des Gymnasium Petrinum zu Dorsten versetzt. Unterschrieben haben die bekannten Lehrer der Schule: Direktor Feil, der Betreuungslehrer Brzoska und der Klassenlehrer Stein. Die beiden Letzteren habe ich noch als Lehrer erlebt.

Die vorgedruckten Formulare für das Ausscheiden als Luftwaffenhelfer tragen wie selbstverständlich die Anrede „Der Hitlerjunge". Das vorgedruckte Formular für das Luftwaffenhelferzeugnis bezieht sich neben den allgemeinen Unterrichtsfächern auf „das Verhalten im Einsatz und in Anwendung des Erlasses des Reichsministers für Wissenschaft, Erziehung und Volksbildung vom 22. Januar 1943." Als Gymnasialschüler konnte man dem Einsatz als Luftwaffenhelfer nicht entgehen, es war auch selbstverständlich, dass alle Gymnasiasten Mitglied der Hitlerjugend waren, wie auch die meisten ihrer Lehrer Mitglieder der NSDAP waren. Bei der Lehrerschaft in Dorsten war die Partei-Mitgliedschaft fast ausnahmslos der Fall. Das Gymnasium zu Dorsten machte keine Ausnahme.

Theodor Nordmann aus der Lippestraße in Dorsten war 1918 geboren, nach dem vorhandenen Personalnachweis war er von Ostern 1929 bis Ostern 1937 Schüler des Gymnasiums zu Dorsten. Er bekam dort das Reifezeugnis am 16. März 1937. Vier Jahre vorher übernahm Hitler am 30. Januar 1933 die Macht und richtete die nationalsozialistischen Gliederungen ein, zu denen für die Jugend das Jungvolk und die Hitlerjugend gehörten. Bis 1936 war der Beitritt noch „freiwillig", doch das änderte sich mit dem Gesetz über die Hitler-Jugend vom Dezember 1936. Nach diesem Gesetz wurde „die HJ zum staatlichen Jugendverband erklärt, der außerhalb von Elternhaus und Schule allein für die ‚körperliche, geistige und sittliche' Erziehung der Jugend zuständig war." (Mario Wenzel, Die NSDAP und ihre Gliederungen..., Fischer, Frankfurt/M 2009, S. 28) Seit März 1939 war die Zwangsmitgliedschaft für alle Jugendlichen von 10. bis zum 18. Lebensjahr für Jungvolk und Hitler-Jugend festgeschrieben, dasselbe galt auch für die Mädchen im Bund Deutscher Mädel (BDM).

Mit 14 Jahren erlebte Theo Nordmann den Machtantritt der Nationalsozialisten. Als er 1941 mit 23 Jahren im Krieg das Ritterkreuz des Eisernen Kreuzes erhielt, schreibt die NSDAP-Zeitung in Dorsten, dass sich Theo Nordmann während seiner Gymnasialzeit „mit dem Aufbau des Jungvolkes und der Hitler-Jugend" befasste, bevor er 1937 nach dem Abitur das Gymnasium verließ, um zum Reichsarbeitsdienst zu gehen. Bei der offiziellen Feier zu Ehren des Ritterkreuzträgers lobt ihn der seit 1933 amtierende NSDAP-Bürgermeister Dr. Joseph Gronover überschwänglich, der es sich hoch anrechnet, Theo Nordmann empfohlen zu haben, Berufssoldat zu werden. Wörtlich heißt es in dieser Rede über die Schulzeit: „Kaum dem Knabenalter entwachsen waren Sie einer der ersten und begeistertsten Führer in der Hitler-Jugend."

Dies deckt sich mit dem Lob des damaligen Oberstudiendirektors des Gymnasium Petrinum zu Dorsten, Georg Feil, dessen „von stolzer Freude durchglühten Ausführungen Erinnerungen weckten aus vergangenen Jahren, wie der Schüler Theo Nordmann noch in den geweihten Hallen der Wissenschaften ein- und ausging, wie er vom erhöhten Podium im seiner jugendlich begeisterten Art seine Gedichte vortrug oder in wichtigen Examensstunden geschickt und mutig an die Lösung der gestellten Aufgaben heranging."

Johannes Buchmann aus Dorsten, Jahrgang 1921, hat jüngst mit dem Journalisten Jürgen Kalwa ein Buch veröffentlicht, in dem er seine Erinnerungen an die Kriegszeit niedergeschrieben hat. Er war wie Theo Nordmann Schüler des Gymnasium Petrinum und hatte ihn beim Jungvolk kennengelernt. Bei Kriegsbeginn hatte er sich als Freiwilliger bei der Luftwaffe gemeldet und erhielt „am 2. Oktober 1939 von Direktor Feil am Gymnasium das Notreifezeugnis." (Der Rest wurde am Boden zerstört, Aachen 2010, S. 34) Zur Vorstellung seines Buches im März 2010 war er nach Dorsten gekommen und hatte vorher der „Dorstener Zeitung" ein ausführliches Interview gegeben, über das in der Silvesterausgabe 2010 berichtet wurde. In dem Telefongespräch mit der Reporterin Anke Klapsing-Reich nennt er als Freunde in Dorsten Hubert Pasterkamp, Jochen Grau, Klaus Beisenbusch und seinen Vetter Karl Burg, vor allem auch die Familie Schürholz im Marienviertel in Hervest-Dorsten. Er erzählt auch von den Lehrern am Gymnasium und erwähnt den Kunstlehrer Karl Korte und seinen Klassenlehrer Professor Dr.

Heinrich Haunerland. Karl Korte, der mein Lehrer während der ganzen Gymnasialzeit war, hatte ihn bei Mannheim bei der Luftwaffe ausgebildet. Buchmann selbst hat die Flugzeugführer-Prüfung nicht bestanden, während Theo Nordmann diese schon 1938 gelang. Buchmann schreibt über dessen Vater, er sei nicht Mitglied der NSDAP gewesen. Das steht im Widerspruch zur Anrede des NSDAP-Bürgermeisters Dr. Gronover an Heinrich Nordmann, der 1939 ordentliches Mitglied des Dorstener Schulausschusses war und den er 1941 in Dorsten als langjährigen Mitarbeiter, Ratsherren, Rechtsanwalt und Pg. angesprochen hat. Buchmann nennt ihn wie seinen Vater „deutschnational", damit begründet er auch die Nähe der Familien zum Nationalsozialismus, der der Dolchstoßlegende anhing, die die Niederlage im Ersten Weltkrieg im Wesentlichen der Revolution im Innern anlastete.

Auf diesen Umstand und die weitere Entwicklung in der Weimarer Zeit weist Dr. Gronover in seiner Ansprache an Theo Nordmann hin: „Als Sie das Licht der Welt erblickten, zogen über die alte Lippestraße an Ihrem Elternhaus vorbei die Soldaten des Weltkrieges heimwärts mit wehem Herzen, unterlegen feindlicher Übermacht und eigener Volksgenossen Schwäche. Den Kämpfern aus den Flandernschlachten folgten alsbald die Sendlinge des Bolschewismus und mehr als einmal drang damals der Lärm in Ihre Kinderstube, der Lärm des Kampfes zwischen den Freikorpsmännern und dem roten Gesindel um den Dorstener Brückenkopf."

Buchmann heute und Gronover damals weisen für die Entwicklung in den Familien auf die Geschehnisse im Anfang der Weimarer Republik hin, die nicht ohne Einfluss auf die Jugend gewesen sein soll, dass sie sich zum Teil bereitwillig und mit Begeisterung den „braunen Kolonnen" nach 1933 anschloss. Die damaligen blutigen Kämpfe gegen die Spartakisten sind in der Dorstener Geschichte bekannt. Gronover fährt in seiner Ansprache fort, die auf die Besetzung durch die Belgier von 1923 bis 1925 Bezug nimmt: „... und kaum war diese Gefahr gebannt, da kam der Feind in Ihre Heimat und für Dorsten die Zeit schmachvollster Bedrückung. Sie selbst waren wenige Jahre später Zeuge jener furchtbaren Jahre, als hier an der unteren Lippe das Wirtschaftsleben zusammenbrach, als Männer um Arbeit bettelten, verhärmte Frauen nicht wussten, wie sie den Hunger ihrer vielköpfigen Familie stillen sollten und als das Kinderlachen erstarb." Mit diesen aufgeladenen Wortkaskaden hatten die Nationalsozialisten bei Jung und Alt Erfolg, ihren Adolf Hitler als Retter aus der Not anzupreisen. Gronover weiß, wie er seine Zuhörer für sich und seine NSDAP einnehmen kann, wenn er auf diesen Retter hinweist: „Bis die große deutsche Schicksalsstunde schlug und einer kam und die Geschicke der deutschen Menschen in seine Hände nahm. Damals, Herr Oberleutnant Nordmann, war auch ihre Stunde gekommen."

Diese Worte haben damals in der Kriegszeit ihren Eindruck nicht verfehlt. Sie sollten verdeutlichen, mit welchen Mitteln die damalige Jugend für den Nationalsozialismus und den Krieg gewonnen werden sollte. Klaus Beisenbusch, den Buchmann als seinen Freund angesprochen hat, bringt Theo Nordmann auf zwei Seiten in seinem Bildband und schreibt unter dem großen Bild des Ritterkreuzträgers die Bemerkung: „Am 19. 1. 1945 starb er ... bewundert und geachtet von seinen Dorstener Mitbürgern. Sein Name ist im Goldenen Buch der Stadt Dorsten eingetragen." (Klaus Beisenbusch, Leben in Alt-Dorsten 1900-1950, Dorsten 2000, S. 89) Johannes Buchmann bringt in seinem Buch die Notiz, dass das Gymnasium Petrinum während der belgischen Besatzung die angestammten Räumlichkeiten im Franziskanerkloster verlassen musste und ins Gebäude des Lehrerseminars an der Bochumer Straße gezogen ist, wo es seitdem den Unterricht anbot, bis in jüngerer Zeit ein neues Gebäude zwischen Kanal und Lippe gebaut wurde.

In diesem Zusammenhang berichtet Buchmann vom Beginn des Zweiten Weltkrieges, der keineswegs so freudig begrüßt wurde wie der Beginn des Ersten Weltkrieges, selbst die Deutschnationalen waren anfangs reserviert: „Die hielten sich ruhig. Aber einige sagten: ‚Jetzt können wir die Scharte aus dem Ersten Weltkrieg auswetzen.' Als die Erfolgsmeldungen von den Angriffen gegen Polen und Frankreich kamen, empfanden das viele als freudige Überraschung und dachten: Jetzt machen wir das, was wir schon immer gerne gemacht hätten. Das Militär produzierte bemerkenswerte Erfolge und beeinflusste das Denken vieler." (S. 52)

1941 war Buchmanns und Nordmanns Gymnasium, das humanistische Gymnasium Petrinum der Stadt Dorsten, das auch heute noch diesen Namen trägt, auch wenn es seinen humanistischen Charakter verloren hat, „stolz" auf seinen ersten Ritterkreuzträger der Stadt Dorsten. Es veranstaltete im Dezember eine „Schulfeierstunde", an der Ehrengäste, Schüler und Lehrer teilnahmen. Klaus Beisenbusch bringt ein Bild von dieser Veranstaltung (S. 88) und nennt einige Personen, in der ersten Reihe den ehemaligen Oberstudiendirektor Wiedenhöfer, den damaligen Leiter Georg Feil, den Bürgermeister Dr. Gronover, die Eltern Nordmann mit ihrem Sohn und die Lehrer und Professoren Maas, Brüser und Haunerland, Studienrat Brzoska und den damaligen Schüler Klaus Ludes, Bruder des bekannten Architekten Manfred Ludes in Dorsten. Das Bild im „Westfälischen Beobachter" vom 13. 12. 1941 bringt ein Bild des Studienrats Stein, das die Begrüßung Nordmanns durch den Oberstudiendirektor Georg Feil zeigt, bei der auch Dr. Gronover und der NSDAP-Ortsgruppenleiter Ernst Heine zu sehen sind. Feil nennt in seiner emotional aufgeladenen Ansprache den Krieg als die Gelegenheit, bei der Nordmanns Wunsch nach Einsatz sich erfüllt habe. Der Einsatz als Flieger bedeutete das Töten von Menschen und das Vernichten von materiellen Werten. Dies ist und bleibt der Hintergrund von Auszeichnungen im Krieg. So geht es dann in der indirekten Rede weiter: „Und in diesem Einsatz habe er sich aufs höchste bewährt. Das beweise die hohe Auszeichnung. Ganz Deutschland habe seinen Namen vernommen und Vaterstadt und Schule wüssten sich kaum vor Freude zu fassen. Und erst seine Pimpfe! Mit Recht ist die Schule stolz darauf, dass einer der Ihren den Geist in die Tat umgesetzt habe, der immer an unseren höheren Schulen geherrscht habe, den Geist der Mannhaftigkeit und Tapferkeit, der Einsatzbereitschaft und Kameradschaft, jenen Geist, der einst unsere Langemarckkämpfer beseelte und von dem auch die junge Soldatengeneration des Führers getragen wird. Oberleutnant Nordmann sei Ansporn und Vorbild für jeden Schüler, alles für den Führer und sein großdeutsches Reich einzusetzen."

Das war die Sprachregelung auf dem Gymnasium Petrinum zu Dorsten, mit der die Schüler reif gemacht werden sollten, ihr Leben für den Führer hinzugeben. Viele junge Menschen taten, wie es ihnen ihre Lehrer empfohlen hatten – bis zum bitteren Ende, was gegen die Hoffnung stand, von der die damalige Zeitung sprach, „den erfolgreichen Helden der Luft nach siegreicher Beendigung des Krieges gesund und wohlbehalten in der alten Lippefeste begrüßen zu dürfen."

b) Die Verantwortung einiger Honoratioren in der Nazizeit

Dr. Joseph Gronover wird 1890 in Greven geboren und ist seit 1933 „auf Parteibefehl" Bürgermeister in Dorsten. (vgl. Wolf Stegemann und Maria Frenzel, Lebensbilder aus sechs Jahrhunderten Dorstener Stadtgeschichte, Dorsten 1997, S. 99: „Vorwärts mit dem Führer")

Von dieser Zeit an hat er das nationalsozialistische Leben in Dorsten bestimmt. Schon in dem Buch von Wolf Stegemann und Johanna Eichmann „Juden in Dorsten und in der Herrlichkeit Lembeck" (Dorsten 1987) wird seine unrühmliche Rolle bei der Schikane und Vertreibung der Juden aus Dorsten erwähnt. In den ersten Jahren der Nazizeit wurden die jüdischen Schüler von den übrigen Schülern getrennt und durften nachmittags von 14 bis 16 Uhr in der katholischen Volksschule an der St. Agatha- Kirche mit Genehmigung des Rektors Maybaum, den ich noch selbst kennen gelernt habe, unterrichtet werden. 1934 schreibt der Bürgermeister dem Leiter der jüdischen Gemeinde in Dorsten, Julius Ambrunn, der 1942 nach Riga deportiert und dort getötet wurde, dass die Abhaltung des Unterrichts nicht mehr möglich sei. Später will er alle jüdischen Schüler in Dorsten und Gladbeck, Buer, Horst, Kirchhellen und Hervest-Dorsten zusammenfassen, damit sie auf Kosten der jüdischen Gemeinden Religionsunterricht erhalten könnten. Anderer Unterricht und zusammen mit anderen Schülern wird den Juden nicht mehr gestattet. Im betreffenden Buch steht das Urteil über ihn und andere, die in dieser Zeit etwas zu sagen hatten: Ihr Handeln „verrät die Eilfertigkeit, mit der viele Funktionäre dem Regime in die Hände arbeiteten." (S. 87) Beim Judenpogrom 1938 wurde auch der Synagogenraum an der Wiesenstraße verwüstet. Aus Dorsten wurden dann 1942 die letzten Juden deportiert, ihre Gebäude wurden „aufgekauft", wie z.B. das Synagogengebäude, das mit Hilfe des Rechtsanwaltes Heinrich Nordmann für 3.027 RM dem deutschen Fiskus gutgeschrieben wurde. Heinrich Nordmann, der Vater Theo Nordmanns, war der offizielle Justitiar der Nazis, wie er es vorher für die Dorstener Stadtverwaltung schon in der Weimarer Republik und im Kaiserreich war. Die Chronik berichtet, dass 1908 durch sein Gutachten die „Umschreibung des Grundstücks des Judenfriedhofs auf die jüdische Gemeinde nicht genehmigt wurde." (S. 118) Bei dem Akt der Gebäudeenteignung und Vertreibung der Juden aus Dorsten waren noch der Ortsgruppenleiter der NSDAP Ernst Heine und der SS-Hauptsturmführer Otto Weißenberg beteiligt. Beide sehen wir, wie sie zusammen mit Bürgermeister Gronover und dem Stadtrat Schürholz hinter Theo Nordmann stehen, als dieser sich 1943 in das Goldene Buch der Stadt Dorsten einträgt. In dem Porträt von Stegemann und Frenzel steht über Dr. Gronover: „Die Personalakte ... ist dünn. Offensichtlich wurde sie bei Kriegsende gesäubert. Denn sie beginnt erst seit 1946." (S. 99) Seine Tochter besuchte die St. Ursula-Schule nach 1945, er hatte sich 1941 für die Beibehaltung der Oberschule unter der Leitung der Ursulinen in Dorsten ausgesprochen, aber die Oberschule wurde dann verstaatlicht und in das Gebäude des Gymnasium Petrinum eingewiesen, wo die Nationalsozialistin Dr. Franziska Radke die Leitung übernahm. Stegemann und Frenzel schreiben über den Bürgermeister in SA-Uniform unter der Überschrift „Vorwärts mit dem Führer": „Gegenüber seiner Tochter bemerkte Gronover mehrmals, dass ihm die Dorstener seinen Einsatz für die Stadt und das Ursulinenkloster nicht gedankt hätten." (S. 99) Gronover hatte als ehemaliger Ulanen-Offizier im Ersten Weltkrieg mit dem Freikorps Lichtschlag/Loewenfeld an der Ruhr 1919/20 den Spartakus-Aufstand niedergeschlagen und war früh in die Reiter-SA eingetreten. Er war ein „Kämpfer" der frühen Stunde und trägt seine Mitverantwortung an den Verbrechen der Nazis in der Zeit von 1933 bis 1945, für die er nicht eingestanden ist, denn er hat sich durch „Persilscheine" in Dorsten als „entlastet" einstufen lassen.

Die „Laufbahn" des Ortsgruppenleiters Ernst Heine war ebenso verheerend. Er wurde durch die bekannten Dorstener „Persilscheine" als Mitläufer eingestuft und saß später für den BHE (Bund der Heimatvertriebenen und Entrechteten) und die CDU im Stadtrat von Bad Wildungen. Auch mit ihm sind Geschichte und Gesellschaft nachher zu „gnädig" umgegangen.

Auch die Direktoren der Mädchen- und Jungengymnasien der Stadt Dorsten hatten ihren Anteil an der Nationalsozialisierung der Stadt. Oberstudiendirektor Georg Feil hat sehr darunter gelitten, dass er nach 1945 nicht mehr auf seinen Leitungsposten in Dorsten zurückgekehrt ist. Seine „kräftigen" Worte beim Besuch des Theo Nordmann ließen eigentlich keine andere Lösung erwarten. Johanna Eichmann zitiert Dr. Radke und Pfarrer Heming in ihrem Buch „Du nix Jude, du blond, du deutsch", Erinnerungen 1926 - 1952 (Essen 2011): Dr. Radke „schien ihren Ehrgeiz darein zu setzen, uns Ursulinenschülerinnen im Geist des Nationalsozialismus umzuerziehen. Sie hielt eine flammende Rede und schloss mit den Worten: ‚Von nun an kennen wir nur einen Weg, den uns der Führer vorgeschrieben hat!' ... Dr. Radke führte in der Schule ein strammes Regiment und achtete darauf, dass sich nichts ‚Undeutsches' breitmache." (S. 68/69) Nach dem Krieg bekamen die Ursulinen ihr Gymnasium zurück – unter ihrer eigenen Leitung, ohne die frühere Direktorin.

Pfarrer Heming war von 1913 bis 1940 Pfarrer in Dorsten. Er hat die Dorstener Geschichte in dieser Zeit wesentlich mitgeprägt. Seine negativen Erfahrungen mit der Zeitgeschichte hatte er im Ersten Weltkrieg und in den Anfängen der Weimarer Republik gemacht. Stegemann und Frenzel schreiben über diese Zeit: „Er bleibt unerschütterlich gegenüber den Spartakisten 1919, den Rotarmisten 1920 und den Offizieren der belgischen Besatzungsmacht 1925, die er mit seinen Mitteln bekämpft. Als die Nationalsozialisten kommen, glaubt er getreu des Konkordates an die Erneuerung des Reiches." (S. 84)

Johanna Eichmann spricht von dem großen Einfluss der Pfarrer in ihren Gemeinden: „Die Bevölkerung der Stadt Dorsten war mehrheitlich katholisch." (S. 62) Der Katholizismus war nicht gerade der fruchtbarste Boden für den Nationalsozialismus. Aber in der Dorstener Gesellschaft hatte er Erfolg, die vorgefundenen Listen zeigen, dass ein Großteil der Bürger Mitglied der NSDAP war: Ärzte, Rechtsanwälte, Lehrer, Kaufleute und Handwerker. Katholizismus und Nationalsozialismus waren nach dem Reichskonkordat vom 20. Juli 1933 kein unbedingter Gegensatz mehr. Von meinen katholischen Eltern weiß ich, dass meine Mutter sagte, sie habe die Nazis nie gewählt, während mein Vater als Lehrer und Beamter 1937 Mitglied der Partei wurde, wenn er auch in seinem Fragebogen von 1945 angibt „Ohne Mitgliedsbuch". Zur vollen Mitgliedschaft zählte nach der Literatur die Aushändigung des Buches. Ob dies bei meinem

Vater absichtlich oder fahrlässig vergessen wurde, weiß ich nicht. Seinen allgemeinen Dienst an der Gemeinschaft leistete er durch seine Tätigkeit als Leiter des Luftschutzes in der Stadt Dorsten seit 1933. Bis 1935 war er im Stadtrat, bis zum Verbot des Zentrums als Mitglied dieser Partei (vgl. dazu Dorstener Zeitung Nr. 069, Dorsten 22. März 2008 „Luftschutzübungen auf dem Marktplatz"). Bei meinen Recherchen im Dorstener Stadtarchiv habe ich festgestellt, dass noch 1939 die Pfarrer Heming und Glauert für die beiden Kirchen im offiziellen Schulausschuss saßen, zu dessen Mitgliedern auch der Rechtsanwalt Heinrich Nordmann und der Vater von Klaus Beisenbusch, Wilhelm Beisenbusch, zählten.

Daher ist es verständlich, wenn Pfarrer Heming in seiner Neujahrspredigt 1934 sagt: „Alle großen Volksbewegungen, liebe Pfarrkinder, alle Revolutionen und Umwälzungen sind nichts anderes als Werkzeuge Gottes. Durch diesen Umbruch sind nach Gottes Willen und weiser Vorsehung starke Aufbaukräfte in unserem Volk lebendig geworden, Kräfte, die eine Wiedergeburt des deutschen Volkes erstreben. Wäre es nicht ein Jammer, wenn wir Katholiken mit verschränkten Armen am Weg stehen und zuschauen wollten?" (Johanna Eichmann, a.a.O. S. 58)

Ursulinenschwester Johanna Eichmann ist als Ruth in der jüdischen Familie Eichmann groß geworden. Ihr Vater Paul Eichmann „war der einzige Nichtjude", wie sie schreibt, und nennt ihn einen „nicht praktizierenden Katholiken" (S. 7): „Das Sagen im Haus hatte meine Großmutter Lina Rosenthal geb. Seligmann, eine echte jüdische ‚Mamme', besorgt und sorgend, eine tüchtige Frau, Mittelpunkt der Familie und Anziehungspunkt für die Söhne, die das Haus bereits verlassen hatten." (s.o.) Ruth wurde trotz allem katholisch getauft und ging zur katholischen Volksschule in Recklinghausen. 1936 kam sie ins Pensionat der Ursulinen in Dorsten und besuchte die St. Ursula-Schule. Das Ursulinenkloster in Dorsten war unter der Leitung der Oberin Mater Petra Brüning ein Hort der Toleranz und des Widerstandes gegen die kirchenfeindlichen Machenschaften der Nazis. Sie war befreundet mit der zum katholischen Glauben übergetretenen Jüdin Edith Stein, deren spätere Deportation und Ermordung in Auschwitz 1942 sie nicht verhindern konnte. Sie rettete aber das Kloster vor der Gestapo, indem sie es 1941 mit Hilfe der deutschen Militärverwaltung zum Lazarett erklären ließ. Stegemann und Frenzel schreiben in „Lebensbilder" über sie: „Getreu ihrem Lebens- und Glaubensmotto – crux stat dum orbis volvitur: das Kreuz steht, wenn auch der Erdkreis wankt – beschützt Mater Petra Brüning ihre Schwestern vor der Gestapo. Großgewachsen, breitschultrig und in rauschender Tracht lässt sie sich in den Amtszimmern der Gestapo nicht kleinkriegen, wenn sie wieder einmal unter irgendeinem Vorwand vorgeladen wurde." (Wolf Stegemann, Maria Frenzel, a.a.O. S. 90) Johanna Eichmann schreibt über ihre spätere Novizenmeisterin: „Mein Vater fand – bei ihr – offene Ohren und ein offenes Herz, als er ihr die Bitte um Aufnahme ihres Kindes vortrug." (S. 26 und 125) Mater Petra, die auch das Kloster mit der Schule durch die Zeit des Ersten Weltkrieges, der Revolution und ihrer Wirren und des Spartakisten-Aufstandes führen und behaupten musste, war aus einem anderen „Schrot und Korn" als Pfarrer Heming. Er sah in den Nationalsozialisten eine neue aufbrechende Bewegung, die für Deutschland und so auch für Dorsten gut sein könnte. Deshalb predigt er den Dorstenern: „Zugreifen! Mitarbeiten! Aufbauen helfen! ... Aufrechten Hauptes und festen Schrittes sind wir in das neue Reich eingetreten. Wir sind bereit, ihm zu dienen, zu dienen mit dem Einsatz aller Kräfte unseres Leibes und unserer Seele. Wir tun es, weil unser Gewissen und unsere Liebe zum deutschen Vaterland es gebieten!" (Johanna Eichmann, a.a.O. S. 63)

Johanna Eichmann nimmt ihn in Schutz mit der Frage: „Was hätte Pastor Heming auch sagen sollen, nachdem die Bischöfe bereits, wenn auch unter Vorbehalten, der neuen Regierung ihre Zustimmung gegeben hatten?"(a.a.O. S. 63) Johanna Eichmann selbst hatte sich schon 1984 mit diesem Thema befasst und zitiert sich selber, wenn sie unter der Überschrift „Aufrechten Hauptes und festen Schrittes sind wir Katholiken in das neue Reich eingetreten" auf das Buch hinweist „Dorsten unter dem Hakenkreuz – Kirche zwischen Anpassung und Widerstand", Dorsten 1984. Darin zitiert sie auch die Worte des westfälischen Franz von Papen, der als Katholik und ehemaliger Zentrumsmann bei der Machtübernahme Hitlers eine üble Rolle gespielt hat, wenn er im Nationalsozialismus die „Wiederherstellung der christlichen, nationalen und sozialen Grundlagen der abendländischen Kultur" sieht. (s.o.)

Unter diesen Voraussetzungen findet Johanna Eichmann die entschuldigenden Worte: „Wer mag den Pfarrer wegen dieser Worte schelten?" (s.o.) Immerhin beendet sie ihr Kapitel „Erst die Juden, dann die Kirche", in dem sie auf die Predigten des Bischofs von Münster Clemens August Graf von Galen einging und dessen Mut, Hitler des Mordes an unschuldigen Menschen anzuklagen, lobte, mit der Bemerkung „Hoffnungen, die bald wie Seifenblasen zerplatzten!" (a.a.O. S. 64)

Diesen Hoffnungen mussten sich die Dorstener mit den Reden und Taten ihrer Honoratioren vergeblich hingeben. Auf schlimme Art und Weise mussten sie am 22. März 1945 die fast völlige Zerstörung ihrer altehrwürdigen Stadt hinnehmen, bei der auch die St. Agatha-Kirche in Schutt und Asche versank. Nur ein mahnender Turmstumpf blieb stehen.

1940 mitten im Krieg starb Pfarrer Ludwig Heming und der Bischof von Münster ernannte Pfarrer Franz Westhoff zu seinem Nachfolger, der bis 1969 die geistlichen Geschicke der Stadt leitete und 1977 starb. Ich habe ihn als Messdiener noch in der unzerstörten St. Agatha- Kirche erlebt und ihn schätzen gelernt. Von ihm sind keine Naziworte und kein Hitlergruß bekannt. Auch bei Ehrungen von „Kriegshelden" ist er nicht in Erscheinung getreten. Von der Größe und dem Gehabe her glich er dem Bischof von Münster Clemens August Graf von Galen, und Tisa von der Schulenburg, die Schwester des im Zusammenhang mit dem 20. Juli 1944 hingerichteten Fritz-Dietlof von der Schulenburg, die seit 1950 als Sr. Paula im Ursulinenkloster lebte und Ehrenbürgerin der Stadt Dorsten wurde, hat ihm in ihrer Autobiographie „Ich hab's gewagt" ein ehrendes Denkmal gesetzt. Sie begegnet ihm in der zerstörten Stadt Dorsten, wo man kaum Straßen erkennen konnte: „Auf der Straße ein hochgewachsener Mann in Schwarz, wahrscheinlich ein Pastor - die einzig Senkrechte in der Horizontalen der plattgewalzten Umgebung. Nachher traf ich den schwarzen Herrn in der Pastorat ... Pastor Westhoff bestand darauf, nach unserem Gespräch in das nahe Ursulinenkloster zu gehen." (Tisa von der Schulenburg, Freiburg 1981, S. 102)

c) Das Schicksal junger Offiziere in Hitlers Vernichtungskrieg am Beispiel des Theodor Nordmann aus Dorsten

Theo Nordmann ist Jahrgang 1918 wie auch Helmut Schmidt: Beide sind im Dezember geboren, Nordmann am 19. und Schmidt am 23. Die Entwicklung ist in gewisser Weise vergleichbar. Beide haben 1937 das Abitur gemacht. Theo Nordmann ging unmittelbar nach dem Abitur am 16. März 1937 von April bis Oktober dieses Jahres zum Reichsarbeitsdienst, während Helmut Schmidt schreibt, dass er 1937 „als Wehrpflichtiger eingezogen" wurde. (Leserbrief im Tagesspiegel vom 4. September 2011, S. 16) Ob Nordmann sich freiwillig für den Dienst in der Luftwaffe gemeldet hat oder als Wehrpflichtiger dort hinkam, ist nicht sicher. Direktor Feil weist 1941 bei seiner Rede stolz darauf hin, dass „vom Jahrgang des Abiturs 1937 9 ehemalige Abiturienten heute Offiziere seien, 6 davon bei der Luftwaffe." (Westfälischer Beobachter vom 13. Dezember 1941) Bei der offiziellen Veranstaltung im Rathaus rechnet es sich Bürgermeister Dr. Gronover hoch an, dass er Nordmann „nach beendigtem Studium beim Eintritt in seinen jetzigen Beruf behilflich sein konnte." (Westfälischer Beobachter vom 12. Dezember 1941). Von einem Studium irgend einer Universitätsdisziplin ist nirgendwo die Rede, dazu war auch keine Zeit, sondern er ist nach seiner überlieferten „Dienstlaufbahn" am 1. November 1937 als Fahnenjunker bei der Luftkriegsschule Berlin-Gatow eingestellt worden, und zwar „gemäß der Verfügung des Generalstabs der Luftwaffe." Hier begann er seinen Lehrgang I. Schon am 10. 11. wurde er „auf den Führer und Reichskanzler Adolf Hitler vereidigt." Die Vereidigung auf die Person Hitler war ein verhängnisvoller Schritt in der Unterordnung der Wehrmacht unter die nationalsozialistische Ideologie. Nach der Beseitigung der SA-Führung durch Hitler im Juli 1934 und nach dem Tod Hindenburgs im August desselben Jahres änderte der damalige nationalsozialistische Reichswehrminister von Blomberg „in einem Akt opportunistischen Übereifers" die Eidesformel und setzte anstatt der Worte „Volk und Vaterland" die Person Hitlers ein, dem „bei Gott" „unbedingter Gehorsam" zu schwören sei. Joachim Fest schreibt zu dieser neuen Formel: „Sie bekräftigte den totalitären Führerstaat Hitlers, der ohne die immer appellsichere Beihilfe der bewaffneten Macht zweifellos nicht hätte verwirklicht werden können. Schon bald darauf wurde der persönliche Treueid auch den Beamten ... abverlangt und damit ‚gleichsam ein Stück Monarchie restauriert'.f." (Joachim Fest, Hitler. Eine Biographie, Frankfurt/M-Berlin-Wien 1973, S. 651f.) Dieser persönliche Eid machte später den Widerständlern in der Wehrmacht besonders zu schaffen.

Johannes Buchmann, Jahrgang 1921, Notabiturient am Gymnasium Petrinum in Dorsten im Kriegsjahr 1939, hatte sich freiwillig für die Luftwaffe gemeldet, er kam nach Ausbruch des Krieges im Oktober zur Flugzeugführerschule in Polen und fiel bei der Prüfung zum Flugzeugführer durch, weil er bei der Landung patzte. Er schreibt selbst über sein „Karriereende als Pilot" in seinem Buch von 2010: „Es bummste so sehr, dass ich froh war, mit einem Sicherheitsgurt angeschnallt gewesen zu sein. Man stufte mich als untauglich für die Aufgabe eines Flugzeugführers ein." (S. 18) Ganz anders war es bei Theo

Nordmann. Er muss als Pilot sehr talentiert gewesen sein. Schon 1938 bestand er in seinem zweiten Lehrgang mit 19 Jahren alle Militär-Flugzeugführerscheine und wurde im November zum Fähnrich befördert. Im Februar 1939 wurde er zum dritten Lehrgang der Luftkriegsschule in Berlin-Gatow einberufen und im ersten Kriegsmonat September 1939 zum Offizier befördert und zur Flugzeugschule in Kitzingen abkommandiert, wo die Flugzeugführer der berüchtigten Sturzkampfbomber (Stukas) ausgebildet wurden.

Johannes Buchmann schreibt in seinem Buch über seinen Ausbilder Karl Korte, der Kunstlehrer am Gymnasium in Dorsten war und nach dem Krieg mein Lehrer für Kunst. Er erzählte uns oft von der „posttraumatischen Belastungsstörung" der Stuka-Flieger, da das dauernde Stürzen nicht ohne physische und psychische Folgen blieb. Buchmann beschreibt diese Vorgänge ausführlich in seinem Buch. (S. 7ff.) Er selbst flog als Bordfunker in einem Sturzkampfbomber, der vier Personen als Besatzung hatte, die ein Team darstellte und immer in dieser Besetzung Einsätze flog. Wie Nordmann war Buchmann bei den Bombardements auf die Insel Malta eingesetzt, die die Deutschen im Zweiten Weltkrieg den Briten nicht abnehmen konnten, wie sie es mit ihren Angriffen mit Fallschirmjägern auf Kreta geschafft hatten. Über diese furchtbaren Stukas schreibt Buchmann: „Der Sturz begann gewöhnlich auf einer Höhe von 3000 Metern. Die Bomben wurden auf einer Höhe von 1000 Metern ausgeklinkt! Manchmal ging man auch bis 800 Meter hinunter, um genauer zu zielen. Aber dann wurde es knapp, wenn man nicht das Risiko eingehen und auf dem Boden oder im Wasser zerschellen wollte." (S. 9) „Die Erdbeschleunigungskräfte beim Abfangmanöver sorgten dafür, dass sich das Blut im Körper schlagartig einen Weg in die unteren Gliedmaßen suchte. Die plötzliche Blutarmut im Gehirn sorgte für Sehstörungen und führte manchmal zu einer, wenn auch kurzen Ohnmacht. Die Angst davor flog mit." (s.o.) Diese schreckliche Waffe war auch für die eigenen Leute eine gefährliche Angelegenheit, denn „die Verluste unter den Sturzkampf-Besatzungen waren beachtlich. Eine simple Faustregel besagte: Zwei Drittel überlebten nicht mal die ersten drei bis sechs Einsätze. Solche Quoten waren nicht nur dramatisch, sie verhinderten, dass Besatzungen hinreichend von jener praktischen Erfahrung erwerben konnten, die ihnen in den kritischen Phasen ganz besonders geholfen hätte. Wer beim Frontfliegen bessere Überlebenschancen haben wollte, bedurfte nämlich eines ausgeprägten Gespürs für die vielen Gefahren. Den Umgang damit konnte man nicht in der Ausbildung lernen." (S. 9/10) Drei- bis viermal am Tag wurde geflogen, und von Theo Nordmann heißt es, dass er 1000 Einsätze geflogen sei, wobei er im Januar 1945 nicht den Tod im Cockpit gefunden habe, sondern bei einem russischen Bombenangriff auf einem Flugplatz im Osten Deutschlands.

1940 kam Nordmann zu Einsätzen in Frankreich und an der Kanalküste, in diesem Jahr erhielt er das Eiserne Kreuz Zweiter und Erster Klasse für seine „erfolgreichen" Einsätze im Westen, und nach dem Überfall auf die Sowjetunion im Juni 1941 erhielt er am 17. September 1941 das Ritterkreuz des Eisernen Kreuzes. Dieser Vorgang führte zu den besonderen Ehrungen in seiner Heimatstadt Dorsten. Die Zeitungen und Honoratioren der Stadt überschlugen sich an Überschwänglichkeit.

„Mit großer Freude und bewegtem Herzen hören wir die stolze Nachricht, dass der Sohn unserer Stadt, Leutnant und Staffelkapitän Theo Nordmann, Sohn der bekannten und beliebten Eheleute Rechtsanwalt Nordmann und seiner Ehefrau Aenne, auf Vorschlag des Reichsmarschalls vom Führer mit dem Ritterkreuz ausgezeichnet worden ist. Damit hat auch unsere liebe, alte Heimatstadt ihren ersten Ritterkreuzträger."

Die Luftwaffe begnügte sich nicht nur mit dieser Auszeichnung, sondern Nordmann bekam auch noch für „seine Tapferkeit und die besonderen Erfolge als Stukaflieger vom Reichsmarschall einen Pokal übereignet. ... In einer großen Zahl von Einsätzen, die über die Hunderte gehen, erlebte der Sohn unserer Stadt und Mitbürger Freud und Leid in der deutschen Spezialwaffe, die den Feinden unseres Vaterlandes Tod und Verderben brachte und Schrecken und Furcht hinterließ, die als einmalig zu bezeichnen sind."

Was Krieg bedeutet, ist hier zumindest verklausuliert angedeutet, wenn von Tod, Verderben, Furcht und Schrecken die Rede ist. Dies alles bekamen die Dorstener spätestens am 22. März 1945 zu spüren, als die „liebe, alte Stadt Dorsten" in Schutt und Asche gelegt wurde und viele Stadtbewohner ihr Leben verloren. Aber damals waren die Zeitungen noch voller Euphorie, wenn sie „dem erfolgreichen Stukaflieger weiterhin beste Erfolge wünschen in seinem Aufgabengebiet zum Segen für den Endsieg des deutschen Volkes." Der Glaube an den „Endsieg" war immer dabei, obwohl nach dem Krieg gegen die Sowjetunion und die USA mit einem militärischen Sieg nicht mehr zu rechnen war.

d) Besuch und Empfang des Ritterkreuzträgers Nordmann in seiner Heimatstadt Dorsten

Bei seinem Besuch im Gymnasium in Dorsten sagte ihm sein ehemaliger Direktor Georg Feil, dass der Krieg seinen Wunsch nach Einsatz sehr bald erfüllt habe. Nach mehr als 250 Einsätzen, besonders auch im Osten, erhielt er im September 1941 das Ritterkreuz und wurde zum Oberleutnant befördert. Auch Helmut Schmidt, der nach Ausbruch des Krieges bei der Wehrmacht bleiben musste, wurde als Kriegsoffizier zum Oberleutnant befördert, wie er in seinem Leserbrief dartut, und fügt an: „Alle Beförderungen geschahen ohne mein Zutun." (a.a.O.) Das war bei Theodor Nordmann ganz anders. April 1943 wurde er zum Hauptmann befördert und hatte vorher das Ritterkreuz mit Eichenlaub erhalten und im September 1944 als Major das Ritterkreuz mit Eichenlaub und Schwertern. Jetzt war er auch Kommandeur eines Schlachtfliegergeschwaders.

T. Nordmanns Eintrag ins goldene Buch
(v. l. Gronover, Heine, Weißenberg, Schürholz)

Wie die Tätigkeit Nordmanns im Jahr 1944 aussah, kann man im „Front-Adler", Heft 1 vom Oktober 1944 nachlesen: „Bei den harten Kämpfen um Mitau vernichtete eine dort eingesetzte Schlachtfliegergruppe unter Führung des Eichenlaubträgers Major Nordmann innerhalb von vierzehn Tagen auf 880 Feindflügen 25 Panzer, 31 Geschütze, 1 Werferbatterie und über 600 Fahrzeuge. Darüber hinaus wurde eine große Anzahl Panzer, Geschütze und Fahrzeuge schwer beschädigt oder außer Gefecht gesetzt und durch Bombenwurf und Bordwaffenbeschuss den Sowjets hohe blutige Verluste in Stellungen, Unterkünften, Marschkolonnen und Bereitstellungen zugefügt."

Das Kriegshandwerk ist „blutig" und zerstört Menschenleben, und dies wird als Erfolg gewertet. Die damalige „Berliner Morgenpost" bringt am 21. 9. 1944 die Nachricht aus dem Führerhauptquartier von der letzten Auszeichnung Nordmanns mit Ritterkreuz mit Eichenlaub und Schwertern und lobt dessen „sprichwörtliches Draufgängertum", wie das auch bei den Westfalen Mölders und Galland der Fall war, und nennt das „Kämpfertum in jeder Hinsicht vorbildlich."

Theo Nordmann besuchte zweimal seine Heimatstadt Dorsten, das erste Mal im Dezember 1941 und das zweite Mal als „Eichenlaubträger" im April 1943. Die Abschrift der Dienstlaufbahn durch den Oberstabsintendanten des Reichsministers der Luftfahrt und Oberbefehlshabers der Luftwaffe enthält bei Dessau am 15. März 1945 die lapidare Bemerkung: „Am 19. 1. 1945 gefallen (676. Liste)." Ein englisches Flugblatt aus dieser Zeit bringt unter der Überschrift „Schwerterträger Nordmann gefallen" die folgende Nachricht: „Theo Nordmann, einer der ersten deutschen Sturzkampfflieger und Träger des Eichenlaubs mit Schwertern zum Ritterkreuz des Eisernen Kreuzes, ist gefallen. Als Kommandant eines Schlachtfliegergeschwaders machte er im April vorigen Jahres seinen 1000. Feindflug und erhielt am 20. November 1944 das Eichenlaub mit Schwertern. Major Nordmann stand im 27. Lebensjahr, stammte aus Dorsten und war 1937 als Fahnenjunker in die Luftwaffe eingetreten."

Damit war ein blühendes junges Leben zerstört, das sich wie viele seiner Generation für Hitlers wahnsinnigen Krieg opfern musste. Die Hoffnung, Theo Nordmann „gesund und wohlbehalten in der alten Lippefeste begrüßen zu dürfen", wie sie der „Westfälische Beobachter" im September 1941 zum Ausdruck brachte, hatte sich nicht erfüllt.

Der Bordfunker und Feldwebel Johannes Buchmann und der Kriegsoffizier Helmut Schmidt überlebten den Zweiten Weltkrieg und machten jeweils Karriere, entweder als Farmer in den USA oder als Bundeskanzler in der Bundesrepublik Deutschland, sie konnten ihrer Lebensplanung entsprechen. Helmut Schmidt schreibt in einem Leserbrief, dass die Offizierslaufbahn nicht seiner Lebensplanung entsprach und dass der Krieg ihn gegen seinen Willen und ohne sein Zutun zum Kriegsoffizier gemacht hat. Helmut Schmidts Generationsgenosse Theo Nordmann ließ sich von der Luftwaffe und später vom Hitlerkrieg vereinnahmen, um schließlich zu sterben.

Als Ritterkreuzträger hatte er das große Erlebnis, von seiner Vaterstadt und seinem Gymnasium in Dorsten gefeiert zu werden: „Die Fahnen heraus zu Ehren unsers Ritterkreuzträgers!" hieß es im Dezember 1941 im „Westfälischen Beobachter", der sich „als amtliches Parteiorgan des Gaues Westfalen-Nord der NSDAP und angestammtes Lokal- und Heimatblattes der Stadt Dorsten und der gesamten Herrlichkeit" verstand.

Auch der Direktor des Gymnasiums blieb in der Sprachregelung der Nazis, wenn er den Krieg als Schutz der Heimat ausgab und Nordmann in der Aula u.a. mit den Worten begrüßte: „Zu der stolzen Freude kommt der tiefgefühlte Dank hinzu an alle unsere Soldaten dafür, dass sie bereitwillig hinausgezogen sind, um die Heimat zu schützen, um uns allen eine schönere, glücklichere Zukunft zu sichern." Studienrat Brzoskas Fotos aus Dorsten und Umgebung wurden ihm von der Schule als Geschenk überreicht. Für die musikalische Umrahmung war der Musiklehrer Hans Könkes zuständig.

Es fällt auf, dass Nordmann bei seinen eigenen Worten als Antwort keine flammende Rede für die NSDAP, den Krieg und Hitler hielt, sondern, wie es der Presse zu entnehmen ist, „männlich-sachlich und menschlichbescheiden" über seine Kriegserlebnisse berichtete. Auch bei der offiziellen Ehrung durch die Stadt Dorsten antwortete er, wie zu lesen ist: „Kurz, knapp, soldatisch." Dabei bezog er sich auf die Pflicht der Soldaten und sagte zu seiner eigenen Auszeichnung: „Ich fasse diese Auszeichnung nicht als Belohnung für Vergangenes auf, sondern als hohe Verpflichtung für die Zukunft."

Theo Nordmann war, wie diese Worte zeigen, kein glühender Nationalsozialist, sondern ein junger Mann, für den die Fliegerei eine Berufung war. Dass er seine Talente am besten bei der Luftwaffe zeigen konnte, hat ihn in dieses „Aufgabengebiet" gebracht, das dann im Krieg zum blutigen Kriegshandwerk führte. Es gibt keine Hinweise dafür, dass Nordmann so empfand, wie es Thomas Speckmann bei der Besprechung des Buches von Sönke Neitzel und Harald Welzer, „Soldaten. Protokolle vom Kämpfen, Töten und Sterben" berichtet (Frankfurt/M 2011), dass Angehörige der deutschen Luftwaffe formulierten, dass es ihnen „ein Bedürfnis geworden war, Bomben zu werfen. Das prickelt einem ordentlich, das ist ein feines Gefühl. Das ist ebenso schön wie einen abzuschießen." (Der Tagesspiegel vom 4. Juli 2011, S. 7)

Sönke Neitzel und Harald Welzer machen in diesem Buch klar, dass zur Realität der Soldaten „das Kämpfen, Töten und Sterben" gehörten, das wird häufig vergessen, wenn vom Soldatentum und den Taten der Soldaten im Krieg die Rede ist.

Die überschwängliche Ehrung des Ritterkreuzträgers Nordmann in Dorsten spiegelt nicht die Realität der Kriegsjahre 1941 und 1943 wider, sondern zeigt die Blindheit der Menschen in der Heimat, die sich von den Erfolgen und der Propaganda blenden ließen, bis ihnen die Augen geöffnet wurden, als sie die Grausamkeiten des Krieges am eigenen Leib erleben mussten, als die Front selbst in die Stadt kam.

„Glück zu weiteren Erfolgen" war damals das Motto und Nordmanns „unerhörter Angriffs- und Erfolgswille" wurde gepriesen, „durch den er allen Besatzungen seiner Gruppe ein leuchtendes Vorbild kühnen Draufgängertums wurde." (Westfälischer Beobachter vom 12. 12. 1941) Dieses Draufgängertum hatte damals auf die Ehrenden Eindruck gemacht. Gerade die Stukaflieger waren dafür bekannt, dass sie sich im Sturzflug unter großem Geheul auf das Ziel stürzten und die Maschine im letzten Moment hochrissen. So heißt es in einer Zeitungsnotiz: „In seinen Einsätzen gegen Frankreich im Westfeldzug, gegen England von der Kanalküste aus, gegen Malta von Sizilien aus, gegen Tobruk und Kreta, überall zeichnete sich der Sturzkampfflieger Nordmann durch kühnes Draufgängertum und unerhörten Schneid aus." Johannes Buchmann berichtet in seinem Buch über die Gefahren der Fliegerei und hebt den Begriff Glück besonders hervor: „Ich habe mehr Glück gehabt als meine Dorstener Jungvolkkollegen Theo Nordmann, Menni Bröckerhoff und andere, die umkamen. Und in manchen Lagen hatte ich die notwendige Geistesgegenwart. Das lernt man bei der Fliegerei." (Dorstener Zeitung vom 31. Dezember 2010) In seinem Buch steht die Formel: „Fliegen ist 70% Glück und 30% Wissen, Können und Vorbereitung. Wenn Sie aber nur 29% haben, dann nützen Ihnen die 70% auch nichts." (a.a.O. S. 16)

Johannes Buchmann hatte wie Theo Nordmann einen Absturz zu überleben, Nordmann hatte das Fliegerglück, nach einem Absturz über das Mittelmeer bei einem Rückflug aus Afrika nach 25stündiger Irrfahrt im Schlauchboot von einem italienischen Schiff gerettet zu werden. Buchmann stürzte mit seiner Junkers 88 kurz nach dem Start in Catania auf Sizilien ab. Alle vier Besatzungsmitglieder hatten großes Glück: Sie überlebten, weil der Flugzeugführer das Flugzeug sanft aufsetzen konnte. „Das verdanken wir seinem Können." (a.a.O. S. 15) Der Pilot brach sich beim Absturz die Wirbelsäule und konnte nicht wieder fliegen. Nach diesem Absturz gehörte Buchmann zum Bodenpersonal, einer neuen Besatzung wurde er nicht mehr zugeteilt.

Dorsten hatte bei dem Besuch von Theo Nordmann im Dezember 1941 seinen großen Tag. Der „Westfälische Beobachter" will Dorsten im vollen Fahnenschmuck sehen: „Die Dorstener Straßen müssen ein Abbild der inneren Feierstimmung sein, die heute uns alle beseelt. Besonders die Lippestraße, Essener und Recklinghäuser Straße und der Marktplatz müssen in vollstem Fahnenschmuck prangen." (11. 12. 1941) Ein Bild von Theo Nordmann mit seinen Eltern und anderen Honoratioren der Stadt zeigt die Situation auf dem Marktplatz, als er durch das Spalier der Bevölkerung ging, die sich mit Regenschirmen vor dem Dezemberregen schützte. In der anschließenden außerordentlichen Ratsherrensitzung überschlug sich gerade Amtsbürgermeister Dr. Gronover in seiner nationalsozialistischen Lobrede: „Als vor einigen Monaten die Kunde zur alten Lippestadt kam, dass der Führer und Oberste Befehlshaber der Wehrmacht einem Sohne dieser Stadt als Zeichen besonderer Tapferkeit das Ritterkreuz des Eisernen Kreuzes verliehen habe, da leuchteten die Augen. Es jubelten die Jungen, die ihren HJ-Führer Theo Nordmann noch nicht vergessen haben, und in stolzer Freude strafften sich die Gestalten der alten Soldaten, weil sie fühlten, dass die unendlichen Nöte der letzten 25 Jahre den Geist der Wehrhaftigkeit und Furchtlosigkeit, der sieben Jahrhunderte innerhalb der Dorstener Mauern zu Hause war, nicht hatten vernichten können. Dafür, Herr Oberleutnant Theo Nordmann, sind Sie der lebendige Zeuge und Garant!" (Westfälischer Beobachter vom 12. 12. 1941)

Dr. Gronover ist besonders daran gelegen zu zeigen, dass die soldatische Pflichterfüllung die Fortsetzung dessen ist, was der HJ-Führer Theo Nordmann vorgelebt hat. Deshalb fügt er den Gedanken in seiner Rede hinzu: „Gerade diese ihre selbstverständliche Pflichterfüllung ist für uns Dorstener das untrügliche Zeichen, dass Sie der alte Theo Nordmann geblieben sind."

Das Geschenk der Stadt Dorsten war ein Ölgemälde, das keinen aktuellen politischen Inhalt darstellte, sondern „Dorsten von der Hardt 1941" zeigte, auch wenn es von dem „Parteigenossen" Franz Bronstert aus Dorsten gemalt worden war. Das Unpolitische dieses Bildes bezieht Gronover in seiner Rede auf die Zeit nach dem Krieg: „Wenn einmal der Krieg zu Ende ist und Sie zurückkehren werden zur Friedensarbeit, dann wird für Sie als Offizier doch der Spruch aus „Wallensteins Lager" Geltung haben: ‚Der Soldat hat auf Erden kein bleibend` Quartier'. Möge dann dieses Bild, wo immer Sie auch Ihr Heim aufschlagen werden, Sie begleiten als ein Stückchen Heimat und in Ihnen die Erinnerung wachhalten an Dorsten und an diese Stunde." (a.a.O.)

In jeder Rede wird die wohlbehaltene Rückkehr beschworen, obwohl jeder weiß, dass im Krieg zum Überleben großes Glück gehört. Dieses Glück hatte Theo Nordmann nicht und mit ihm 50 Millionen andere Menschen. Auch der Hinweis auf Schillers Trilogie „Wallenstein" war kein Lob des Krieges, sondern reflektiert den schrecklichen Dreißigjährigen Krieg in Deutschland und Europa, in ihm wird Wallenstein ermordet, alles in „Wallenstein" weist auf den Tod hin, mag auch äußerlich der Schlusschor in „Wallensteins Lager" noch so positiv klingen: „Wohl auf, Kameraden aufs Pferd, aufs Pferd, ins Feld, in die Freiheit gezogen. Im Felde, da ist der Mann noch was wert, da wird das Herz noch gewogen." Es bleibt im Hintergrund der bekannte Spruch: „Heute noch auf stolzen Rossen, morgen durch die Brust geschossen."

Im Anschluss an „die zündende Ansprache des Amtsbürgermeisters" kamen verschiedene Vertreter zu Wort, so ein Oberst aus Gelsenkirchen als Vertreter der Wehrmacht, der den jungen Ritterkreuzträger als „ganzen Kerl der jungen Soldatengeneration" pries. Ein NSDAP-Mann aus dem Kreis Recklinghausen „beglückwünschte den aus den Reihen der Hitler-Jugend hervorgegangenen jungen Kameraden und wies dabei darauf hin, dass die Partei die herrlichen Waffentaten der Wehrmacht wohl zu schätzen wisse und stets bestrebt sei, ein gutes gegenseitiges Verhältnis zu pflegen." Das spricht dafür, dass die NSDAP nicht unbedingt das Sagen hatte in der deutschen Wehrmacht: Theo Nordmann war wahrscheinlich nicht Mitglied der NSDAP.

Ein Vertreter des Landkreises Münster freute sich, dass einer aus Dorsten mit dem Ritterkreuz ausgezeichnet sei, und geht auf den Begriff des „Ordens" ein: „Das Ritterkreuz erinnere an die Mannestugenden, mit denen sich die deutschen Ritter einst für deutsche Ideale eingesetzt hätten. Die gleichen soldatischen Tugenden sprächen aus den Taten unserer heimischen Ritterkreuzträger, von denen er noch besonders auf die Namen Galland, Brinkforth, Beerenbrock [alle Westfalen, Anm. d. Autors] hinwies."

Dann sprachen der Dorstener Ortsgruppenleiter Ernst Heine und für den verhinderten Ortsgruppenleiter von Hervest-Dorsten, Otto Berke, der Hervester Bürgermeister Schürholz und der Bürgermeister von Holsterhausen Enders, die Nordmann „Fliegerglück in der Zukunft" und „glückliche Heimkehr" wünschten. Schließlich sprachen noch Karl Wolters und Lehrer Laukemper. Karl Wolters war eine bekannte Persönlichkeit in Dorsten, auch noch nach 1945. Er war im Ersten Weltkrieg verschüttet und man sah ihm seine Verwundung an, von Beruf Obergerichtsvollzieher, war er Ortsamtsleiter der NS-Volkswohlfahrt und wird hier Ortskriegsältester genannt. Als solcher „wies er auf die Verbundenheit zwischen alten und jungen Soldaten hin und gab der Überzeugung Ausdruck, dass die Leistungen der alten Soldaten im großen Krieg in der Gegenwart ihre Krönung finden." Als letzter beglückwünschte der Truppführer des Nationalsozialistischen Fliegerkorps (NSFK) Laukemper „in Theo Nordmann einen der ‚Ihrigen'." Diese Gruppe beschäftigte sich in erster Linie mit der Segelfliegerei und mit dem Modellbau von Flugzeugen. Musikalisch umrahmt wurde die offiziellen Veranstaltung von der Dorstener Musikgemeinschaft, zu der die bekannten Dorstener Könkes, Lehrer Geppert, Sieberg und Beisenbusch gehörten. Sie spielten zwei Sätze aus der Festlichen Suite von Telemann und die Variationen über das Deutschlandlied aus dem Quartett von Joseph Haydn.

Zu den nationalsozialistischen Feiern gehörte zum Schluss die besondere Führerehrung, die sich Bürgermeister Gronover nicht nehmen ließ. Deshalb „lenkte er den Blick der Festteilnehmer auf den Führer, den Erbauer und Gestalter einer neuen besseren großdeutschen Heimat, den obersten Befehlshaber unserer siegreichen Wehrmacht." Der „begeisterten Führerehrung" folgten dann die sog. Nationalhymnen, das Horst-Wessel- Lied („Die Fahne hoch") und das Deutschlandlied („Deutschland Deutschland über alles, über alles in der Welt"). Abschließend wurden die Gäste der Stadt ins Hotel „Schwarzer Adler" eingeladen, wo sich das Musikkorps zu einem „schneidigen Ständchen eingefunden hatte." Das Hotel gibt es heute nicht mehr, ein neues Geschäftshaus ist an seine Stelle getreten.

3) Schicksale von Männern aus der Gesellschaft in Dorsten im Zweiten Weltkrieg

a) Weitere „Ordensträger" aus Dorsten

Die Stadt Dorsten ist „stolz" auf ihren zweiten Ritterkreuzträger Oskar Penkert aus Wulfen, der am 10. März 1944 aus der Hand des Führers Adolf Hitler das Ritterkreuz zum Eisernen Kreuz verliehen bekam. Der erste Ritterkreuzträger Theo Nordmann stammte aus der akademischen Gesellschaft in Dorsten. Er war 1937 Abiturient am Dorstener Gymnasium Petrinum und schon im ersten Kriegsjahr 1939 Offizier, wie er es sich gewünscht hatte. Oskar Penkert, Jahrgang 1913, war Volksschüler und besuchte die Antonius-Schule in Holsterhausen, die von den Nazis in „Otto-von-Weddigen- Schule" umbenannt wurde, nach dem U-Bootkommandanten aus dem Ersten Weltkrieg. Er erlernte das Friseurhandwerk und erhielt das Ritterkreuz als Feldwebel, was damals als eine besondere Auszeichnung galt. Nach der offiziellen Ehrung auf der Ratssitzung der Stadt Dorsten am 30. März 1944 fand in der Gaststätte Humbert in Wulfen ein Festakt statt, bei dem der Obermeister der Friseure darauf hinwies, dass Penkert „der zweite Ritterkreuzträger der Reichsfriseurinnung sei." (Dorsten und Herrlichkeit im Westfälischen Beobachter vom April 1944)

Die Notiz der Stadt Dorsten vom 11. März 1944 nennt den Ort der Familie Penkert in Dorsten-Holsterhausen, Söltener Weg 70, wo sein Vater, der Berginvalide Franz Penkert, wohnte. Offensichtlich musste der Vater als Bergmann der Dorstener Bergwerke Fürst Leopold und Zeche Baldur wegen Steinstaublunge vorzeitig in Rente gehen. Die Zechen beschäftigten viele Dorstener Bürger, die dort in Schwerstarbeit die Kohle zu Tage förderten. Aus diesem Zivilbereich stammte also der zweite Ritterkreuzträger der Stadt, der es nach seiner Heeresdienstverpflichtung zu Beginn des Krieges 1939 bis 1944 zum Feldwebel gebracht hatte. Wofür Penkert genau das Ritterkreuz bekam, wird nicht berichtet. Nur der Bürgermeister der Stadt Dorsten Dr. Gronover schreibt am 31. März 1944, dass sich Penkert „durch Tapferkeit und Einsatzbereitschaft außerordentlich vor dem Feinde bewährt habe."

Das Besondere bei der Ehrung von Oskar Penkert war die Tatsache, dass ihm „als Ehrengabe ein Grundstück übereignet wurde, das ihm später als Bauplatz zur Errichtung eines eigenen Heimes dienen möge oder als Stätte, an der er seinen Beruf ausüben kann." Die Gemeinde Wulfen hat ihm als Geschenk außerdem auch ein Sparkassenbuch überreicht, wobei die eingetragene Summe nicht angegeben wurde.

Auf dem Festakt in der Gaststätte Humbert in Wulfen hebt besonders der Ortsbürgermeister Rose den „Stolz" der kleinen Gemeinde Wulfen hervor, einen solchen „Helden" aus ihrer Mitte hervorgebracht zu haben. Als Sohn der Gemeinde habe Penkert „der Tradition der Gemeinde Wulfen alle Ehre gemacht: Die Tapferkeit der Söhne Wulfens sei in der Geschichte der Gemeinde oft bewiesen worden. Auch in diesem Kriege trügen schon viele der Ihren das E.K. I und das Deutsche Kreuz in Gold. Aber Feldwebel Penkert habe im Kampf besondere Umsicht und Tapferkeit bewiesen und dadurch das Erbe seiner Urväter zur Tat werden lassen."

Diese Erhöhung der Leistung im Krieg gehörte zum Sprachrepertoire der Verantwortlichen, die besonders den verlorenen Ersten Weltkrieg im Hinterkopf hatten. Was bei einer solchen „vaterländischen" Rede nicht fehlen darf, sind die guten Wünsche für das „Soldatenglück" und „nach dem Siege eine glückliche Heimkehr."

Die Chronik weiß, dass Penkert eine „glückliche Heimkehr" hatte, aber nicht nach einem Sieg, sondern nach einer Niederlage, die im April 1944 schon deutlich absehbar war, auch wenn der Versuch, durch die Tötung Hitlers am 20. 7. 1944 zu retten, was nur zu retten ist, noch nicht unternommen war. Die Invasion in der Normandie hatte im Juni 1944 den letzten Rest für die Niederlage im Zweiten Weltkrieg gebracht. Penkert lebte nach dem Krieg noch fast 17 Jahre und starb dennoch relativ früh mit 48 Jahren in Dorsten. Über die Schenkungsurkunde für das Grundstück wird nicht weiter berichtet. Erwähnenswert ist aber die Ehrung Penkerts durch die Holsterhausener Volksschulen, die im Juni, also nach der Invasion, in der „Heinrich-Lersch-Schule" stattfand. Seit 1939 waren alle Schulen „nationalsozialisiert": Bis zu dieser Zeit hatte das Reichskonkordat noch im Schul- und Jugendbereich eine gewisse Geltung. Die Konfessionsschulen konnten noch unterrichten, jetzt wurden sie aufgehoben und bekamen andere Namen, die mit Krieg und Nationalismus zu tun hatten. Aus der Hardter Pestalozzi- und Overbergschule wurde die Langemarckschule I und II. Der Kesselschmied und Arbeiterdichter Lersch, gelebt von 1889 bis 1936, war schon drei Jahre tot, aber seine Nähe zum Nationalsozialismus, der sich als Arbeiterbewegung verstand, musste für den neuen Namen der katholischen Bonifatiusschule in Holsterhausen herhalten. Von Lersch heißt es in einer neueren Literaturgeschichte: Lersch „näherte sich in irregeleiteter Glaubensbereitschaft dem Nationalsozialismus, in dem er eine Lösung der Klassengegensätze aus nationalem Gemeinschaftsethos gekommen meinte." (Fritz Martini, Deutsche Literaturgeschichte, Stuttgart 1952, S. 510)

Oskar Penkert

In dieser „Heinrich-Lersch-Schule" bot der Turnsaal „ein festliches Bild: reicher Blumenschmuck um das Führerbild, Blumen und Fahnen an den Wänden, erwartungsfrohe und freudig gestimmte Jugend mit dem gesamten Lehrerkollegium der Holsterhausener Schule", wie es damals in der Zeitung für „Dorsten und Herrlichkeit" hieß. Bevor nun der „Leiter des Systems", wie der Schulleiter jetzt hieß, Rektor Nölle, den ehemaligen „Schüler des Systems" Oskar Penkert begrüßte, brandete „ein nicht enden wollendes Heilrufen der Holsterhausener Jugend" auf, das sich auf den „Ehrenzeichenträger" bezog. Dann wurden „in einer schönen Feierstunde, die das Lob der Heimat sang, unter Rektor Kellners Leitung Lieder und Musikdarbietungen mit warmer Herzlichkeit geboten." Der bärtige Rektor Kellner war mir persönlich bekannt, er war der Schwager des Dorstener Lehrers Peter Wessels, der ein Freund meines Vaters war.

Wie schon der Oberstudiendirektor Georg Feil beim Besuch des ersten Ritterkreuzträgers Theo Nordmann im Gymnasium Petrinum in Dorsten 1941 war auch der Rektor Nölle „stolz" auf den Ritterkreuzträger Oskar Penkert, der den Ortsteil Holsterhausen mit seinem „Heldentum" ehrte. Dies drückte er mit dem damals geflügelten Wort aus: „Gelobt sei, was hart macht." Diese Härte, die auch Heinrich Himmler beim Besuch der Konzentrationslager betonte, sollte verdeutlichen, dass sie zum Krieg dazugehörte, den besonders das Töten auszeichnete. Makaber wird es, aber es war ein Zeichen der damaligen Verführbarkeit der Jugend, wenn der Rektor Nölle darauf hinweist, dass „die heutige Feierstunde aus der Initiative der Kinder geboren sei, die zeigen wollten, wie sie voll jugendlicher Begeisterung die Geschehnisse unserer Zeit verfolgen." Diese „Begeisterung" führte leider auch bei vielen Jugendlichen zu einem Kriegseinsatz auf verlorenem Posten bis zum bitteren Ende, das Bernhard Wicki eindrucksvoll in dem Nachkriegsfilm „Die Brücke" gezeigt hat.

Die Lehrer wollten der Jugend nicht nachstehen, weshalb die Zeitung betont: „Aber auch das Lehrerkollegium wolle zeigen, wie Deutschland zu seinen Heldensöhnen stehe. Allen Helden Dank zu sagen, sei das Gebot des Herzens."

Auffällig zum Beispiel im Vergleich zu Nordmanns überlieferten Dankesreden ist der Aufforderungscharakter der Worte des Oskar Penkert. Wie Nordmann spricht er von der Pflicht des Soldaten, wenn er „im Kampf keinen Gedanken an Auszeichnungen kenne." Wie Nordmann denkt er bei seiner Auszeichnung an die „Soldaten an der Front, die mitgeehrt seien." Dann aber sagt er noch im April 1944: „Der Festakt habe bewiesen, dass die Heimat fest zur Front stehe und der Krieg so zu einem siegreichen Ende geführt werden würde."

In der Schule zeigte er sich vor der Jugend als echter „Einpeitscher", der „von der Jugend treuen Einsatz in Schule, Elternhaus, Jungvolk und Jungmädelbund forderte." Ebenso „Achtung vor jedem Soldaten, insbesondere vor den Verwundeten." Dass es solche gab, war jetzt nicht mehr zu verheimlichen, nachdem die Verwundeten in den Wochenschauen und beim „Wunschkonzert" gezeigt wurden. Den nationalsozialistischen Drive gab er am Ende seiner Rede, wenn er von den Anwesenden „einen nicht enden wollenden Glauben an den Führer und den deutschen Endsieg" forderte. In der Feierstunde seiner Geburtsgemeinde Wulfen wird er mit „Siegeszuversicht" zitiert, „die er mit einem überzeugenden Ausdruck darbot."

Wie schon beim Besuch Nordmanns 1941 vereinnahmte die Spitze der NSDAP die Ritterkreuzträger, um bei den Festlichkeiten für die Ausgezeichneten ihren Führerkult und ihre Durchhalteparolen für den „Endsieg" zur Geltung zu bringen. Die NSDAP vertrat den Staat und machte klar, dass der Krieg ihre Sache sei, obwohl sie die Gefahren und Wirklichkeiten des Krieges an der Front nicht kannte. Bei der Festsitzung im Rathaus war es der Kreisleiter der Partei Gerhard Auras, der mit Penkert den 23. Ritterkreuzträger des Kreises Recklinghausen begrüßte. Das ganze Vest sei stolz, „wenn einer ihrer Söhne diese hohe Auszeichnung bekomme."

In Wulfen war es der Ortsgruppenleiter Lippik, der ebenfalls den „Stolz" der Gemeinde betonte, weshalb er als Geschenk eine „schöne Führerbüste" überreichte. „Er wisse nichts Besseres als das Bildnis dessen, der heute die Geschicke des Großdeutschen Reiches leite." Der Ortsgruppenleiter von Hervest-Dorsten, Stadtrat Schwarz, übernahm in Dorsten und Holsterhausen die obligate „Führerehrung", die den nationalsozialistischen Charakter aller Feierstunden kennzeichnen sollte. Anschließend nach Absingen der „Nationallieder" wurde zum Umtrunk geladen. Nach der Ratssitzung in Dorsten fand im Hotel „Zur Post" das „gemütliche Beisammensein" statt, in Wulfen gab es einen „echt westfälischen Imbiss", der den „gemütlichen Teil" einleitete, „der sich beim Austausch von Erinnerungen und Kriegserlebnissen noch recht lange ausdehnte."

Die NSDAP wusste sich den Gewohnheiten der Deutschen anzuschließen und sie sich zu Nutze zu machen, indem sie die deutsche Gemütlichkeit mit ihren ideologischen Interessen verband.

Zu diesen Gewohnheiten zählte auch der Eintrag in das Goldene Buch der Stadt, zu dem es der Feldwebel Penkert trotz seines Ritterkreuzes nicht geschafft hatte, wohl aber der letzte Ritterkreuzträger der Stadt Dorsten, der Oberleutnant Fritz Schäfer aus Buer-Resse, der seit 1940 in Dorsten wohnte. Die Szene vom Eintrag des Fritz Schäfer in das Goldene Buch in Dorsten zeigt ein Bild vom 4. 12. 1944, also zu einem späten Zeitpunkt im Verlaufe des Krieges, der Januar 1945 in seine letzte verheerende Phase ging. Anwesend waren dabei u.a. der Polizeichef Grothues, der SA-Sturmbannführer Kampshoff und der Stadtrat Schwarz, der als Ortsgruppenleiter des Ortsteils Hervest-Dorsten als Nachfolger von Otto Berke fungierte.

Fritz Schäfer hatte als Feldwebel der Luftwaffe schon im Mai 1942 das Deutsche Kreuz in Gold erhalten. Wohnhaft in der Bochumer Str. 34, bekam er im Oktober 1944 das Ritterkreuz, das er in aller Bescheidenheit, wie es in einem offiziellen Schreiben der Stadt heißt, seinem Vater verschwiegen hatte. Am 26. 11. 1944 war es erst der Stadt Dorsten offiziell mitgeteilt worden, die für Anfang Dezember den Eintrag in das Goldene Buch veranlasste. Der bei Eintragung anwesende SA-Führer Kampshoff stammte von der Storchsbaumstraße auf der Hardt, dessen Familie mir bekannt war. Auch jetzt wurde von dem Rat der Stadt Dorsten mit einem offiziellen Schreiben, das diesmal von dem Stadtrat Ignaz Schürholz unterschrieben war, ein Grundstück geschenkt, da „sich Fritz Schäfer das Anrecht erworben hat, dauernd einen sicheren Platz in der Heimatstadt Dorsten zu besitzen."

Der Vater Fritz Schäfers arbeitete wie der Vater Oskar Penkerts ebenfalls auf einer Zeche, aber nicht als gewöhnlicher Bergmann, sondern als Reviersteiger, wie es aus einem Brief des Amtsbürgermeisters Gronover an den Reviersteiger i.R. Hermann Schäfer hervorgeht. Er entschuldigt sich dabei für seine Abwesenheit bei der Ehrung und betont den „Stolz" der Stadt Dorsten, „dass wiederum einer ihrer Söhne wegen besonderer Tapferkeit vor dem Feinde besonders geehrt wurde." Zum Schluss des Schreibens spricht Gronover von den „besten Wünschen seiner Heimatstadt für weiteres reiches Soldatenglück", was heißen soll, dass er nach „getaner Arbeit" lebend den Krieg überstehen möchte.

Neitzel und Welzer schreiben im letzten Kapitel ihres Buches „Soldaten", das die Frage stellt „Wie nationalsozialistisch war der Krieg der Wehrmacht?" über den „Krieg als Arbeit". Die meisten Soldaten waren keine Parteimitglieder und auch keine glühenden Anhänger Adolf Hitlers, auch wenn sie sich freiwillig für den Krieg gemeldet hatten, um eventuell einer zwingenden Einberufung in

F. Schäfers Eintrag ins goldene Buch (v. r. Grothues, Kampshoff, Schwarz)

die Wehrmacht vorzubeugen. So war es bei Johannes Buchmann, der unbedingt bei der Luftwaffe unterkommen wollte. Luftwaffe bedeutete in der Regel keine direkte Konfrontation mit dem Feind und die Beherrschung eines Wunderwerks der Technik, des Flugzeuges. Die Autoren beschreiben den Übergang der Zivilisten zum Militär folgendermaßen: „So werden aus Lufthansapiloten oder aus Reservepolizisten" und aus allen möglichen anderen Berufsgruppen „Menschen", deren gewöhnliche Arbeit im Kriege ist, andere Menschen zu töten, sogar „Zivilisten zu töten." Der Krieg wird nun, wie in einem normalen Beruf, zur Arbeitswelt gezählt, die durch „Fleiß, Ausdauer, Durchhalten, Pflicht, Gehorsam, Unterordnung etc." gekennzeichnet ist. (S. 411) Die Autoren ziehen vom Zweiten Weltkrieg die Parallele zum Vietnam-Krieg der Amerikaner in den siebziger Jahren, wenn sie aus einem Brief eines GI an seine Mutter zitieren: „Hier gibt es einen Job, der zu tun ist. ... Dieser Job verlangt einen gewissenhaften Menschen. ... In den letzten drei Wochen töteten wir mehr als 1500 Mann in einer einzigen Operation. Das zeigt die Verantwortung, ich werde hier gebraucht, Mutter." (S. 412)

Die Autoren Neitzel und Welzer diskutieren auf hohem Niveau das Problem des Krieges und der Gewaltanwendung in ihm, wo das Töten zur normalen Arbeit gemacht wird, bei der man sich auszeichnen und Orden verdienen kann wie z.B. im Zweiten Weltkrieg das Ritterkreuz. Die Sinnlosigkeit des Tötens wird nicht hinterfragt und diese sinnlosen Kriege sind das Menetekel des 20. Jahrhunderts mit seinen Kriegen, die einen Höhepunkt in den beiden Weltkriegen der ersten Jahrhunderthälfte hatten: „Die psychologische Signatur der Erfahrung des Ersten Weltkrieges war die Desillusionierung, dass unter den ‚Stahlgewittern' (Ernst Jünger) in den Schützengräben der Stellungskriege nichts übrig blieb von Heroischem und Ideologischem." (S. 416)

Dies verschärfte sich im technisierten Zweiten Weltkrieg bis zum Vernichtungs- und totalen Krieg. Die Autoren ziehen die Linie weiter zum Korea- und Vietnam-Krieg bis hin zum gegenwärtigen Krieg in Afghanistan, in dem auch deutsche Soldaten sterben. (vgl. S. 416)

Es gelten auch heute noch die Worte eines Hauptmanns des Fallschirmjägerbataillons 373 in Kunduz/Afghanistan, die die Autoren Neitzel und Welzer zitieren: „Wir kämpfen um unser Leben und um unseren Auftrag, wenn es den überhaupt noch gibt. Am Ende kämpfen wir hier in Kunduz vor allem ums eigene Überleben." (S. 417)

Von diesen Problemen lesen wir in den Zeitungen von 1941 bis 1944 in Dorsten nichts, aber vielleicht wurde die Problematik des Krieges zumindest mitgedacht, wenn von „Soldatenglück" und „glücklicher Heimkehr" die Rede war. Aber jede Nachdenklichkeit sollte zurückgedrängt werden, wenn vom „Endsieg" gefaselt wurde, an den wohl selbst die nicht mehr glaubten, die das Wort noch 1944 in den Mund nahmen.

b) Die Wirklichkeit des Krieges und ihre Verarbeitung in der Nachkriegszeit

Die Dokumentation von Karlheinz und Christian Bischoff bringt auch die Geschichte des Emil Richter, der zwar nicht in Dorsten geboren ist, aber seit 1955 in Dorsten lebte und dort 1980 kurz nach seinem 60. Geburtstag starb. Er stammte aus Halle an der Saale und bekam 1942 als Unteroffizier das Ritterkreuz zum Eisernen Kreuz. Im Krieg gab es eigens Sammelbilder von Unteroffizieren, die mit dem Ritterkreuz ausgezeichnet wurden. Man konnte sie bei der Annahmestelle für Unteroffiziersbewerber des Heeres bestellen, um sie in ein Sammelalbum einzukleben. Ein solches Sammelbild preist das Draufgängertum des Unteroffiziers Emil Richter, der am 25. 8. 1942 bei der Erstürmung des Werkes Maxim Gorki II vor Sewastopol den entscheidenden Angriffserfolg hatte, indem er vier Bunker und dazwischenliegende Feldstellungen der Sowjets vernichtete.

Von dieser „Heldentat" berichtete die „Mitteldeutsche National-Zeitung" in Halle im Oktober 1942. Fast im selben Wortlaut findet sich die „Heldentat" im März 1961 in dem „Mitteilungsblatt der Ordensgemeinschaft der Ritterkreuzträger e.V." Hier ist ein Bild zu sehen, dass den ehemaligen Unteroffizier Emil Richter in voller Soldatenmontur zeigt, auf dem man alle Ehrenzeichen erkennen kann, besonders das Ritterkreuz. Emil Richter war als Unteroffizier Gruppenführer in einem Infanterie-Regiment, das an der Erstürmung der Festung und Hafenstadt Sewastopol im Süden der ukrainischen Halbinsel Krim beteiligt war. Dafür bekam er am 2. September 1942 das Ritterkreuz. Die „Mitteldeutsche National-Zeitung" schreibt in absichtlich rührenden Worten von der Situation, in der Richter in den 22-Uhr-Nachrichten in einem Café in der Leipziger Straße in Berlin seinen Namen als neuen Ritterkreuzträger hörte: „Da stockte mir der Atem vor Überraschung und Freude." Auf dem Weg nach Stalingrad hatten die deutschen Truppen die Krim erobert und die Stadt Sewastopol eingenommen wie auch schon im Ersten Weltkrieg. Aber es nützte ihnen nichts. Im Winter 1942/43 verloren sie die Schlacht um Stalingrad und mussten den Rückzug antreten, der sich dann noch bis zur Eroberung Berlins im April 1945 hinzog.

Das „Mitteilungsblatt" vom März 1961 spricht nicht mehr vom „Draufgängertum" des Ritterkreuzträgers, sondern von dem „Entschluss, auf eigene Faust zu handeln, dem Bataillon vorwärts zu helfen und die angriffshindernden Bunker der Sowjets allein anzugreifen." Mit Handgranaten, Gewehr und Spaten bewaffnet, eroberte er vier Bunker der Sowjets und vernichtete auch noch die dazwischenliegenden Feldstellungen. Wie viele Menschen dabei zu Tode gekommen sind, wird nicht genannt. Noch 1961 heißt es wie in der Kriegsberichterstattung der Nazizeit: Noch ehe die Besatzung der Bunker an Gegenwehr denken konnte, gelang es Richter, „durch eine rasch in die Scharte geworfene Handgranate sie außer Gefecht zu setzen. Ein in einem Erdloch versteckter Russe teilte das Schicksal seiner Genossen." Die verteidigenden Russen sollen 15 bis 20 Mann gewesen sein. Ihr Schicksal lässt sich nur zwischen den Zeilen lesen, wenn es heißt: „Seine letzte Handgranate werfend, die genau traf, hielt er sich die immer neu auftauchenden und nun vorsichtig herankommenden Russen vom Leibe, bis die Kompanie, die sich inzwischen herangearbeitet hatte, eingreifen konnte." Das war „die kühne Tat" des Emil Richter, für die er das Ritterkreuz erhielt. Außerdem bekam er 18 Tage Sonderurlaub für Halle und Berlin, wo er mit 50 Kameraden von Propagandaminister Goebbels persönlich eingeladen war, um sich in Berlin umzusehen. Der Bericht schließt in der „Mitteldeutschen National-Zeitung" mit dem allgemeinen Hinweis auf das „Soldatenglück wie bisher."

Emil Richter hatte das Glück und durfte dieses noch 36 Jahre in seiner neuen Heimatstadt Dorsten erleben.

Der „Kriegsbericht" aus dem „Mitteilungsblatt" von 1961 weist uns noch auf einen anderen Umstand hin, der eher von der Verherrlichung der Kriegstaten im Zweiten Weltkrieg spricht, als für eine kritische Aufarbeitung der Vergangenheit steht. Denn er berichtet von der Trauerfeier für den ehemaligen Gruppenführer und Generalleutnant der Waffen-SS Max Simon. Als Freiwilliger „des ersten großen Krieges" und Angehöriger der Reichswehr in der Weimarer Republik war er schon vor dem Krieg den SS-Totenkopfverbänden beigetreten, in denen er die Aufgabe hatte, sich der „Ausbildung und Erziehung der jungen Menschen" anzunehmen, „die sich freiwillig in die Waffen-SS eingereiht hatten." Im Krieg stand er in Frankreich und in Russland an der Spitze der SS-Division „Totenkopf", die bei den Kämpfen im Kessel von Demjansk und bei Charkow eingesetzt war. Er erhielt ebenfalls das Ritterkreuz, weil es sein Verdienst war, „die Front in krisenvoller Zeit mit seinem Regiment gehalten zu haben." Neitzel und Welzer schreiben in ihrem Buch „Soldaten" ausführlich über die Verbrechen der Waffen-SS und nennen auch die SS-Totenkopfdivision: Sie „war jene Einheit, die im Frankreichfeldzug die meisten Kriegsverbrechen beging." (S. 377) Simons Freundschaft mit Feldmarschall Kesselring wird gerühmt, mit dem er als verurteilter Kriegsverbrecher in der Haftanstalt in Werl saß. Nach seiner Entlassung wurde er in einem deutschen Prozess freigesprochen und von dem besagten Mitteilungsblatt als „sauberer Mensch" tituliert. Die Texte in dem besagten Mitteilungsblatt der Ordensgemeinschaft der Ritterkreuzträger e.V. zeigen, dass 1961 die „ewig Gestrigen" sich zusammengetan hatten wie in einer „Ordensgemeinschaft", um ihre „Heldentaten" aus dem Zweiten Weltkrieg nicht obsolet werden zu lassen. Deshalb gründeten z.B. ehemalige SS-Leute schon 1950 die HIAG, die „Hilfsgemeinschaft auf Gegenseitigkeit der Angehörigen der ehemaligen Waffen-SS", um, wie ein Buchtitel des ehemaligen SS-Generals Paul Hausser aus dem Jahr 1966 lautet, „nachzuweisen, dass die SS-Männer ‚Soldaten waren, wie andere auch'"! (S. 562 und 476)

Wie Neitzel und Welzer in ihrem Buch „Soldaten" schlüssig bewiesen haben, gab es bei beiden Formationen der SS, die sich auch äußerlich unterschieden, wie es die „Wehrmachtsausstellung" zeigte, schlimme Kriegsverbrechen, aber die Waffen-SS war in Theorie und Praxis eher für ihre Brutalität, ihre „extreme Gewalt" bekannt. So schließen die Autoren ihr Kapitel über die Waffen-SS mit folgendem Resümee ab: „Die Waffen-SS war im Vergleich zur Wehrmacht nicht nur personell anders zusammengesetzt, bildete einen anderen Habitus aus und hatte einen anderen Referenzrahmen, sondern wies auch ein anderes Verhältnis zu extremer Gewalt auf." (S. 390)

Was die Totenkopfverbände von Gruppenführer und Generalleutnant Max Simon angeht, gehörten sie schon seit 1938 zu dem Wachpersonal der Konzentrationslager, die seit 1934 der alleinigen Zuständigkeit der SS unterstanden.

Günter Grass, der bekannteste noch lebende deutsche Schriftsteller mit dem Nobelpreis für Literatur, musste in den letzten Jahren gestehen, dass er als junger Mann auch in die Waffen-SS geraten war wie z.B. der junge Josef Koch aus Hervest, Paulusstr. 9, der mit 19 Jahren im August 1943 sein Leben bei Bjelgorod in Russland verlor, nachdem er als SS-Sturmmann, als Inhaber des Verwundeten- und Sturmabzeichens und der Ostmedaille „für Führer, Volk und Vaterland sein junges Leben dahingab", wie es in der Todesanzeige vom 26. August 1943 in Hervest heißt. Als gläubiger Katholik bekommt er am 31. August 1943 ein „feierliches Seelenamt" in der Pfarrkirche zu Hervest, „wozu freundlichst eingeladen wird." Bei den Dokumenten, die die Todesanzeige mit dem Eisernen Kreuz und Hakenkreuz bringen, ist auch ein erschütternder Brief des „Fürsorgeoffiziers der Waffen-SS West" vom 6. Januar 1944, in dem der Antrag auf Elternrente der Kriegereltern „wegen ihrer geordneten wirtschaftlichen Verhältnisse" abgelehnt wird. Zum Trost heißt es in diesem Brief eines SS-Untersturmführers, bei frühzeitiger Invalidität bzw. Arbeitsunfähigkeit könnte es dazu führen, dass die Waffen-SS „die Prüfung eines Antrages aufnehmen" könnte: „Heil Hitler!" Das bleibt den Eltern nach Verlust ihres jungen Sohnes Josef Koch.

c) Die „Legion Condor" im spanischen Bürgerkrieg (1936 - 1939) und die deutsche Luftwaffe

Die „National-Zeitung" vom 11. Juni 1939 bringt unter der Überschrift „Kampf, Einsatz und Abenteuer in Spanien" eine „Kriegserzählung" des Paul Brodnike aus Hervest-Dorsten, Bismarckstraße, der damals auf Heimaturlaub war. Die Zeitung war stolz auf die „Kameraden Kuhlmann, Welheim, Möllmann und Brodnike aus Dorsten und Hervest-Dorsten", die sich freiwillig zur deutschen Luftwaffenstaffel „Legion Condor" gemeldet hatten, „um in Spanien gegen den Weltfeind Kommunismus zu kämpfen." Der „Tagesspiegel" vom 17. Juli 2011 bringt zum 75. Jahrestag des Beginns des spanischen Bürgerkrieges die Überschrift „Weltkrieg in Spanien" und nennt die Parteien, die sich damals gegenüberstanden: auf der einen Seite die Falangistenpartei, die von Marokko aus unter General Francisco Franco gegen die legale linke Volksfrontregierung in Madrid putschte und von den Faschisten unter Hitler und Mussolini in Deutschland und Italien unterstützt wurde, und auf der anderen Seite „Anarchisten, Kommunisten, Sozialisten, Gewerkschafter, die sich untereinander bis aufs Blut bekämpften, liberale Bürger, denen das antimoderne Gehabe der Rechtsextremisten noch mehr Angst machte, sowie Vertreter der Regionen, vor allem aus dem Baskenland und Katalonien, die mit der Zentrale in Madrid nichts gemein hatten."

Paul Brodnike

(S. 7) Es kamen auch freiwillige Einzelpersonen aus aller Welt, um der spanischen Republik zu helfen, fast 40000 kämpften in den Internationalen Brigaden oder waren als Berichterstatter vor Ort, unter ihnen Georg Orwell, Egon Erwin Kisch, Ernest Hemingway und nicht zuletzt Willy Brandt, Kanzler der Bundesrepublik Deutschland von 1969 bis 1974. Die „National-Zeitung" in Dorsten des Jahres 1939 kennt nur die geschlagenen „roten Horden" und die „ruhmreichen Francotruppen": „Spanien ist wieder frei! Die rote Schreckensherrschaft ist vorbei. Ganz Deutschland hat mit Begeisterung die Freiwilligen der Legion Condor empfangen. Der Führer selbst rief ihnen zu, dass die ganze Nation auf diese Männer stolz ist."

Dazu gehörte auch Paul Brodnike aus Hervest-Dorsten, der das „Deutsche Spanien-Kreuz in Gold mit Schwertern" verliehen bekam: „in Anerkennung seiner hervorragenden Leistungen als Freiwilliger im spanischen Freiheitskampf." Die Urkunde ist vom „Führer und Obersten Befehlshaber der Wehrmacht Adolf Hitler" unterschrieben. Paul Brodnike war August 1937 zurLegion Condor gestoßen und machte täglich als Funker in einem Bomber Flüge an die Front im Baskenland: „Die Roten sollten nicht zur Ruhe kommen und wo die deutschen Vögel ihre Eier hinlegten, da verbreiteten sie Angst und Schrecken unter den roten Banden." Der Kommandeur der Legion Condor, Wolfram von Richthofen, aus der bekannten Richthofenfamilie, von denen Manfred von Richthofen der berühmteste Flieger im Ersten Weltkrieg war, schreibt in seinem Tagebuch über die Bombardierung der Stadt Guernica: „Die Stadt von 5000 Einwohnern wurde buchstäblich dem Erdboden gleichgemacht." Als die ersten Junkers-Bomber ankamen, hatte schon ein Vorauskommando mit drei Flugzeugen seine Bombenlast mit Brandbomben abgelassen: „Überall war schon Qualm, keiner konnte mehr Straßen, Brücken und Vorstadtziel erkennen und man warf nun mitten hinein." Dieser grausame Angriff verursachte ein so zerstörerisches Inferno in Guernica, dass es Picasso zu seinem gleichnamigen, beklemmenden Monumentalbild für die Weltausstellung 1937 in Paris inspirierte, aus dessen eindrucksvollen Motiven uns die Kriegsgewalt unverhüllt entgegen schreit. Der größte Teil der Einwohner war wegen eines Festes außerhalb der Stadt: „Ein kleiner Rest kam in den getroffenen Unterständen um. – Bombenlöcher auf Straßen noch zu sehen, einfach toll." (s.o.) Das erinnert an den Oberleutnant der Luftwaffe in den Soldaten: „Es ist mir ein Bedürfnis geworden, Bomben zu werfen. Das prickelt einem ordentlich, das ist ein schönes Gefühl. Das ist ebenso schön wie einen abzuschießen." (a.a.O. S. 83) Was Bombenkrieg bedeutet, haben die Dorstener wie fast alle Deutschen im Zweiten Weltkrieg erfahren – am deutlichsten am 22. März 1945 bei der fast völligen Zerstörung der Stadt Dorsten, die „dem Erdboden gleichgemacht wurde."

Paul Brodnike erzählt dem Schriftleiter der „National-Zeitung" freimütig von seinen „Abenteuern" in Spanien. Abgeschossen von der Flak bei Ribadesella in Spanien, rettete er sich mit dem Fallschirm, schlug sich an der Nordküste bei Gijon zu den Francotruppen durch und bekam dann den Auftrag, sich „als Roter verkleidet" durch Feindesland zu schleichen, um die Francotruppen an der jenseitigen Küste zu erreichen. Stolz schreibt die „National-Zeitung" von dem Ergebnis dieses Abenteuers: „Auf Grund der Angaben des Hervest-Dorsteners rückten die Franco-Truppen noch an diesem Tage auf Gijon los, das genommen und vom roten Terror befreit wurde." Paul Brodnike wurde vom deutschen General Sperrle zum Essen eingeladen „und er ließ sich von seinen Abenteuern erzählen." Noch war der Krieg für Paul Brodnike nicht vorbei: „Bei Leon, an der Madridfront, bei Teruel, am Ebro, bei Saragossa: überall hat Paul Brodnike seinen Mann gestanden, überall hat er sein Leben eingesetzt, bis ihn die Ablösung wieder in die Heimat zurückrief." Dafür bekam er das „Cruz de la guerra, die Teilnehmermedaille, das Spanienkreuz in Silber" und später persönlich von Hitler das „in Gold mit Schwertern."

Der spanische Bürgerkrieg war für Hitler eine Vorbereitung für den Zweiten Weltkrieg. Die „Legion Condor" sollte die Durchschlagskraft der neuen deutschen Luftwaffe ausloten. Die Geschichte von Paul Brodnike zeigt, wie hier ein Feldwebel, der sich im spanischen Bürgerkrieg „verdient" gemacht hatte, später bei der Luftwaffe zum Oberleutnant avancierte und am 29. Oktober 1943 vom Chef der Luftflotte 6 das „Eiserne Kreuz I. Klasse" verliehen bekam. Paul Brodnike hat den Zweiten Weltkrieg überlebt, während sein Bruder, Josef Brodnike, Jahrgang 1912, schon im März 1943 in Russland gefallen war. Von ihm heißt es: „Josef Brodnike – Sohn des Hervest-Dorstener Architekten Johann Brodnike – war nach dem Studium seit 1934 als Ingenieur auf der Schachtanlage General-Blumenthal in Recklinghausen beschäftigt. Er hat sich trotz eines schweren Sportunfalles, der ihm eine Gehbehinderung eintrug und von allen

Diensten befreite, freiwillig nach Russland gemeldet. Dort ist er bei seinem ersten Einsatz gefallen."

Er gehört im Übrigen zu den wenigen gefallenen Soldaten, dessen Totenanzeige das Kürzel Pg. enthält. Als Mitglied der NSDAP hielt es ihn nicht in der Heimat. Besonders tragisch ist es, dass er als Pionier beim ersten Einsatz gefallen ist. Vielleicht war er zu sehr von der nationalsozialistischen Sache überzeugt und glaubte fest an diese „gerechte Sache", wie es auf dem Totenbrief heißt. Er war offensichtlich gläubiger Katholik, weshalb die Ehefrau und seine drei Töchter in dem Totenbrief schreiben lassen: „Als treuer Soldat gab er seine Seele in die Hände seines Schöpfers zurück", und das mit 31 Jahren. Die Familie ließ es sich nicht nehmen, zum „feierlichen Levitenamt", das heißt mit mehreren Priestern am Altar, am 26. März 1943 in die Liebfrauenkirche in Recklinghausen-Ost einzuladen.

Wenn sich Freiwillige meldeten, besonders Abiturienten, so galt die Meldung der Luftwaffe. So erwähnte der Oberstudiendirektor des Gymnasium Petrinum beim Besuch des Ritterkreuzträgers Theo Nordmann im Gymnasium zu Dorsten im Dezember 1941, dass neun Abiturienten von 1937 Offiziere seien, sechs davon bei der Luftwaffe. Die Technik des Fliegens hatte eine besondere

Otto Tibusek

Wirkung auf die heranwachsenden Jungen, viele kamen aus der Segelfliegerei, so zum Beispiel Otto Tibusek aus Dorsten, der schon vor dem Krieg am 27. September 1938 seine „Segelflugzeugführungsprüfung C" bestand. Im Februar 1939, also noch vor Kriegsausbruch, bekam Otto Tibusek die „Dienstauszeichnung IV. Klasse" für vier Jahre treue Dienste in der Wehrmacht. Er war damals Unteroffizier an der Jagdfliegerschule Werneuchen bei Berlin. Auch diese Urkunde begann mit der Formel „Im Namen des Führers und Reichskanzlers" und war unterschrieben von einem Generalmajor und Kommandeur der Fliegerschulen und Fliegerersatzabteilungen 3, was immer das zu bedeuten hat. Im Kriegsjahr 1940 bekam Otto Tibusek die Verleihungsurkunde als Flugzeugführer durch den „Reichsminister der Luftfahrt und Oberbefehlshaber der Luftwaffe Hermann Göring", der behauptete, Meier zu heißen, wenn im Krieg feindliche Flugzeuge über Deutschland erschienen. Die Luftwaffe war ein „Spielzeug" in Görings Händen, das nicht einmal den Briten bei der Luftschlacht um England von Sommer 1940 bis Anfang 1941 gewachsen war, geschweige denn den Amerikanern, als sie seit 1942 in den Luftkrieg gegen Deutschland eintraten und in verheerenden Bombenangriffen viele deutsche Städte zerstörten, und das sogar bei Tagesangriffen.

1941 wurde Otto Tibusek Feldwebel der „Schülerkompanie" des Schülerausbildungsregiments 12 in Königsberg in der Neumark, wo er 1943 „Gruppenfluglehrer" wurde. Im selben Jahr erhielt er im „Namen des Führers und Oberbefehlshabers der Wehrmacht" das Kriegsverdienstkreuz II. Klasse mit

Schwertern. Damit endet die für uns bekannte Karriere des Otto Tibusek aus Dorsten. Bis zu diesem Zeitpunkt hatte er immerhin das Glück, nur als Flugzeugführerausbilder eingesetzt zu werden.

Die Luftwaffe war anfangs ein beliebter Teil der nationalsozialistischen Politik und Wehrmacht. Sie verlor im Laufe des Krieges immer mehr an Gewicht, sie war den Westmächten absolut unterlegen und konnte im Osten auch nicht um die Jahreswende 1942/43 den Kessel Stalingrad entsetzen. Sönke Neitzel und Harald Welzel schreiben in ihrem Buch „Soldaten" ausführlich über das Scheitern der Luftwaffe. Ich kann mich an Situationen erinnern, wo tagsüber der Himmel voll war von britischen und amerikanischen Flugzeugen und wir uns immer fragten: „Wo bleiben die deutschen Jagdflugzeuge?"

Die Rüstungsindustrie hatte 41% der Ressourcen in die Luftwaffe gesteckt, während die Panzerproduktion nur sechs Prozent bekam. Aber Spitfire und Mustang waren schneller, flogen weiter und höher und waren größer. Selbst der deutsche Düsenjäger „Messerschmidt 262" war den Alliierten unterlegen: „Etwa 200 Me 262 sind bei Kriegsende noch eingesetzt worden. Sie schossen bei rund 100 eigenen Verlusten etwa 150 Feindflugzeuge ab." (S. 239 in dem Kapitel über die Luftwaffe in „Soldaten", S. 230 - 240)

Die Technikgläubigkeit beherrschte nicht nur das Denken und Handeln der politischen Strategen, sondern auch den einfachen Menschen, der zum Schluss des Krieges noch daran glaubte, dass Hitler den Krieg durch seine „Wunderwaffen" gewinnen werde, als die die sog. Vergeltungswaffen 1 und 2 galten, die noch verheerende Zerstörungen brachten, aber den Krieg zugunsten Nazideutschlands nicht mehr entscheiden konnten.

d) Dorstener Schicksale auf See und an der Front: Die gefallenen Soldaten des 2. Weltkrieges aus Dorsten und der Umgebung, besonders von der Hardt

Die Dokumentation von Karlheinz Bischoff und seinem Sohn Christian in Zusammenarbeit mit Walter Biermann trägt als letzter Teil die Überschrift: „Sie zahlten den höchsten Preis."

Max Schenke von der Hardt, dort am 27. Mai 1916 geboren, ist mir in seiner schneidigen Marineuniform noch gut in Erinnerung. Ihm ist im Jahr 1942, 26 Jahre alt, das Deutsche Kreuz in Gold verliehen worden. Vorher, am 11. Dezember 1940, hatte er als Bootsmaat vom Kommando der 2. Schnellbootflottille das „Schnellboot-Kriegsabzeichen" bekommen, dessen Urkunde ein Kapitän zur See und Führer der Torpedoboote unterschrieben hatte. Derselbe Kapitän zur See unterschrieb drei Tage später eine Urkunde, nach der dem Bootsmann Max Schenke „im Namen des Oberbefehlshabers der Kriegsmarine" das „Zerstörer- Kriegsabzeichen" verliehen wurde. Er war also mit seinen Kameraden beteiligt bei der Versenkung von englischen Schiffen durch den Einsatz von Torpedos. Max Schenke, aus einer bekannten Familie auf der Hardt, die an der Hafenstraße eine Kneipe hatte, war ein junger Mann, der den Krieg nur um 5 Jahre überlebte; er starb am 25. Oktober 1950, mit 34 Jahren. Es ist mir nicht bekannt, ob der frühe Tod etwas mit dem Krieg zu tun hatte, annehmen kann man es.

Max Schenke

Auch Theodor Klapheck stammte aus einer bekannten Dorstener Familie. Er war seit 1934 als Maschinist bei der Kriegsmarine und erhielt vor dem Krieg 1938 als Mitglied der U-Bootstammkompanie in Wilhelmshaven „für 4jährige treue Dienste in der Wehrmacht die Dienstauszeichnung IV. Klasse" vom 2. Admiral der Nordseestation von Schrader. Im Krieg bekam er am 24. November 1942 als Obermaschinist das „Eiserne Kreuz I. Klasse". Diesmal unterschrieben von Karl Dönitz, der damals Admiral und Befehlshaber der Unterseeboote war. Er war für kurze Zeit 1945 Nachfolger von Adolf Hitler. Beim Kriegsverbrecherprozess in Nürnberg hatte er das Glück, nur zu einer langjährigen Haftstrafe verurteilt zu werden. Er verbüßte seine 10jährige Gefängnisstrafe in Spandau und starb hochbetagt mit 89 Jahren 1980 in Aumühle bei Hamburg. 1943 hatte er Admiral Raeder als Oberbefehlshaber der Kriegsmarine abgelöst. Auch sein Vorgänger wurde nur zu einer Gefängnisstrafe verurteilt, während die Generale Keitel und Jodl, die für das Heer zuständig waren, nach dem Urteil in Nürnberg hingerichtet wurden.

Dönitz war seit 1936 für die U-Boot-Waffe verantwortlich, dessen Seekriegsführung zu Beginn des Zweiten Weltkrieges Erfolge hatte bei der Verhinderung des alliierten Schiffsverkehrs über den Atlantik. Später vernichteten die Alliierten durch ihre technischen Mittel, wie z.B. Radar, die meisten deutschen U-Boote, die sie unter Wasser orteten und dann durch Fliegerbomben oder Torpedos zerstörten. Die U-Bootfahrer bezahlten einen hohen Blutzoll, so dass schon frühzeitig die gesamte Seekriegsführung ein Misserfolg war und mitverantwortlich für die absolute militärische Niederlage. Neitzel und Welzer schreiben in ihrem Buch „Soldaten" über den hoffnungslosen Kampf der deutschen U-Boote, von denen 543 U-Boote mit der gesamten Besatzung verlorengingen. (S. 327) Sie zitieren dabei auch Dönitz, der „die horrenden Verluste instrumentalisierte, um die besondere Moral seiner U-Bootfahrer zu unterstreichen. Doch den Fanatismus und die Todesverachtung seiner Soldaten, von denen er in seinen Reden sprach, sucht man bei diesen vergebens. Sie folgten Befehlen und wollten gewiss tapfer sein. Vor allem aber wollten sie überleben." (S. 327)

Erschütternd ist das Schicksal des Kurt Krause, der als Maschinist und Gefreiter auf einem U-Boot „bei einem Angriff auf einen Geleitzug am 13. Oktober 1942 gefallen war", und zwar im Alter von 19 Jahren, wie wir der Todesanzeige entnehmen, auf der der Spruch steht: „Du starbst so jung/Du starbst so früh/ Wer dich gekannt/vergisst dich nie."
Die Dokumentation übermittelt in Handschrift den letzten Brief des Kurt Krause vom September 1942 an seine Mutter:

Heute ist Montag, eben gerade bekomme ich Bescheid, das ich auf einem U-Boot komme. Unser U-Boot läuft am Mittwoch den 17. September hier von Brest aus nach Amerika und bleibt ungefähr 12 Wochen draussen. Also liebes Mütterchen ich wünsche Dir und mein Brüdern Opa und Max alles gute. Was ich Dir jetzt geschrieben habe, musst du aber sofort vernichten den ganzen Brief und mir nichts mehr in Deinen Briefen schreiben nicht wahr. Aber nun nicht den Kopf hängen lassen mach Dir keine Sorgen um mich denn das ändert nichts darann es ist nun mal einmal meine Pflicht und Schuldigkeit. Ich tue es ja alles nur mit dem festen Glauben an Deutschland und unseren heissgeliebten Führer und an den ganz grossen Sieg der ganz bestimmt kommen wird und muss.
Was ich Dir nun schreibe mein liebes Mütterchen muss streng nur unter Max und unsere Familie bleiben, es darf kein anderer davon etwas erfahren hoffentlich hast Du das verstanden !!!!!!!!
Seid nun alle recht herzlichst gegrüsst bis auf ein freudiges Wiedersehen in Heimat Kurt.

Der „letzte Brief" des untergegangenen U-Bootfahrers Kurt Krause an seine Mutter, die Witwe war, ist ein ergreifendes Dokument, das die Not zeigt, es könnte etwas von seinem „Marschbefehl" herauskommen. Denn es war verboten, in Briefen die militärische Kriegslage mitzuteilen. Überall hingen die Plakate mit der Silhouette eines „schwarzen Mannes" mit der Unterschrift „Feind hört mit!" Mit acht Ausrufungszeichen weist der Soldat auf diesen Umstand hin, dass die Mutter nichts über das Auslaufen des U-Bootes schreiben und nichts außerhalb der Familie und „Max" dringen möge. Unter diesen Umständen wundert es einen, dass der Brief durch die Zensur gegangen ist und die Adressatin erreicht hat. Vielleicht ahnte der U-Bootfahrer, dass es seine letzte Fahrt sei, um die Geleitzüge aus Amerika nach England zu torpedieren. Sein U-Boot gehörte dann zu den 543 untergegangenen U-Booten, die durch das Radarsystem der Alliierten ausgemacht und dann vernichtet wurden. Für die Besatzungen gab es keine Überlebenschance, die sich Kurt Krause wünschte, wenn er von dem „freudigen Wiedersehen" in der Heimat schrieb. Er machte dabei seinem „lieben Mütterchen" Mut und wollte sie beruhigen mit dem Hinweis auf seine „Pflicht und Schuldigkeit", die nun einmal das Soldatentum mit sich bringt. Er unterlässt es auch nicht, die eingelernte Floskel zu schreiben: „mit dem festen Glauben an Deutschland und unseren heissgeliebten Führer." Dazu gehört auch die Erwähnung des „großen Sieges", „der ganz bestimmt kommen wird und muss." Dieses Muss zeigt eine gewisse Reserve: Deutschland „muss" den Krieg gewinnen, auch wenn die Aussichten für einen Sieg nicht „rosig" sind. Die Todesanzeige weist die gewöhnliche nationalsozialistische Formel vom „Heldentod" auf, den er „im Alter von 19 Jahren für Führer, Volk und Vaterland gefunden hat." Der Stabreim bei Führer, Volk und Vaterland ist zur bloßen Floskel verkommen und zeigt das Verlogene des Systems, das die Jugend im Krieg „verheizt" hat. Hier den jungen Kurt Krause, für den am 18. April 1943 eine Trauerfeier und ein Gottesdienst in der evangelischen Kirche in Dorsten stattfanden. Ein halbes Jahr mussten die Angehörigen auf die Todesnachricht warten, bis schließlich die endgültige Nachricht eintraf, dass das U-Boot nicht nur vermisst, sondern mit der ganzen Besatzung untergegangen war. Die abgehörten Kriegsgefangenen sagten schon 1942: „Der U-Bootkrieg ist am Arsch. Die U-Boote können nichts machen. ... Meinetwegen sollten sie sämtliche U-Boote verschrotten." (S. 251)

Ein anderes erschütterndes Dokument ist die Geschichte des Todes des Obergefreiten Bernhard Guilhaus von der Hardtstraße 130 auf der Hardt in Dorsten. Der Brief aus dem Feldlazarett in Russland richtete sich im Januar 1943 an den schon 1931 verstorbenen Vater Wilhelm Guilhaus, obwohl der Wehrpass den Hinweis enthält, dass der Landwirt Wilhelm Guilhaus verstorben war. Die Schreiben von Februar und Mai 1943 richten sich dann an die Witwe Helene Guilhaus. Die Familie Guilhaus war mir bekannt, die Hardtstraße heißt heute Overbergstraße und kreuzt die Storchsbaumstraße, wo meine Familie bis 1979 wohnte.

Bernhard Guilhaus war Jahrgang 1912 und Ziegeleiarbeiter bei der nahen Ziegelei „Mertzki", die nicht mehr existiert, heute befinden sich auf dem Gelände Wohnhäuser und der Friedhof der Hardt. Vom Stabsarzt und stellvertretenden Chefarzt des Feldlazaretts in Russland bekommt die Familie Guilhaus vom 18. Januar 1943 ein Schreiben, in dem ihr der Tod ihres Sohnes Bernhard mitgeteilt wird: „Ein Granatsplitter hatte zu lebensbedrohenden Verletzungen der Leber und der Milz geführt. ... In der Nacht zum 17. Januar 1943 stellte sich eine akute Kreislaufschwäche ein, die Ihr Sohn, selbst nach Anwendung der verschiedensten Herzmittel, nicht mehr zu überwinden vermochte. Ohne gelitten zu haben oder irgendwelche letzten Wünsche geäußert zu haben, ist er sanft hinübergeschlummert." Ruhig und fast angenehm hat ihn der Tod im Feldlazarett ereilt wie in einem guten Hospiz, wo die Menschen auch „sanft" in die Ewigkeit hinüberschlummern. Diese Wortwahl soll die Angehörigen trösten, die sich kaum vorstellen können, wie elendig im Krieg gestorben wird. Es geht noch weiter mit den Tröstungen; der 30Jährige „fiel in tapferer soldatischer Pflichterfüllung getreu seinem Fahneneide für sein Vaterland ... für die Größe und den Bestand von Volk, Führer und Reich. ... Beigesetzt wurde der Verstorbene auf einem Ehrenfriedhof in Russland, südöstlich des Jimensees."

Dann wird noch anheimgestellt, den genauen Begräbnisort bei der „Auskunftsstelle für Kriegsverluste und Kriegsgefangene in Berlin W 30, Hohenstaufenstraße 47-48" zu erfragen. Es fehlt das obligate „Heil Hitler" am Ende des Briefes. Aber auf die Zusendung des Nachlasses wird noch hingewiesen, die später geschah und vom Sanitätsfeldwebel und Oberzahlmeister beglaubigt wird: „Barbetrag: 109,90 RM, der durch Feldpostanweisung gesondert überwiesen wird."

Am 7. April 1943 meldet sich noch einmal die SA der NSDAP: „Sturm 21, Pi. 10 Lager V, Neu-Sustrum", um der Witwe Helene Guilhaus die Gelegenheit zu geben, einen Antrag bei der DAF (Deutsche Arbeitsfront) auf Sterbegeld zu stellen. Mit dem Antrag sollte sie die beglaubigte Sterbeurkunde einreichen mit dem „Parteibuch bzw. Karte, sowie sämtlichen SA-Papieren, sowie Ausweis, Wehrabzeichenurkunde und Besitzzeugnis", um das Sterbegeld für ihren gefallenen Sohn zu bekommen, der Mitglied der SA und NSDAP gewesen war. Als Ziegeleiarbeiter sah Bernhard Guilhaus in der SA und NSDAP die Möglichkeit, gesellschaftlich aufzusteigen. Gerade für diesen Teil der Bevölkerung stellten SA und NSDAP ein Reservoir dar, in dem das Selbstbewusstsein dieser Arbeitergruppe gestärkt werden konnte. Die Einzelnen gehörten dann nicht mehr nur der Arbeiterschaft an, sondern zählten als Mitglieder dieser nationalsozialistischen Organisationen zu einer höheren sozialen Gruppe. Auf diesem Wege hatte der Nationalsozialismus gerade aus der Arbeiterschaft einen besonderen Zulauf.

Im Mai 1943 bekam die Witwe Guilhaus noch vom Leiter des Wehrmeldeamtes an der Ems ein Schreiben zugeschickt, dem der Wehrpass beigefügt worden war. Um noch einmal „Sinn und Zweck" des Sterbens im Krieg für einen 30jährigen Mann zum Ausdruck zu bringen, lauteten die letzten „tröstenden" Worte: „Ich spreche Ihnen meine wärmste Teilnahme aus. Die Gewissheit, dass Ihr Sohn sein Leben für den Bestand und die Größe von Volk und Reich gegeben hat, möge Ihnen Trost in dem schweren Leid sein." Der Wehrpass enthielt noch den Hinweis auf das „Verwundetenabzeichen in Schwarz" vom 15. Januar 1942. Als Mitglied der SA und der NSDAP mag der Arbeiter Bernhard Guilhaus vom Nationalsozialismus überzeugt gewesen sein, weil er auch für Arbeiter einen sozialen Aufstieg bedeuten konnte. Nicht wie andere Mitglieder von SA und Partei, die „goldenen Fasanen", wie sie genannt wurden, die sich dem Kampf an der Front entzogen, ging er nach Russland, obwohl er der Pionierstandarte 10 „Emsland" angehörte, die offenbar ein Strafgefangenenlager zu bewachen hatte. Dies ist einem Schreiben eines Obersturmführers als Kommandeur dieses Lagers zu entnehmen, der vom „Heldentod" faselte, wie das Sterben im Krieg hieß.

Das Schicksal der Gebrüder Artur und Willi Cramer wird beschrieben, die beide im selben Jahr 1941 starben. Sie waren die einzigen Kinder des Bauunternehmers Adolf Cramer aus Dorsten. Ein Vetter, Karlheinz Cramer, wohnte in unserer Nachbarschaft auf der Hardt, wir kannten uns gut. Beide Brüder waren Fallschirmjäger bei der verlustreichen Eroberung der Insel Kreta im Sommer 1941. Nach seinem gelungenen Absprung starb Willi Gramer als Feldwebel und Offiziersanwärter „im Alter von 23 Jahren bei einem Sturmangriff", wie es auf dem Totenzettel heißt: „Trotz zweifacher Verwundung beim Absprung führte er seinen Zug an den Feind und riss seine Männer beim Angriff mit, bis ihn die Kugel traf." Hinzu kommt eine Bemerkung, die wir oft bei Todesnachrichten lesen, um den Schmerz der Angehörigen zu lindern: „Er war sofort tot", also musste er nicht leiden. Willi Cramer war verheiratet mit Gerda, geborene Schwertmann, und hatte einen kleinen Sohn, Günther. Unter der Todesanzeige vom 9. August 1941 steht sein Bruder Artur als „Leutnant in einem Fallschirmjäger-Regiment." Artur Cramer hatte den Fallschirmjäger-Einsatz auf Kreta überlebt - von dem schneidigen Offizier in Luftwaffenuniform hatte die bekannte Fotofirma „Adrian" aus Dorsten, die heute noch existiert, „schöne" Aufnahmen gemacht. Artur Cramer starb am 31. Oktober 1941 bei Leningrad in Russland, nachdem Hitlerdeutschland am 22. Juni 1941 die Sowjetunion überfallen hatte, obwohl Hitler und Stalin im August 1939 einen Nichtangriffspakt abgeschlossen hatten. Beiden Brüdern wurde wie üblich der „Heldentod" attestiert. Bei Willi Cramer hieß es: „Sein Heldentod besiegelt ein junges tapferes Leben, das in allem Denken und Handeln seinem Führer gehörte." Von einer Trauerfeier, etwa von einer kirchlichen oder staatlichen steht hier nichts, nur: „Von Beileidsbesuchen wird gebeten, Abstand zu nehmen."

Von Artur Cramer lasen die Zeitgenossen im November 1941 in der „National-Zeitung", dem Organ der Nationalsozialistischen Deutschen Arbeiterpartei: „Er ist als echter Held von uns gegangen, lebt aber weiter unter uns, vor allem in der Partei und ihrer Jugendorganisation, in deren Reihen er mitmarschieren wird bis zum Endsieg, für den er Blut und Leben auf dem Altar des geliebten Vaterlandes opferte." Der „Endsieg" musste immer genannt werden, als ob allein der Glaube an ihn zum Sieg über die Weltmächte hätte führen können. Immerhin standen die deutschen Soldaten im Winter 1941 vor Moskau, mussten aber dem russischen Winter Tribut zollen und jetzt schon nach einer sowjetischen Offensive den Rückzug antreten, bis sie im Winter 1942/43 in Stalingrad im Kessel besiegt wurden. Mehr als 90000 Soldaten traten den Weg in die Gefangenschaft an, die weniger als 10% von ihnen lebend wieder verlassen konnten – die letzten 1955.

Die „National-Zeitung" berichtet unter der Überschrift „Gefallen für Führer und Volk" vom „Heldentod des ehemaligen Jungbannführers Artur Cramer." Er war Jahrgang 1915 und schon vor seinem Abitur 1934 war er „beim Aufbau des Jungvolks" tätig. Er war im Jahr des Machtantritts Hitlers 1933 zum Jungbannführer avanciert. 1937 ging er zum Reichsarbeitsdienst und meldete sich freiwillig bei der Luftwaffe als Fallschirmjäger. Die Zeitung lobt ihn in höchsten Tönen: „Einer der Besten nimmt von dem Werk, dem er mit allen Fasern verhaftet ist, Abschied zu einem Dienst für sein Volk, als Arbeitsmann und Soldat." Die Zeitung schreibt weiter von einem Vortrag, den Artur Cramer in der NS-Ortsgruppe über seinen Einsatz in Kreta gehalten hatte. Dann kam Artur Cramer „endlich" in den Osten, „wo der treue Gefolgsmann des Führers und einer der besten Mitarbeiter in seiner Bewegung sein Letztes einsetzte und den Heldentod fand." Auf den Totenbildern ist das Eiserne Kreuz II. und I. Klasse sichtbar und auch sonst war Artur Cramer eine beliebte Persönlichkeit in Dorsten: „Selbst während der Militärzeit blieb er leidenschaftlicher Sportler, vor allem im Tennisspiel, in dem mehrfach Meisterschaften und Gaumeisterschaften errungen werden konnten."

Es gibt sicher Parallelen zum Ritterkreuzträger Theo Nordmann, der drei Jahre jünger war als Artur Cramer, besonders was auch die Zeit zwischen 1933 und 1939 angeht. Aber anders als Nordmann war Cramer absolut vom Nationalsozialismus begeistert und deshalb auch Mitglied der NSDAP, die ihn „als besten Mitarbeiter" in ihrer Bewegung vereinnahmte.

Auch die Familie Wilhelm Beisenbusch von der Samenhandlung „J.W. Beisenbusch KG" hatte im Zweiten Weltkrieg den Tod zweier Söhne zu beklagen, wie der dritte Sohn Klaus Beisenbusch in seinem Buch über „Leben in Alt-Dorsten. Damals" (Dorsten 2000, S. 1) schreibt: „Dieses Buch widme ich meinen beiden Brüdern Rolf und Winfried und den vielen anderen vermissten Jugendfreunden, mit denen ich in Alt-Dorsten glückliche Jahre verbrachte. Ihnen wurde verwehrt, am Wiederaufbau und an dem blühenden neuen Dorsten teilzunehmen. Bei der Erstellung dieses Buches wurden an sie viele Erinnerungen wach."

Dies soll auch der Sinn meiner Zeilen sein, damit das Schicksal dieser jungen Leute aus Dorsten und Umgebung nicht in Vergessenheit gerät, dass sie in einem von Hitler entfachten furchtbaren Weltkrieg ihr junges Leben verloren. Die vielen von Bischoff und Biermann gesammelten Totenzettel sprechen für die damalige Zeit eine verräterische Sprache, in der viel Trauer zum Ausdruck kommt, aber manchmal auch eine gewisse Distanz, wie sie in der von Spitzeln bedrohten Zeit nur bisweilen möglich war.

Der Totenzettel von Winfried Beisenbusch mahnt „zum stillen Gedenken an den auf dem Felde der Ehre gefallenen Fahnen-Junker-Unteroffizier Winfried Beisenbusch, Führer eines Wachkommandos an der Westküste, Inhaber des Verwundetenabzeichens." Das „Feld der Ehre" war ein Zwangsort, dem sich die Soldaten nicht entziehen konnten, ohne vom Kriegsgericht belangt zu werden. Sein Geburtsdatum war der 8. September 1921. Winfried Beisenbusch hatte sich im Osten eine schwere Verwundung zugezogen und wurde „nach der Auflösung seiner alten Einheit zum Wachkommando der Luftwaffe an der Westküste versetzt", die noch nicht die Invasion vom 6. Juni 1944 erlebt hatte. Sie hatte aber unter Bombenangriffen zu leiden und Winfried starb bei einem solchen Angriff am 11. Februar 1944.

Eine andere Tonart, zuweilen ergreifend, ist auf dem Totenzettel „zum frommen Andenken an den in fremder Erde ruhenden Obergefreiten Siegbert Grewer" zu lesen: „Möge Gott ihm für sein großes Opfer den Lohn des Himmels geben." Siegbert Grewer war Jahrgang 1919. Er starb am 5. November 1943 „in den schweren Kämpfen im Osten", wo die deutschen Truppen auf breiter Front auf dem Rückzug waren. Stalingrad war Anfang Februar 1943 gefallen und diese Niederlage bedeutete einen Wendepunkt im Krieg gegen die Sowjetunion. Es ist kein Trost, dass seine Kameraden ihn am 7. November „mit allen militärischen Ehren beigesetzt haben." Auffällig ist der Satz: „Du hattest keinen Feind auf Erden und starbst dennoch durch Feindeshand." Die Sinnlosigkeit des Krieges wird hier indirekt mutig angesprochen. „Ein treuer, braver und schlichter Mensch" starb, der eigentlich keine Feinde auf Erden hatte. Sein „festes Gottvertrauen" hat ihn nicht überleben lassen, obwohl er in jedem Brief das „Wiedersehen" beschwor und seinen Angehörigen schrieb: „Habt guten Mut, ich komme wieder, denn ich stehe in Gottes Hand." Kein politischer Satz kommt vor, nur das Gedicht unter dem ausdrucksstarken Totenbild nennt den Begriff „Heldengrab", sonst steht der Schmerz der Hinterbliebenen im Vordergrund: „Allein zu sein, drei Worte, leicht zu sagen, und doch so schwer, so furchtbar schwer zu tragen." Ergreifend und keineswegs nationalsozialistisch ausgerichtet, ist das Gedicht auf dem Totenzettel, auch wenn in ihm das „Heldengrab" vorkommt.

> *Die Freude deiner Wiederkehr*
> *war nicht vergönnt den Deinen*
> *und mögen sie auch noch so sehr*
> *ihr Liebstes nun beweinen.*
> *Nun ruhe sanft im Heldengrab,*
> *befreit von allen Schmerzen.*
> *Die Liebe, die dich hier umgab,*
> *lebt fort in unseren Herzen.*

Das Gedicht drückt ein echtes Gefühl derjenigen aus, die diesen etwas anderen Totenzettel verfasst haben. Wie Hohn, aber ehrlich klingt der letzte Satz: „Und wenn dereinst die Friedensglocke klingt und alles Dank und Jubellieder singt, dann stehen wir abseits, still mit wehmutsvollem Blick und suchen weinend nach dem zu früh verlorenen Glück."

Erst am 8. Mai 1945 „erklangen die Friedensglocken", nachdem Deutschland darniederlag und Adolf Hitler sich selbst umgebracht hatte.

Besonders tragisch sind die Totenzettel, die das Schicksal der drei Brüder Fragemann und den Tod von Vater und Sohn beim gleichen Vorgang schildern. Der erste Sohn, Franz Fragemann, starb 1940, die beiden anderen Söhne Willi und Herbert im Jahr 1944, als sich das Kriegsglück schon den Alliierten zuneigte. Beide hatten das Eiserne Kreuz II. Klasse und das Verwundetenabzeichen, der Ältere hatte noch die Ost-Medaille, da er vom ersten Tag des Krieges gegen die Sowjetunion bis zu seinem Todestag am 22. Januar 1944 als Oberleutnant und Kompaniechef einer schweren MG-Kompanie kämpfte. Beide hatten in Dorsten auf dem Gymnasium Petrinum das Abitur gemacht und gingen erst zum Arbeitsdienst, dann 1938 bzw. 1943 zum Militär. Der Ältere war Jahrgang 1915, der Jüngere Jahrgang 1925, der eine starb mit 28, der andere mit 19 Jahren. Beide Totenzettel singen das Lob des tapferen Soldaten, die Vorgesetzten werden zitiert, die die Tapferkeit der Brüder bezeugen. Willi Fragemann starb den „Heldentod" vor Leningrad, der Stadt, die die Deutschen nicht eroberten und auch nicht aushungern konnten, da die Russen ihre Stadt über das Eis versorgten. Herbert Fragemann starb in Ostpreußen im Oktober 1944, als die Sowjets schon deutschen Boden betreten hatten. Am 31. Oktober 1944 war im Westen die erste deutsche Stadt, nämlich Aachen, in die Hand der Amerikaner gefallen.

Beide Totenzettel bitten am Schluss um ein „Gebetsgedenken um die lieben Gefallenen." Es ist schon tragisch, wie der Krieg einer Familie drei Söhne nahm und beim Älteren eine junge Gattin zur Witwe machte. Aber es scheint, dass die Eltern trotzdem stolz auf die Tapferkeit ihrer Söhne waren, sonst hätten sie nicht ausführlich über ihre Kriegsleistung berichten lassen.

Das „tragische Geschick", dem Vater und Sohn Hermann Kottendorff zum Opfer fiel, muss am 9. November 1944 durch eine Kriegseinwirkung geschehen sein, sonst enthielte der Totenzettel nicht das obligate Eiserne Kreuz mit dem Hakenkreuz in seinem Zentrum. Beide stammten aus Dorsten und waren 1894 bzw. 1929 geboren, der Vater war Schreiner, der Totenzettel erwähnt, dass „er seinen Berufskollegen ein guter Kamerad war." Wenn schon nicht mit 50 Jahren an der Front – noch nicht – denn die älteren wie die jüngeren Männer wurden in den letzten Kriegsmonaten noch zum Volkssturm einberufen, um Deutschland „in der letzten Minute" zu verteidigen, also wenn nicht an der Front, dann wenigstens in der Heimat „ein guter Kamerad." Der Vater Kottendorff war seit 1926 mit Katharina Schäpers aus Wulfen verheiratet und der junge Hermann Kottendorff hatte noch zwei Brüder, die zusammen mit der „schwer geprüften Mutter" und den „übrigen Anverwandten um ein Gebet für den lieben Toten" baten, „auf dass er vollendet schaue Gottes Herrlichkeit." „Gott der Herr über Leben und Tod nahm unseren Sohn, Bruder und Enkel Hermann Kottendorff im Alter von 15 Jahren zu sich in seinen Frieden." Die Erwähnung des göttlichen Friedens wurde als Erlösung aus der gegenwärtigen, harten Kriegssituation verstanden, wo jeder durch die Luftangriffe der englischen und amerikanischen Flieger, nachts und am Tage, das Leben verlieren konnte. Außer dem Verweis auf das Gebet auf beiden Totenzetteln gibt es keinen Hinweis auf eine weltliche oder kirchliche Trauerfeier. Vielleicht wurden die Totenzettel bei der Beerdigung verteilt.

Das Schuhgeschäft „Boers" in Dorsten war eine bekannte Adresse in der Lippestraße. Zwei Söhne der Familie Boers starben im Krieg, Hermann Boers als Sanitäts- Unteroffizier am 14. 8. 1943 in Russland in der Nähe von Charkow „bei den schweren Abwehrkämpfen." Abwehrkämpfe bedeuteten in der damaligen Terminologie: Die deutschen Truppen befanden sich gegenüber den Offensiven der Russen auf dem Rückzug. Hermann Boers, der „auf dem Felde der Ehre" gefallen war, „wurde aus dem Studium der Medizin in Marburg im Mai 1942 in den Dienst des Vaterlandes gerufen." Die Verfasser des Totenzettels waren regimetreu und gläubig. Der Opfertod des Medizinstudenten war zugleich „ein Dienst zur Ehre Gottes." Neben dem Eisernen Kreuz mit dem Hakenkreuz steht der Bekenntnissatz: „Ich glaube an die Auferstehung und an das ewige Leben." Das Bild zeigt den jungen gefallenen Menschen wie meist üblich in Uniform und im Text werden lobende Worte des Vorgesetzten zitiert: „Hermann hat in seiner Stellung als San.-Uffz. immer auf das Beste für das Wohl der Kameraden gesorgt und zeigte auch im Kampfeinsatz vollendetes deutsches Soldatentum. Bei allen Kameraden und Vorgesetzten war er beliebt." Eine solche Würdigung, die wir häufig auf Anzeigen finden, soll trösten, da der Sohn aus Nächstenliebe ein tapferer Soldat war und dem „deutschen Soldatentum" alle Ehre machte. Hier gehen fester christlicher Glaube und „deutsches Soldatentum" eine enge Verbindung ein.

Das nächste Beispiel zeigt ebenfalls die Verbindung von christlichem Glauben und soldatischer Tapferkeit, wenn auch etwas zurückhaltender. Das „fromme Andenken" wird betont und das „Gebetgedenken" wird ebenfalls erwünscht, diesmal für den SS-Sturmmann Heinz Bitter aus Dorsten. 1924 geboren, erlernte er das Elektrikerhandwerk und trat mit 17 Jahren in den Arbeitsdienst ein, der ihn nach Russland führte, wo er 1943 zur Wehrmacht „einberufen" wurde. Wie er als Funker zu einem SS-Panzer-Regiment gekommen ist, wird nicht erwähnt. Möglicherweise reizte ihn als Elektriker die Tätigkeit als Funker in einem SS-Panzer-Regiment. Vorher hatte er noch eine besondere Ausbildung auf deutschen Truppenübungsplätzen absolviert. Nach einem Dienst im Westen wurde er im Osten eingesetzt, wo die Truppen schon auf dem Rückzug in Polen waren. „Nach einem 14tägigen Einsatz opferte er dort am 11. August 1944 sein junges, hoffnungsvolles Leben für seine Lieben und das Vaterland. In Rysie, östlich Warschau, betteten ihn seine Kameraden zur letzten Ruhe." Ein Bericht eines Vorgesetzten wird nicht zitiert, aber die besondere Charakterfestigkeit hervorgehoben: „Sein Kompanieführer bezeichnete ihn als einen braven, tapferen Soldaten, der bei allen Vorgesetzten und Kameraden sehr beliebt war."

So stellten sich die Wehrmacht und hier die Waffen-SS einen echten deutschen Soldaten vor, der gehorsam bis zum letzten Blutstropfen sein Leben einsetzte, auch wenn offensichtlich fast alles verloren war.

Besonders tragisch ist auch das Schicksal des jungen Johannes Schlenke von der Gaststätte und dem Hotel „Schlenke" an der Recklinghäuser Straße, der wenige Tage vor Ende des Krieges, am Tage des Selbstmordes von Adolf Hitler, dem 30. April 1945, im Raum von Berlin gefallen ist. Sechs Jahre nach Beendigung des Krieges erhielt die Familie Schlenke erst die Nachricht vom Tod des Sohnes und Bruders. Die Erkennungsmarke hatte sich in einem unbekannten Grab zwischen Beelitz und Fichtenwalde gefunden. Johannes Schlenke starb bei dem blutigen und hartnäckigen Kampf um die Eroberung der Reichshauptstadt Berlin, wo sich Hitler in einem 10 Meter tiefen Bunker an der Wilhelmstraße verschanzt hatte. Als 17jähriger wurde er noch im November 1944 beim letzten Aufgebot zum Pionier-Ersatzbataillon 26 in Höxter eingezogen und noch Anfang des Jahres 1945 im Raum zwischen Emmerich und Wesel als Soldat eingesetzt, der den Übergang der Alliierten über den Rhein verhindern sollte. Er hatte das große Glück im Unglück, noch am 12. März 1945 seine Heimatstadt Dorsten unzerstört zu erleben und seine Angehörigen zu sprechen. Auf dem Totenzettel, der den jungen Johannes in Zivil abbildet, heißt es: „Wider Erwarten wurde die Truppe jedoch zum Osten geleitet, zunächst nach Dessau und von da in den Raum Berlin." Die Angst vor dem Standgericht, das überall noch wütete, oder was auch immer, hinderte ihn daran, in seiner Heimatstadt zu bleiben und sein junges Leben zu retten. Zehn Tage später wurde Dorsten zerstört und einen Tag später gingen die Alliierten bei Wesel über den Rhein.

Der Grenadier Walter Krebs, am 22. Mai 1924 geboren, wurde im Oktober 1942 „zum Heeresdienst eingezogen." Er kam „1943 nach Russland, wo er in vorderster Front bei den schweren Abwehrkämpfen am 5. September infolge eines Kopfschusses den Heldentod fand." Die „schweren Abwehrkämpfe" sagen wieder etwas aus über Rückzug nach verlorenem Terrain, als die Sowjets immer mehr das Übergewicht in dem Vernichtungskrieg bekamen. Auch der „Heldentod" fehlt nicht auf dem Totenzettel und es schließt sich die ergreifende Feststellung an: „Er war unser Sonnenschein, stets froh und heiter. Seine Lieben in der Heimat wiederzusehen, war sein sehnlichster Wunsch. Es war ihm aber nicht vergönnt, als Soldat in Urlaub zu kommen." Ohne noch einmal seine Lieben im Urlaub wiederzusehen, kaum 20jährig, musste er sein junges Leben opfern, dessen „Seele die tiefbetrübten Angehörigen dem Gebete der Gläubigen und dem Priester am Altar empfehlen, auf dass sie ruhe in Frieden."

Zwei Soldaten der Jahrgänge 1921 und 1922 aus Dorsten hatten sich nach dem Arbeitsdienst freiwillig für die Wehrmacht gemeldet, Willi Huf bei der Flak-Batterie und Anton Schäfer bei einem Infanterie-Regiment. Beide hatten am Westfeldzug teilgenommen, den Hitler durch seinen Blitzkrieg 1940 gewonnen hatte. Dann wurden sie im Osten eingesetzt, wo sie 1942 bzw. 1944 starben. Beide trugen das Eiserne Kreuz II. Klasse und bekamen noch andere Auszeichnungen. Willi Huf erhielt noch die Ostmedaille und starb nach einer schweren Verwundung, Anton Schäfer bekam schon zu Beginn des Krieges gegen die Sowjetunion eine schwere Verwundung, „die ihn nicht davon abhielt, sich nach der Genesung sofort wieder zur Front zu melden. ... Er fiel bei den schweren Kämpfen am Wolchow in vorderster Linie." Fast könnte man glauben, dass ihn eine Todessehnsucht erfasst hatte, die ihn wieder in die vorderste Linie des blutigen Krieges brachte, um dort zu sterben. Willi Huf starb „bei den schweren Abwehrkämpfen" an einer schweren Verwundung am 27. 2. 1944. Zum ersten Mal lesen wir, dass der gefallene Soldat „unter Beistand des Divisionsgeistlichen auf dem Heldenfriedhof bei Uproschkowa zur letzten Ruhe gebettet wurde." Dann wird noch erwähnt, dass Willi Huf „mit seinem Heldentode seiner Schwester nachfolgte, die durch einen Unglücksfall im November 1943 zu Tode gekommen war." Es mag sein, dass auch dieser Tod mit dem Krieg zusammenhängt, denn offensichtlich durften Tote im Bombenkrieg nicht offiziell geführt werden, damit nicht war, was nicht sein durfte, dass nämlich Angehörige in der Heimat bei Luftangriffen starben, die die deutsche Abwehr mit der Flak oder mit Jagdflugzeugen nicht verhindern konnte.

Wie von einem „Unglücksfall" der Schwester die Rede ist, führt ein anderer Totenzettel „Opfertod für seine Heimat" auf „Feindeinwirkung" zurück, auf Grund derer Karl-Heinz Janzen am 12. Dezember 1944 als Schütze in einem Landes-Schützen-Bataillon gestorben war. Er war am 22. April 1924 in Dorsten geboren und lebte, was verwundert, bis März 1944 im Elternhaus - bis zu seinem „Eintritt in die Wehrmacht." Seine Ausbildung erhielt er in Rheine (Westf.), dann fand er Verwendung in einem Landes-Schützen-Bataillon in der Heimat. Wodurch Janzen unmittelbar zu Tode gekommen ist, wird nicht angegeben: Er scheint bei einem Luftangriff oder auf andere unbekannte Weise zu Tode gekommen zu sein, die aber mit „Feindeinwirkung" zu tun hatte.

Ähnlich scheint der Fall Willy Waldmann zu sein, der „nur kurze Zeit Soldat, bei einem Unglücksfall zu Tode kam." Für Grenadier Willy Waldmann, Jahrgang 1921, ist kein Todesdatum angegeben, was bei keinem anderen Totenzettel der Fall ist. Vergleichbar, wenn auch mit Todesdatum angegeben, ist der Fall Franz Buckstegge, Jahrgang 1914, der am 26. Juni 1941 gestorben war: „Infolge eines tragischen Unglücksfalles ließ er sein junges Leben in treuer Pflichterfüllung im Dienste für sein Vaterland."

Eine besondere Ausnahme in der Auswahl der Totenanzeigen ist die von „Pg. Ernst Walbrodt", die die NSDAP, Ortsgruppe Hünxe, mit ihrem Ortsgruppenleiter

Wilhelm Neuköther für Gahlen aufgegeben hatte. Der Verwaltungsangestellte und SA-Rottenführer fand am 13. Juli 1941 im Osten als Soldat in einem Infanterieregiment „getreu seinem Fahneneid für Führer und Volk im Alter von 22 1/2 Jahren den Heldentod." Nachdem die Ehefrau Aenne Walbrodt genannt worden ist, schreibt die NSDAP: „Wir verloren einen Mitkämpfer, der immer einsatzbereit in der Treue zum Führer seinen Kameraden Vorbild war. Er wird in unseren Reihen nicht vergessen werden."

Zwei Totenzettel der Gefallenen Franz Büchter und Hans Hasenaecker fallen dadurch auf, dass in ihnen vom „geliebten Beruf" die Rede ist. Von Franz Büchter, Jahrgang 1908, heißt es, dass er „in glücklichster Ehe lebte, die mit 2 Kindern gesegnet war. ... Sein arbeitsreiches Leben war freudige Hingabe für seine Lieben und den geliebten Beruf." Von dieser geliebten Berufstätigkeit wurde er im Juli 1942 zum Heeresdienst abkommandiert und starb im Osten am 30. August 1943, nachdem er dort „viele schwere Kämpfe" mitgemacht hatte. Beruf und Ehe deuten darauf hin, dass „sein sehnlichster Wunsch war, die Lieben in der Heimat wiederzusehen", was ihm nicht vergönnt war. So starb ein glücklicher Ehemann, Vater und einer, der seinen Beruf liebte, gut ein Jahr später, nachdem er mit 35 Jahren aus seinem vollen Leben gerissen worden war.

Hans Hasenaecker war 12 Jahre jünger und verlebte „mit seinen 3 Geschwistern frohe Kindertage in glücklichem Familienkreise." Nun heißt es von seiner beruflichen Tätigkeit: „Mit großer Tatkraft erfüllte er in seinem künstlerisch feinen Verstehen seinen Beruf als Dekorateur." Er starb „von einer Granate getroffen in Rumänien am 28. August 1944." Der Text enthält noch zwei religiöse Formeln, die sonst selten gebraucht werden: „Sein Glaube gab ihm das Bewusstsein, dass der Tod Heimgang zu Gott und Eingang in den ewigen Frieden ist." Und am Ende steht: „Der Glaube an ein Wiedersehen im Jenseits macht uns stark und zuversichtlich in unserem Leid. So beten wir von Herzen für unseren lieben Gefallenen: Herr, gib ihm die ewige Ruhe!" Ob solche Wünsche und Gefühle bei den unter oft schlimmen Umständen an der Front sterbenden Soldaten maßgeblich waren und die letzten Atemzüge begleitet haben, wissen wir nicht. Aber die Angehörigen hatten fast keine andere Möglichkeit, als sich selbst mit solchen Sätzen zu trösten.

Die letzten Totenzettel handeln von Familien, die auf der Hardt in Dorsten lebten und die mir aus meiner Jugendzeit bekannt sind: Hans Gülker, Heinrich Weck, Friedrich Vennemann, Gottfried Romswinkel und Karl Tellmann.

Die Hardt war mein Lebensraum und der meiner Familie. Von 1935 bis zum Studium in Tübingen ab Sommersemester 1956 lebte ich auf der Hardt, mein Vater von 1920 bis zu seinem Tod 1971, meine Mutter noch bis 1979. Zwei Ereignisse aus der Kriegs- und Nachkriegszeit sind mir in besonderer Erinnerung. Ich werde nie den Schrei einer jungen Nachbarin aus der damaligen Hardtstraße vergessen, als sie im Krieg die Nachricht bekam, dass ihr Mann gefallen sei. Nach dem Krieg war ich im Falle eines Heimkehrers die erste Person, die diesen Nachbarn aus der damaligen Mittelstraße, die heute Klosterstraße heißt, traf, nachdem er aus der Kriegsgefangenschaft entlassen war. Er trug noch seine abgewetzte Soldatenuniform.

Auf der Mittelstraße 93 wohnte die Familie von Karl Tellmann, Unteroffizier in einem Artillerie-Regiment und Inhaber des E.K. II und des Westwallabzeichens,

„der fast 5 Jahre dem Vaterland diente und seit Beginn des Krieges im Westen und Osten stets in vorderster Linie stand. ... Im Alter von fast 22 Jahren hat er am 17. Februar 1942 bei den schweren Abwehrkämpfen im Osten sein junges Leben für sein geliebtes Vaterland hingegeben. Seine Hoffnung, nach diesem schweren Ringen die Heimat und seine Lieben wiederzusehen, blieb unerfüllt." Ihren tiefen Schmerz bekundeten: Emil Tellmann und Frau Klara, geb. Grefer, und Schwester und Schwäger Emilie Köpper, Erich Köpper, z.Z. im Felde, und Helmut Köpper – Familien, die auf der Hardt bekannt sind. Kirchlich, evangelisch, gehört die Hardt zu Gahlen, wo am 2. Ostertag des Jahres 1942 die Trauerfeier in der Dorfkirche stattfand.

Gottfried Romswinkel aus Gahlen und von der Hardt war als Gefreiter eines Infanterie-Regiments mit dem E.K. II mit Schwertern und der Ostmedaille ausgezeichnet, hatte schon am Westfeldzug gegen Frankreich teilgenommen und musste „sein blühendes Leben im Alter von 29 Jahren am 5. November 1943 im fernen Osten für Führer, Volk und seine Lieben dahingeben." Auch dessen Trauerfeier fand am 22. Januar 1944 in der Dorfkirche zu Gahlen statt. Der Tod im Krieg bedeutete nicht nur ein Opfer für Führer und Volk, sondern auch für die Lieben in der Heimat. In den meisten Todesanzeigen wurde nicht auf die Hinterbliebenen in der Heimat hingewiesen, für die die Soldaten weit weg von der Heimat „im fernen Osten" starben. Es war sicher nicht einfach für die Anverwandten, diese Formel zu verstehen. Denn wie sollen Angriffskriege als Verteidigung der Heimat definiert werden, zumal die Weiten Russlands in der Ferne lagen? Aber 1944 ging es dann wirklich um „die Verteidigung der Heimat", als von Westen und Osten Deutschland von den Alliierten und den Sowjets erreicht wurde.

Der Obergefreite Friedrich Vennemann von Dorsten-Hardt „hatte den Westfeldzug glücklich überstanden und starb am 22. März 1942 im Reichslazarett an den Folgen einer Verwundung, die er am 17. Januar im Osten erlitten hatte." Die Angehörigen, deren Namen fast die Hälfte des Totenzettels einnahmen, betrauern den „innigstgeliebten Mann, den hoffnungsvollen einzigen Sohn, den lieben Schwiegersohn, Bruder, Schwager, Onkel, Neffen und Vetter." Er war „im blühenden Alter von 28 1/2 Jahren. Seine Beisetzung fand in aller Stille auf dem Ehrenfriedhof in Stettin statt." Der „Ehrenfriedhof" ist hier der einzige Begriff, der einen Kriegscharakter hatte. Alle anderen nationalsozialistischen oder auch nur nationalistischen Worte fehlen. Dafür sind mehrere Familien aufgeführt: die junge Frau Hilde Vennemann, geb. Lohmann, die Eltern Friedrich Vennemann und Frau Anna, geb. Bückemeier, die Schwestern Helene Felderhoff und Anna Hütter, deren Ehegatten und Schwäger beide „zur Zeit im Felde" sind, und die Familie Gerhard Lohmann, die der jungen Ehefrau zuzurechnen ist. Die Trauerfeier für den Gefallenen „findet statt am Karfreitag 1942, 17 Uhr, in der evangelischen Kirche zu Dorsten."

Die letzte Todesanzeige ist die von Heinrich Weck von der Gahlener Straße 62 auf der Hardt. Er starb als Pionier und Inhaber des deutschen Schutzwall-Ehrenzeichens „im Kampf für sein Vaterland den Heldentod am 2. Oktober 1941 beim Angriff über die Desna bei Lipowka." Die deutschen Truppen waren noch beim Vormarsch auf Moskau, der dann vor der russischen Hauptstadt durch den Wintereinbruch zum Stehen kam. Nach der Winteroffensive der Sowjets ging es rückwärts, im Süden kamen die deutschen Truppen 1942 bis Stalingrad an der Wolga, in dessen Kessel die 6. Armee von Generalfeldmarschall Paulus geriet, der Februar 1943 kapitulierte und in die Gefangenschaft ging, wofür er von Hitler abgesetzt wurde. Er war dann 1946 als Zeuge der Anklage beim Nürnberger Kriegsverbrecherprozess und kehrte danach 1955 in die DDR zurück, da er sich 1944 dem „Nationalkomitee Freies Deutschland" angeschlossen hatte. Er erhielt in Dresden eine Wohnung und starb dort im Jahre 1957. An die Flugblätter, die über die Niederlage bei Stalingrad berichteten, kann ich mich noch gut erinnern.

Heinrich Weck wurde 22 Jahre alt. „Er fiel in höchster soldatischer Pflichterfüllung, getreu seinem Fahneneide." Hier haben wir wieder die Floskel von der „soldatischen Pflichterfüllung" und von dem „Fahneneid", an den appelliert wurde, um die Soldaten zur Hingabe ihres Lebens zu zwingen. Auch auf dieser Todesanzeige, die keine Trauerfeier angibt, nimmt die Erwähnung der Familie einen breiten Raum ein. Den „innigstgeliebten Sohn, Bruder und Schwager" beweinen „in stolzer Trauer" die Eltern Wilhelm Weck und Frau Anna geb. Grefer, verw. Wischerhoff, die Brüder Wilhelm, Erwin und Alfred, die ebenfalls Soldaten sind. Der Bruder Rudolf Weck ist wohl noch zu jung, um an der Front „verheizt" zu werden. Zwei Schwägerinnen werden noch genannt: Amalie geb. Klein, und Johanna, geb. Kemper. Acht genannte Angehörige beweinen hier „in stolzer Trauer" ihren gefallenen Anverwandten. Dies ist in meiner Auswahl die einzige Todesanzeige, die die Angehörigen „stolz" trauern lässt. Was für ein Missbrauch eines Begriffes, der den Verlust eines geliebten jungen Menschen „stolz" werden lässt!

e) Resümee: Die Todesanzeigen und Totenzettel als Dokumente der Erinnerungskultur

Dass die Soldaten an der Front den „Heldentod" starben, war von der nationalsozialistischen Politik vorgegeben. Danach richteten sich die meisten Angehörigen, wenn sie ihre Todesanzeigen, z.B. bei der Druckerei „Joseph Weber" in Dorsten, in Auftrag gaben. Dazu gehörte auch der „Opfertod" für „Führer, Volk und Vaterland", hinzu kommt manchmal auch „für die Lieben in der Heimat." Wir wissen nicht, wie weit die Angehörigen wirklich hinter dieser verquasten Ideologie standen. Wo solche Floskeln sich häuften, können wir vielleicht annehmen, dass die Hinterbliebenen an die Worte glaubten, die veröffentlicht wurden.

Die Gläubigkeit an den Führer, der seine Soldaten schon zum Siege führen wird, war stark vertreten und konnte zumindest nach außen oft den Schmerz überlagern, den die Angehörigen durch den Verlust eines meistens „blühenden Lebens" eines Sohnes, Bruders oder Ehegatten zu erleiden hatten. Viele Beziehungen waren auf das „Wiedersehen" aufgebaut, nach dem sich die meisten Soldaten sehnten, das ihnen aber nicht vergönnt war, weil sie „im fernen Osten" ihr Leben verloren hatten. Das „Ehrenbegräbnis", das sie oft bekamen, wenn sie „in fremder Erde" würdevoll bestattet wurden, oft an Stellen, die geografisch genau angegeben wurden, als ob man sie eines Tages besuchen könnte, sollte sie über den schweren Verlust hinwegtrösten.

Viele Worte wurden gefunden, um diesen Trost zum Ausdruck zu bringen. Dafür eignete sich ganz besonders der christliche Auferstehungsglaube, mit dem die Nationalsozialisten nichts im Sinne hatten. Von ihnen wurde meistens der Austritt aus den Kirchen erwartet, so war es schon in gewisser Weise mutig, Ort und Zeit einer kirchlichen Trauerfeier anzugeben. Nur bei wenigen Anzeigen steht nichts von Gott und Kirche, so z.B. bei der Anzeige, die die NSDAP für einen gefallenen Parteigenossen in die Zeitung setzen ließ. Selbst bei einem SS-Sturmmann wird um ein „Gebetsgedenken" ersucht und die letzte Zeile lautet wie bei den meisten Anzeigen: „Herr, gib ihm die ewige Ruhe!" Hier wird dann – es ist wohl die einzige Stelle – darauf hingewiesen, dass der Gefallene „bei seinen Vorgesetzten und Kameraden sehr beliebt war", was auf den besonderen Korpsgeist in der Waffen-SS schließen lässt, weshalb auch junge Menschen sich freiwillig für eine solche Einheit meldeten oder sie von ihren Eltern oder Geschwistern in eine solche Truppe geschoben wurden. Selbst Günter Grass konnte sich im hohen Alter auf einmal daran erinnern, als ganz junger Mensch in einer solchen Einheit gewesen zu sein.

Der christliche Glaube musste für viele sprachliche Verrenkungen herhalten, um bei den Hinterbliebenen das Durchhalten und die unüberwindbare Hoffnung auf den „Endsieg" zu stärken. Selbst das „Wiedersehen im Jenseits" sollte als Trost dafür dienen, dass der junge Mann seinen „Opfergang für die gerechte Sache" angetreten hatte. Eine Formulierung in diesem Zusammenhang ist mir besonders aufgefallen: „Sein Glaube gab ihm das Bewusstsein, dass der Tod Heimgang zu Gott und Eingang in den ewigen Frieden ist." Der „Friede" kommt oft vor, aber eben nicht der Friede auf Erden, sondern der ewige Frieden im Himmel, den hoffentlich die gefallenen Soldaten jetzt erleben dürfen. Eine andere Aussage ist von ähnlicher Außergewöhnlichkeit, wenn Heimat und Krieg in einer Formulierung verbunden werden, die nachdenklich macht: „Du hattest keinen Feind auf Erden und starbst dennoch durch Feindeshand." Wenn schon überhaupt kein Feind auf Erden, dann gibt es auch keine Feindeshand. Es ist und war eine schlimme Sache, Menschen dazu zu bringen, einen anderen Menschen zu töten, der einem nichts zu Leide getan hat. Der einzige Gedanke, der bei solcher Konfrontation helfen sollte, war der Hinweis auf das eigene Überleben nach der unausweichlichen Kriegsformel: Er oder ich. Zum Nachdenken sollten die Soldaten im Krieg nicht gebracht werden, sie sollten nur zum Töten der anderen bereit sein und wer das Pech hatte, dass der Gegner schneller oder besser ausgerüstet war, der starb den „Heldentod". Vielen der Gefallenen aus einfachem Volk wird besondere Tapferkeit attestiert. Die meisten Pioniere, Grenadiere, Gefreiten oder Obergefreiten und Unteroffiziere hatten Kriegsauszeichnungen, meistens das Eiserne Kreuz II. Klasse mit Schwertern oder das Verwundetenabzeichen, das immer unter dem Bild auf dem Totenzettel angegeben wurde, das den Gefallenen in Uniform zeigt. Ein ziviles Bild kommt vor, das einen 17jährigen zeigt, der in den letzten Monaten noch in Deutschland gefallen ist und dessen Totenzettel aus der Nachkriegszeit stammt. Außer dem hier beschriebenen tragischen Schicksal erinnert nichts mehr an das Kriegspathos, mit dem die meisten Totenzettel aus der Kriegszeit ausgestattet waren.

Viele Todesanzeigen sprechen von den „schweren Kämpfen und Abwehrschlachten im Osten", die den blutigen Charakter des nationalsozialistischen Vernichtungskrieges zeigen, den Hitler mit seinem Krieg gegen den „Bolschewismus und Kommunismus der Sowjets" führte, obwohl er sich vorher mit Stalin verbündet hatte, um freie Hand im Westen zu haben und Stalin die Möglichkeit zu gestatten, sich einen großen Teil ostpolnischen Gebietes wiederzuholen, das die Sowjets vorher an Polen verloren hatten.

Es gab für die Teilnahme am Krieg im Westen das „Westwallabzeichen", die „Ostmedaille" aber stand für das jahrelange Überleben bei den „Winterschlachten" im Osten 1941/42 und 1942/43. Die erste „Winterschlacht" bedeutete den Rückzug vom Vormarsch auf Moskau, die zweite das furchtbare Desaster in Stalingrad, das für alle Zeiten für Deutsche und Russen in Erinnerung bleibt. Keine Tapferkeit der Welt kann dieses Gemetzel im Osten aushalten, das die jungen Soldaten erleben mussten und oft dabei starben. Sie kamen aus ganz Deutschland, aus jeder Groß- und Kleinstadt, selbst aus einem fast idyllischen Ortsteil, wie es die Hardt in Dorsten war, aus der viele alteingesessene Familien ihren Blutzoll leisten mussten.
Von dieser „kleinen Welt" gibt es einen direkten Bezug zur „großen Welt" des Nationalsozialismus und zu dem von ihm entfachten Zweiten Weltkrieg, der insgesamt mit dem Tod von 50 Millionen Menschen endete. Fast in jeder Zeile über die Gefallenen der Kleinstadt Dorsten erscheint die übermächtige Wucht des unabänderlichen und endgültigen Todes, der hier die jungen Menschen oft aus der behüteten Gemeinschaft der Familien gerissen hat, nachdem sie aus „Pflichterfüllung" ihr „hoffnungsvolles Leben" auf dem Altar des Vaterlandes geopfert haben. Es ist unsere historische Pflicht, auch über 70 Jahre nach Ende

des Krieges an diese Zeit zu erinnern und das vergebliche Sterben jedes Einzelnen wieder in das Bewusstsein zu rufen.

Der beste aktuelle Historiker des Zweiten Weltkrieges ist ein Brite, Ian Kershaw, der viele Bücher über diese Zeit verfasst hat, nicht zuletzt das Buch „Das Ende. Kampf bis in den Untergang. NS-Deutschland 1944/45" (München 2011). Nicht zu vergessen sind dabei seine Übersetzer aus dem Englischen, Klaus Binder, Bernd Leineweber und Martin Pfeiffer, die einen sehr gut lesbaren und spannenden deutschen Text hergestellt haben. Vielleicht kann und muss es sogar ein Ausländer sein, der die besten Bücher über unsere eigene Vergangenheit schreibt. Er selbst ist im Kriegsjahr 1943 geboren und bietet manchmal ein besseres und genaueres Urteil als ein Zeitgenosse des Krieges.

Bernhard Schulz schreibt im Berliner „Tagesspiegel" vom 9. Januar 2012 einen Artikel mit der Überschrift. „Wirksam bis zum Tod" und stellt mit Ian Kershaw die Frage: „Warum verteidigten die Deutschen das ‚Dritte Reich' bis zur letzten Minute?" Zum Schluss seines Artikels nennt er die Botschaft des Buches, „das einmal mehr ein Lehrstück ist über Verführbarkeit, Gehorsam und Verantwortungslosigkeit eines ganzen Volkes." (S. 21)

Ob die von mir behandelten Dokumente als Ausschnitt aus diesem Volk die Gefühlslage der damaligen Zeitgenossen echt wiedergibt oder auch nicht, sie machen aber insgesamt deutlich, unter welchem Druck und in welcher Notlage die Menschen damals lebten und eventuell Äußerungen von sich gaben, wie sie die nationalsozialistische Zeit von ihnen erwartete. Sie lassen erahnen, wie es dazu gekommen ist, dass die Deutschen „bis in den Untergang" kämpften – nur der ist ein „Held", der „bis zur letzten Patrone" kämpft und dann stirbt, wobei es noch darauf ankommt, „mit Anstand zu sterben verstehen", wie Neitzel und Welzer in ihrem Buch „Soldaten" ein Kapitel überschrieben haben. (S. 323ff.)

Überleben im Zweiten Weltkrieg, im Krieg überhaupt, ist reine Glückssache, und der amerikanische Dichter Thornten Wilder schreibt mitten im Krieg 1942 mit dem Titel „Wir sind noch einmal davongekommen" ein Theaterstück, das 1944 ins Deutsche übersetzt wurde, als der Krieg noch bis 1945 mehr Tote forderte als in den ganzen Kriegsjahren vorher. Hoffnungsvoll zitieren Neitzel und Welzer den Obersten Hans Krug, der seinen Abschnitt gegen die britische Landungsarmee nach der Invasion vom 6. Juni 1944 nicht mehr verteidigen konnte und in die Gefangenschaft ging: „Da bin ich vollkommen ruhig - nur dass ich gefangen genommen wurde! Ob man mir das zum Vorwurf macht? Ob man nicht von mir verlangt hat, dass ich zu fallen habe? Der Befehl lautet: ‚Jeder, der einen Stützpunkt aufgibt, wird mit dem Tode bestraft. Er ist zu halten bis zur letzten Patrone und zum letzten Mann.'" (S. 322)

Leider zerstoben sich die Hoffnungen zum Ende des Krieges in Deutschland selbst, wie Ian Kershaw die letzten 10 Monate in seinem materialreichen Buch „Das Ende" beschreibt. Insgesamt kämpften die Deutschen „bis zur letzten Patrone und bis zum letzten Mann." Dabei schonten sehr viele dieser Kämpfer weder ihr eigenes, noch das Leben anderer. „Die Realität der Verhältnisse", von denen Kershaw in seinem Vorwort berichtet, „lässt sich nicht mehr einfangen, wie sie in jenen schrecklichen Monaten geherrscht haben müssen – wie gewöhnliche Menschen außergewöhnliche (und entsetzliche) Umstände überlebten." (S. 16)

Der Tod war in Deutschland „allgegenwärtig". Ian Kershaw, der Nachgeborene, nennt dieses Deutschland, in dem unsere Familien und wir als Zeitzeugen mit großem Glück überlebt haben, in jenen Monaten der Endzeit „ein riesiges Leichenhaus." (S. 17)

Dieses Kapitel über Leben und Sterben soll uns an die Fähigkeit von uns Menschen erinnern, dass wir uns gegenseitig das Leben zur „Hölle" machen können, die uns selbst schlussendlich verschlingen kann. Die ganz gewöhnlichen menschlichen Werte mögen in der Zukunft verhindern, dass „der Mensch dem Menschen ein Wolf" wird (Thomas Hobbes: homo homini lupus).

Das ist unsere gemeinsame Aufgabe für die Zukunft.

„Die Erinnerung bewahren": Drei kurze Rezensionen und drei längere Buchbesprechungen zur Thematik Dorsten und besondere Persönlichkeiten

1) „Ein Buch, das Furore macht" mit persönlichen Erfahrungen: Daniel Jonah Goldhagen, Hitlers willige Vollstrecker. Ganz gewöhnliche Deutsche und der Holocaust.
(Zuerst erschienen: Diskurs Nr. 9, 1996)

„Dieses Buch sollte in jeder Schule gelesen werden." sagt Elie Wiesel (Julius Schoeps, Hrg., Ein Volk von Mördern? Die Dokumentation zur Goldhagen-Kontroverse um die Rolle der Deutschen im Holocaust, Hamburg 1996, S. 44), Auschwitz- und Buchenwald-Überlebender und Friedensnobelpreisträger von 1986. Eberhard Jäckel, dem Goldhagen ausdrücklich in einem Nachwort wegen seiner Unterstützung in Deutschland dankt, nennt es „einfach ein schlechtes Buch." (a.a.O. S. 187) Wo liegt die Wahrheit? Das sollte jeder selbst entscheiden, der das Buch – seit August 1996 in der deutschen Ausgabe auf dem Markt – von vorn bis hinten durchliest und es auf sich wirken lässt.

Ich selbst – geboren am Tag der Nürnberger Gesetze im Jahr 1935, die die jüdischen Mitbürger zu „sozialen Toten" machten, wie Goldhagen schreibt, weil sie ihnen die bürgerlichen Rechte nahmen – bin rational und emotional von diesem Buch äußerst angetan, weil es die Judenverfolgung theoretisch und empirisch in einem Guss darstellt und den Holocaust, die „Endlösung der Judenfrage", als geschichtliche Entwicklung zu verstehen versucht. Die Frage ist, ob er überhaupt zu verstehen und wissenschaftlich zu analysieren ist. Elie Wiesel z.B. zählt sich „zu der kleinen Minderheit, für die diese in ihrer Tragweite und Schwere unvergleichliche Tragödie für immer unerklärt bleiben wird. Und unerklärlich." (a.a.O. S. 47) Und dennoch rät er uns, das Buch im Unterricht zu behandeln. Daniel Goldhagen, 1960 als Sohn des Holocaust-Überlebenden Erich Goldhagen geboren, macht offenbar den Versuch, etwas Unerklärbares zu erklären. Aus diesem Widerspruch scheinen sich mir alle Schwierigkeiten zu ergeben, die Goldhagens Kritiker besonders hervorheben.

A. M. Rosenthal schreibt in der New York Times: „Der bleibende Wert des Buches liegt darin, dass es Beweismaterial und Analysen liefert, die zeigen, dass kein Zwang erforderlich war, dass mindestens acht Millionen Soldaten, Polizisten und Bewacher der Todeslager mit der Umsetzung des Holocausts zu tun hatten und dass von anderen mehr als fünfzig Millionen gewöhnlichen Deutschen fast alle über die Erniedrigung, die Folter und das Morden Bescheid wussten, aber sich eisig zurückhielten – oder damit einverstanden waren." (a.a.O. S. 53f.)

Ich kann mich an meine eigene Familie erinnern, die mit angesehen hat, wie auf dem Marktplatz unserer Kleinstadt Dorsten jüdische Mitbürger, die seit langem in unserer Mitte als angesehene Bürger gelebt hatten, auf Lastkraftwagen geladen und abtransportiert wurden. Meine Familie sprach darüber, dass dieser Umgang kein gutes Zeichen sei und was wohl mit diesen Menschen geschehe. Meine Familienangehörigen gehörten zu denjenigen, die nachdachten, aber sich zurückhielten. Weiter kann ich mich daran erinnern, dass seit 1941 Altersgenossen den gelben „Davidstern" tragen mussten.

Goldhagen schreibt von dem Polizeibataillon 65 aus Recklinghausen, – der nächsten Großstadt meiner Heimatstadt – das, aus Reservisten bestehend, von heute auf morgen nach Ostpreußen versetzt wurde und in Kowno im Baltikum „an einem unglaublichen Massaker an Juden" teilnahm. Hans-Ulrich Wehler, einer der bekanntesten deutschen Historiker, schreibt von den „sechs guten Gründen, sich ernsthaft mit Goldhagens Buch zu befassen – und ebenso vielen, warum man seine Erklärung des Holocausts scharf kritisieren muss." (a.a.O. S. 193) Seine ersten sechs Gründe überzeugen mich voll, nicht aber seine Kritikpunkte. Zu den Positiva zählt Wehler die Darstellung der Polizeibataillone, Todeslager und Todesmärsche, die im Jahre 1945 die noch lebenden Juden und andere umbringen sollten, obwohl Himmler aus opportunistischen Gründen die weitere Tötung verboten hatte. Die meisten deutschen Bewacher und Bewacherinnen waren so von einem Vernichtungswillen getrieben, dass sie in ihrem Tötungsdrang keinen Halt machen konnten. Weiter gibt Wehler Goldhagen Recht, der nach Erklärungen für die unmenschlichen Grausamkeiten an Frauen, Kindern, Greisen und Hilflosen fragt und dabei die Täter als Individuen mit menschlichem Antlitz und ganz gewöhnlichen Biographien vorstellt wie auch die Opfer, denen sie häufig von Angesicht zu Angesicht entgegengetreten sind. Und schließlich geht es um die Frage des Antisemitismus, der zunächst – und das schon seit langem – die Juden in der Theorie vernichtet, um dann diese Theorie unter der Hitlerdiktatur in die Praxis umzusetzen, nach dem von Wehler zitierten Wort Hegels „Ist das Reich der Vorstellung revolutioniert, so hält die Wirklichkeit nicht aus." (a.a.O. S. 198) Trotz der harten Kritik, die Wehler dann vorträgt (vgl. Schoeps S. 198-209) empfiehlt er, die politische Debatte über den Holocaust wieder aufzunehmen, die berechtigte Herausforderung durch Goldhagens Buch anzuerkennen und das Buch nicht als „eine Zumutung für die Mehrheit der wiedervereinigten Deutschen" (a.a.O. S. 209) in den Orkus zu werfen.

2) „Gräben zuzuschütten" ist das Lebenswerk von Johanna Eichmann, auch in ihren „Erinnerungen 1926-1952"

a) Einleitende Worte zur Erklärung des Buches und zum Grußwort von Jörg Martin Meier
(Zuerst erschienen: Heimatkalender der Herrlichkeit Lembeck und der Stadt Dorsten 2013)

Schwester Johanna (geb. Ruth) Eichmann gehört zur Geschichte und Gegenwart der Stadt Dorsten und besonders des Ursulinenklosters, an dessen Schule sie Schülerin, Lehrerin und Leiterin gewesen ist. 2011 hat Johanna Eichmann ihre Erinnerungen 1926–1952 veröffentlicht, in denen sie ihren Lebensweg beschreibt: von der Geburtsstadt Münster über ihre Heimat Recklinghausen, über Dorsten, über Essen und Berlin und 1945 wieder in Recklinghausen, dann endgültig in Dorsten, wo sie 1952 ins Ursulinenkloster eintrat.

Meine Ehefrau Gisela (geb. Große-Lochtmann) aus Dorsten war seit der Sexta 1946 Schülerin in St. Ursula und hat 1952 die Einkleidung der Johanna Eichmann im Kloster miterlebt. Seit 1962 wohnen wir in Berlin und kennen die Stationen in der Hauptstadt, wo sie bis 1943 Dolmetscherin war und 1944 bis März 1945 als „Halbjüdin" Zwangsarbeit leisten musste.

Johanna Eichmann wohnte damals in Halensee, nicht weit von unserem jetzigen Wohnort, und lernte dort bei ihren Freundinnen Halja und Ruth Marianne Hoppe und Gustav Gründgens kennen: Marianne Hoppe hatte 1943 gerade unter Helmut Käutner den erschütternden Film „Romanze in Moll" mit Paul Dahlke und Ferdinand Marian abgedreht, der für die Figur der Hauptdarstellerin mit der ausweglosen Selbsttötung endet.

Der Titel des Buches „Erinnerungen" von Johanna Eichmann geht auf ein Erlebnis in der „Zeitenwende" in der zerstörten Stadt Berlin zurück, wo sie einem russischen Soldaten an der Ecke Friedrichstraße/Unter den Linden zunächst auf Russisch sagte: „Ja Hewreka! Ich bin Jüdin!" Sie schreibt dazu: „Da lachte er lauthals und sagte auf Deutsch: ‚Du nix Jude, du blond, du deutsch.' Ich hätte schreien mögen. Ich war schon wieder auf der falschen Seite." (Johanna Eichmann, a.a.O. S. 85)

Dies nennt genau das Schicksal der Johanna Eichmann, dass sie zwischen „Baum und Borke" steht, was auch von dem Schlusssatz auf dem rückseitigen Klappentext bestätigt wird: „Ihre Autobiografie gibt eine oft übersehene, aber nicht unwichtige Zwischen-Perspektive derer wieder, die weder von der deutschen Mehrheitsgesellschaft (und der „Volksgemeinschaft" der NS-Periode), noch von der jüdischen Gemeinschaft als zugehörig angesehen wurden und werden."

Zu Sr. Johanna Eichmanns 85. Geburtstag am 24. 2. 2011, bezogen auf die Überschrift „Gräben zuzuschütten ist ihr Lebenswerk", möchte ich Folgendes bemerken: Beim 300jährigen Ordensjubiläum des Ursulinenklosters in Dorsten im Januar 1999 hat mein ehemaliger Mitschüler Pfarrer Jörg Martin Meier, Abiturjahrgang 1955, ein Grußwort gesprochen und sich dabei direkt an Sr. Johanna Eichmann gewandt, die damals Oberin des Klosters war.

Dieses Grußwort, das sich auch im Archiv des Klosters befindet, hat er mir zugesandt, damit es veröffentlicht wird. Da Jörg Martin Meier Sr. Johanna sehr schätzt, möchte ich zu ihrem Jubiläumstag die wichtigsten Gedanken aus dem Grußwort zusammenfassend darstellen und die gesamte Rede beifügen.

Jörg Martin Meier, der in Vertretung des Präses der Evangelischen Kirche von Westfalen, Manfred Sorg, das Grußwort gesprochen hat, geht von der Schrift aus: „Folgt dem Geist – Angela Merici und die Ursulinen". Die Gründerin des Ordens, Angela Merici, nahm sich 1537 die heilige Ursula als Vorbild, die schon im 5. Jahrhundert in der christlichen Kirche als Patronin der weiblichen Erziehungsinstitute galt.

Meier sieht in den Ursulinen damals und heute durchaus modern ausgerichtete Frauen, die sich entgegen dem zeitgenössischen Trend für eine klösterliche Lebensgemeinschaft entschieden haben und ihr Leben in den Dienst an der Erziehung der Mädchen stellen. Daher folgt er ihrem Geist und stellt in vier Punkten die Verbindung der Ursulinen mit der christlichen Welt dar, darüber hinaus auch mit der Welt überhaupt.

Pfarrer Meier betont erstens die „frauliche Spiritualität", die heute über die Konfessionsgrenzen hinausgeht und ein „Netzwerk von monastischen, tertiären und ähnlichen Lebensformen" bildet. Er ist beeindruckt von der „inspirierten und inspirierenden Kraft" dieser Frauenpersönlichkeiten.

Zweitens verbindet Meier die Spiritualität der „starken Frauen" mit einem „emanzipatorischen Selbstbewusstsein", das er in der Beschreibung der Angela Merici wiederfindet: „Sie ging davon aus, dass Frauen durchaus eigenverantwortlich und unabhängig in der Welt handeln und leben können." Aus der Eigenverantwortlichkeit ergibt sich die Selbstverpflichtung zur Solidarität, so dass für sie „Individualität und Solidarität" keine Gegensätze sind.

Drittens führt die Spiritualität zu „erstaunlicher Weltoffenheit", die die „zeitgenössischen Situationen" kennt und sich der Herausforderung von Gegenwart und Zukunft bewusst ist.

Viertens hebt Meier hervor, dass die Spiritualität des Glaubens das Selbstbewusstsein so stärkt, dass in „ökumenischen Angelegenheiten ... traditionelle Grenzen" überschritten werden und ein Menschenbild aufleuchtet, „in dem der Andere und die Anderen und das Andere einen Stellenwert haben, der mit Respekt und Interesse verbunden ist", wie Meier später sagt. Dieser Geist zeigt sich auch in der Praxis von Unterricht und Erziehung in den Klosterschulen, die Meier in den „Religiösen Schulwochen" kennen gelernt hat, wenn er im Auftrag der evangelischen Kirche von Westfalen als Leiter seinen „Dienst an den Schulen" versieht.

Sein Motto für die Schulen in evangelischer Trägerschaft – und er bezieht es auch auf die katholischen und die öffentlichen Schulen – ist „Unterrichten und Miteinanderleben und Umgehen im christlichen Aufmerksamkeitshorizont."

Dies Miteinander hat Meier auch als Schüler des Gymnasium Petrinum zu Dorsten bei gemeinsamen Theateraufführungen und „Petrursula" erlebt, als damals an den Gymnasien noch nicht Koedukation üblich war. Zum Schluss spricht Meier von seinem Stolz auf „die beiden ehrwürdigen Gymnasien" in Dorsten, denen er „wegweisende Modernität und Qualität" zuspricht, und dies ist durchaus als „dickes" Kompliment gedacht für die damalige Oberin des Klosters und Schulleiterin des St. Ursula-Gymnasiums, Sr. Johanna Eichmann.

b) Grußwort von Jörg Martin Meier zum 300. Jubiläum von St. Ursula im Januar 1999

Verehrte, liebe Schwester Oberin Johanna Eichmann!

Erlauben Sie mir, dass ich Sie persönlich in der Anrede meines Grußwortes mit Namen nenne, wenngleich ich in meinem Grußwort mit Ihnen, die Sie mich eingeladen haben, auch alle anderen meine, die den Festtag des 300jährigen Ortsjubiläums des Klosters mit seinen Schülern begehen.

Im September des letzten Jahres führten wir am Ursulinengymnasium in Werl eine Religiöse Schulwoche durch. Wir, das sind in gewachsener Vertrautheit und Gemeinsamkeit die katholischen und evangelischen Mitarbeiterinnen und Mitarbeiter der Schulseelsorgearbeit der Bistümer und der Landeskirche. Nach Abschluss der Religiösen Schulwoche überreichte uns der Schulleiter die Schrift „'Folgt dem Geist' – Angela Merici und die Ursulinen". Ich habe diese Schrift nur zu gern angenommen – nicht nur, weil ich vom Ursulinengymnasium in Werl beeindruckt war, sondern auch, weil ich damals schon wusste, dass ich an Ihrem Festtag unseren Präses und damit die Leitung der Evangelischen Kirche von Westfalen vertreten würde. So habe ich diese Schrift dann auch gelesen – und war gepackt von dem, was ich las.

Wenn Zeitgenossen unterschiedlicher Weltanschauungen und Lebensstile heute Worte wie „Kloster" hören und dann gar noch „Nonne" (zu anderen Worten wissender Differenzierung reicht meist die Kenntnis nicht), so lösen diese Worte oft bei den Zeitgenossen einen seltsamen Respekt aus. Er ist deshalb seltsam, weil er mit Fremdheitsgefühl und Verständnislosigkeit gepaart ist. Das zeitgenössische Selbstverständnis von „Frau" lässt sich scheinbar nicht vereinen mit einer Lebensentscheidung, die eine moderne Frau in eine klösterliche Lebensgemeinschaft führt.

Dass ich die Ausführungen über das Leben der Angela Merici deshalb mit großem Interesse gelesen habe, hat seinen Grund. Denn es gibt auch heute Frauen, die trotz aller biographischen Unterschiedlichkeit solche „Angelas" sind. Würden unsere Zeitgenossen diesen Frauen begegnen, so würden sie diese in einer Weise als sehr modern empfinden, für die dieses Wort gleichzeitig zutreffend und unzureichend ist. Lassen sie mich das Leben, dem wir in diesen Frauen begegnen, in folgenden vier Punkten skizzieren:

1. Ein Leben, das aus christlicher Spiritualität lebt und aus dieser Spiritualität seine Lebensform finden will und finden wird. Die Geschichte der Ursulinen zeigt, dass diese Lebensformen recht unterschiedlich sein können. Es gibt auch heute ein Netzwerk fraulicher Spiritualität in einer Breite von monastischen bis zu tertiären und ähnlichen Lebensformen – und, man höre und staune oder staune auch nicht, – auch über Konfessionsgrenzen hinweg; ein Netzwerk von Verbindungen und Begegnungen spiritueller Einübung (bei Angela Merici waren es ihre Wallfahrten!), das vielleicht vielen nicht bekannt ist, das aber durch Frauenpersönlichkeiten von beeindruckend inspirierter und inspirierender Kraft gekennzeichnet ist.

2. Ein Leben, das Spiritualität mit beachtlichem emanzipatorischen Selbstbewusstsein verbindet. Ich zitiere aus der genannten Schrift und meine damit auch durchaus die „Angelas" von heute: „Sie ging davon aus, dass Frauen durchaus eigenverantwortlich und unabhängig in der Welt handeln und leben können." Und ich füge hinzu: auch in der christlichen Welt. Im Volksmund würde man sagen: „Starke Frauen", wobei es keine Rolle spielt, ob die Gestalt nun kräftig oder eher zierlich ist. Es ist ein Selbstbewusstsein, das Bindung als Selbstverpflichtung nicht scheut, das aber auch in selbstverpflichteter Bindung die Motivation der Selbstbestimmung nie vergisst. Ein solches Selbstbewusstsein findet in der ungelösten Spannung zwischen Individualität und Solidarität, die unsere Zeit bisweilen sogar als Dilemma kennzeichnet, vielleicht eine beispielhafte Antwort.

3. Ein Leben, das Spiritualität mit erstaunlicher Weltoffenheit verbindet. Das Erstaunliche ist nicht nur die oft überraschende Unbefangenheit im Kontakt mit dem, was man „Welt" nennt, sondern vor allem auch der geschärft wahrnehmende Blick, der zeitgenössische Situationen kennt und durchschaut und der sich den Herausforderungen von Gegenwart und Zukunft engagiert stellt.

4. Ein Leben, das den Mut zur Grenzüberschreitung hat. Vielleicht ist die geschilderte Art von Selbstbewusstsein und Weltoffenheit nur in Verbindung mit der Stärke zu haben, die aus der Spiritualität des Glaubens kommt. Nur so ist es verständlich, dass bei Angela Merici und bei den „Angelas" von heute auch die klösterliche Lebensgemeinschaft oder eine tertiäre und ähnliche Lebensformen die menschliche und geistliche Kommunikation mit Männern keineswegs ausschließt. Und nur so ist es auch verständlich, dass ein Orden, der seinerzeit zu einem bedeutenden Schulorden in der Zeit der Gegenreformation wurde, sich heute in ökumenischen Angelegenheiten durchaus nicht scheut, über traditionelle Grenzen zu gehen, wenn es geboten ist. Ich spiele damit auf eine Begebenheit an, die wir selbst an einer Ihrer Schulen gelegentlich einer Religiösen Schulwoche erlebt haben und die mir gegenwärtig ist, auch wenn diese Schulwoche schon lange zurückliegt.

Ich empfinde es als angemessen, wenn ich das Grußwort zum Jubiläum Ihres Klosters, bei dem die St. Ursula-Schulen immer mitgedacht sind, mit dem Hinweis auf die einmalige und doch zugleich auch exemplarische Persönlichkeit der Ordensbegründerin begonnen habe. Denn wenn sich ein Schulorden in seinen Wurzeln auf eine Persönlichkeit zurückführt, die sich jenem „Folgt dem Geist!" verschrieben hat, dann werden sich auch in der Gestaltung des Lebens von St. Ursula-Schulen Spuren dieser Inspiration zeigen.
    Als wir mit unserer Arbeit seinerzeit den ersten Kontakt mit den Dorstener St. Ursula-Schulen hatten, und zwar mit dem Gymnasium und vor allem auch mit seiner damaligen Schulleiterin, der heutigen Oberin Schwester Johanna Eichmann, kamen meine Kollegen spürbar beeindruckt vom Schulbesuch zurück. Alle negativen Vorurteile, die man gegenüber einer „Nonnenschule" haben könnte, waren widerlegt, alle positiven Vorurteile, die ja auch möglich sind, wurden übertroffen.

Weil ich selbst in der ökumenischen Arbeit der Religiösen Schulwochen seit 1964 tätig bin, kenne ich viele Schulen in der westfälischen Schullandschaft aus persönlichem Erleben. Von daher weiß ich, dass Schulen nicht nur ein Lernort, sondern auch ein Lebensort sind. Und ich weiß auch, dass die Wahrheit über die Schule immer zwei Seiten hat. Die eine Seite ist die: Wo Menschen miteinander leben, lernen und arbeiten, da geht es auch in dem Sinne immer menschlich zu, den Martin Luther mit der Formulierung gemeint hat, dass wir zugleich Sünder und Gerechte sind. Aber es gibt auch die andere Seite: Der Lebensraum Schule ist doch spürbar geprägt von Persönlichkeiten in ihr, die sich um eine Schule mit menschlichem Antlitz mühen, Persönlichkeiten, welche die Gestaltung des Lebens in der Schule nicht dem Zufall oder bloßem PR-Interesse überlassen, sondern die selbst von einem Menschenbild inspiriert sind, in dem der Andere und die Anderen und das Andere einen Stellenwert haben, der mit Respekt und Interesse verbunden ist, und die diese Inspiration weitergeben. Wegen dieser zweiten Seite der einen Wahrheit würde man es sich zu einfach machen, wenn man Erwartungen niedrig hält mit dem Satz, dass überall nur mit Wasser gekocht wird.

Unsere Schulen in evangelischer Trägerschaft haben neulich formuliert, dass sie nicht nur Häuser des Lernens sein wollen, sondern auch Häuser der Erziehung, Häuser der Erfahrung und Häuser der Begegnung. Diese vier Punkte müssen nicht nur für den Selbstanspruch von Schulen in privater Trägerschaft reserviert sein. Ich kenne auch Schulen in öffentlicher Trägerschaft, in denen die tragenden Personen sich einem solchen Anspruch verpflichtet wissen. Aber es hat schon Bedeutung, wenn man nicht nur in Bindung an Personen, sondern auch in Bindung an Grundsätze sich verpflichtet, nicht weniger zu wollen, als es diese vier Punkte umschreiben. Im Anschluss an die Aufzählung der vier Punkte, einschließlich der entsprechenden Ausführungen, fand ich in der Selbstdarstellung unserer evangelischen Schulen noch einen Satz, der mir besonders gefiel: „Unterrichten im christlichen Aufmerksamkeitshorizont". Vielleicht darf ich diesen Satz erweitern: „Unterrichten und Miteinanderleben und Umgehen im christlichen Aufmerksamkeitshorizont". Ich glaube, dass solche Sätze auch den Selbstanspruch von Schulen kennzeichnen könnten, die von einer Ordensgemeinschaft getragen werden, die aus dem Geist der Angela Merici inspiriert ist. Es ist deshalb keine Floskel der Höflichkeit, wenn ich dem Ursulinenkloster mitsamt seinen Schulen zum 300jährigen Ortsjubiläum die Glückwünsche der Evangelischen Kirche von Westfalen und ihres Präses überbringe, der vor seiner Wahl zum Präses Direktor unseres Pädagogischen Institutes war und dem der christliche und kirchliche Beitrag zur westfälischen Schullandschaft nicht nur beim Stichwort Religionsunterricht wichtig ist.

Dass ich, wenn ich schon stellvertretend dieses Grußwort formulieren darf, dies sehr gern tue, hängt auch damit zusammen, dass ich selbst in Dorsten Schüler gewesen bin, – allerdings im Gymnasium Petrinum, wo ich 1955 mein Abitur gemacht habe. Damals gab es bei den Dorstener Gymnasien auf dem Petrinum nur Jungen und auf St. Ursula nur Mädchen! Die „Apartheid", die sich für uns Fahrschüler sogar noch im Zug zwischen Gladbeck und Dorsten fortsetzte, hatte dank der Faszination, die vom anderen Geschlecht ausgeht, und dem Herzen, das seine eigenen Gründe hat, schon hier und da Ausnahmen. Und die verschiedenen Abenteuer der Apartheidsüberwindung werden bei Klassentreffen des Abiturjahrgangs noch gern als Geschichten unvergessenen Herzflimmerns erzählt. Jene anderen Ausnahmen, die immer zu einer Regel gehören, gab es jedoch nur aus Anlass von Schulfesten, etwa wenn Klassiker der Antike auf die Bühne der Aula des Petrinums kamen, in denen nun einmal auch Frauenrollen vorgesehen waren. Aber die Strukturen klassischer Geschlechtertrennung in den Schulen gerieten doch schon zu unseren Zeiten ins Bröckeln durch die Einrichtung schulsystemübergreifender Tanzkurse, einschließlich der berühmten Veranstaltungen namens „Petrursula". Ich weiß gar nicht mehr, ob diese Einrichtung eine Folge oder ein beschleunigender Anlass des Bröckelns war. Dass solche Reminiszenzen für die Schülerinnen und Schüler von heute wie „Erzählungen aus 1001 Nacht" wirken, zeigt nur, wie sehr sich auch altehrwürdige Schulen dieser Stadt als lernfähig erwiesen haben. Meine alte Schule, das Petrinum, habe ich auch durch mehrere Religiöse Schulwochen wieder neu kennen gelernt. Das ist gut gegen eine verklärende Rückschau, als ginge es um den Film „Feuerzangenbowle".

Erlauben Sie mir auf diesem Hintergrund sozusagen als Anhang zum offiziell ausgesprochenen Glückwunsch an diesem Festtag die persönliche Bemerkung eines „alten Petriners", dass Dorsten auf seine Schulen und erst recht auf seine beiden altehrwürdigen Gymnasien gerade wegen ihrer wegweisenden Modernität und Qualität stolz sein darf!

Pfarrer Jörg Martin Meier
Damals: Leiter für den „Dienst an den Schulen", Evangelische Kirche von Westfalen

3) „Der Rest wurde am Boden zerstört." Johannes Buchmanns Erinnerungen an den Luftkrieg im Mittelmeer und seine Flucht aus derGefangenschaft

a) Kurzrezension des Buches

Die „Dorstener Zeitung" hat in ihrer Silvesterausgabe 2010 mit einer großen Seite auf dieses Buch und seinen Autor hingewiesen. Es trägt den etwas irritierenden Titel „Der Rest wurde am Boden zerstört." Dieser Titel stammt aus dem Wehrmachtsbericht während des Zweiten Weltkrieges, wenn die deutsche Luftwaffe gelandete alliierte Flugzeuge am Boden bombardierte und sie so kampfunfähig machte. Für Jürgen Kalwa, als Journalisten für Zeitungen und Rundfunksender Mitautor des Buches, erinnert der Ausdruck an die banale Titelzeile des Buches von Erich Maria Remarque „Im Westen nichts Neues", das zur Antikriegsliteratur zählt. Kalwa zitiert in seinem Nachwort Remarque selbst, wenn er sagt, dass im Ersten Weltkrieg „die Vernichtung den Sieg errungen hatte." (S. 112)

Um dem Buch eine literarische Tiefe zu geben, wird eine Parallele zu dem „Abenteuerlichen Simplicissimus" des Hans Jakob Christoffel von Grimmelshausen gezogen, dessen Titelseitenzitat dem Buch als Motto vorangestellt wird, um die Rohheit des Krieges durch die einfache Sehnsucht nach Glück zu mildern: „Was war das? Ich hab's in dies Buch hier gesetzt, damit sich der Leser, gleich wie ich itzt thu entferne der Torheit und lebe in Ruh." Johannes Buchmann, der auf dem Gymnasium Petrinum in Dorsten Grimmelshausen gelesen hatte, greift dessen Thema in seinem Buch auf, wenn er bei seinem Lebenskampf den „westfälischen Spruch" zitiert: „Stell dich dumm, dann bist du klug." (S. 75) Grimmelshausens Kriegserlebnis war der Dreißigjährige Krieg im 17. Jahrhundert und Kalwa zieht eine Verbindungslinie vom Dreißigjährigen Krieg zum Zweiten Weltkrieg, wenn er sich auf eine Besprechung des Simplicissimus in der „Zeit" beruft. Dort wird von dem Eindruck gesprochen, dass sich „das Dritte Reich, der Zweite Weltkrieg mit allen Begleiterscheinungen und noch die Spaltung nebst konträren militärpolitischen Allianzen, vom Gegensatz der Glaubensspaltung ganz zu schweigen, als eine Fortsetzung des Dreißigjährigen Krieges mit anderen Mitteln" darstellen. (S. 113)

Johannes Buchmann, Jahrgang 1921, hat nach Ausbruch des Krieges 1939 mit 17 Jahren von Direktor Feil des Gymnasium Petrinum das Notabiturzeugnis bekommen und sich freiwillig für die Luftwaffe gemeldet – die Prüfungen zum Flugzeugführer hat er nicht geschafft und musste sich mit der Tätigkeit eines Bordfunkers im Sturzkampfbomber zufrieden geben. Als solcher wurde er über Malta im Mittelmeer eingesetzt, der Insel, die seit 1942 unter den Dauerbeschuss deutscher Flieger gesetzt wurde. Sie wurde großflächig zerstört, blieb aber weiter von den Briten besetzt. Die Stukas hatten ihren Flughafen in Catania auf Sizilien, wo Buchmanns Flugzeug am 5. Juli 1942 beim Starten abstürzte. Alle vier Besatzungsmitglieder überlebten, aber der Flugzeugführer war so schwer verletzt, dass er kein Flugzeug mehr steuern konnte – damit war die Fliegerei für Buchmann auch vorbei, denn nur eingespielte Besatzungen wagen den gemeinsamen Flug. Zum Fliegen gehört, wie Buchmann betont,

30% technisches Können und 70% Glück. Bei 29% Wissen bedeutete es schon Lebensgefahr. Buchmann gehörte nun zum Bodenpersonal, bis er an die Ostfront abkommandiert wurde. (vgl. S. 16)

Was Malta angeht, so stellte sich nach dem Krieg durch Recherchen heraus, dass die Bombardierung der westfälischen Städte von den Briten hier beschlossen wurde, so dass das Bombardement der Insel Malta durch die Deutschen unter Beteiligung von Buchmann und auch von Theo Nordmann durch das Bombardement der Stadt Dorsten am 22. März 1945 sozusagen kompensiert wurde. Die fast völlige Zerstörung der Stadt Dorsten, die der Rezensent von dem Lehmberg aus auf der Hardt miterlebt hatte, ist in Buchmanns Buch ein immer wiederkehrendes Menetekel, das die Sinnlosigkeit der Kriegsereignisse zum Ausdruck bringt.

Das Buch ist eine Hommage des Autors auf seine Heimatstadt Dorsten, die Buchmann immer wieder besucht hat, obwohl er seit 1950 seinen Lebensmittelpunkt in den USA hatte. In Dorsten hatte er das humanistische Gymnasium besucht und bei Professor Haunerland und Karl Korte Unterricht gehabt. Hier hatte er Altgriechisch gelernt, weshalb er bei einem Besuch der Akropolis in Athen Homers Ilias zitierte. (S. 65) Hier hatte er im „Schwarzen Adler" am Markt mit den Schülerinnen der St. Ursula-Schule getanzt. (S. 103) Hier hatte seine Mutter, die von der Hardt stammte, ihr Atelier als Putzmacherin. Sie wurde übrigens von der Hausbesitzerin des Kohlhauses auf der Hardt „mit modischen Belangen und mit Handarbeit vertraut gemacht." (S. 33) Diese war die Mutter des Felix vorm Walde, einer wichtigen Persönlichkeit auf der Hardt, die bis 1971 im Kohlhaus lebte. Nach seinem Tod ist 1972 leider diese historische Stätte abgebrochen worden, die ihren Ursprung 1767 noch unter Friedrich dem Großen hatte, wie eine damalige Inschrift in lateinischer Sprache verkündete. (S. 32, Anm. 47)

Johannes Buchmann nennt unter den ihm bekannten Dorstenern in dem Interview mit Anke Klapsing-Reich in der Silvesterausgabe der „Dorstener Zeitung" Klaus Beisenbusch, dessen „faszinierenden Bildband ‚Leben in Alt-Dorsten 1900-1950'" er hervorhebt, und dabei betont er den „Marktplatz", an dem er aufwuchs und seine Mutter ihr Hutgeschäft betrieb, in dem auch meine Eltern kauften. Buchmann zitiert einen markanten Satz aus diesem Buch zum Thema Dorstener Markt als „Kommunikationszentrum": „Hier wohnten die alteingesessenen Familien und betrieben ihre Geschäfte. Kernstück war jedoch stets der bäuerliche Markt, auf dem es nicht nur die Erzeugnisse, sondern auch die neuesten Informationen gab." (S. 31) Das ist heute auch noch so wie eh und je.

Wie Klaus Beisenbusch in seinem Buch (S. 88f.) befasst sich Johannes Buchmann ausführlich mit dem Dorstener Ritterkreuzträger des Zweiten Weltkrieges, Theodor Nordmann. Buchmann kannte Nordmann aus dem „Jungvolk", als Mitschüler am Gymnasium Petrinum und Nordmann hatte wie Buchmann einen Absturz überlebt. Beim seinem Einsatz gegen Malta musste Nordmann „notwassern und wurde zusammen mit seinem Bordfunker 28 Stunden später von einem italienischen Wasserflugzeug aufgefischt." (S. 50) Ein englisches Flugblatt teilte im Januar 1945 lapidar mit: „Schwertträger Nordmann gefallen". Die für Buchmann ungeklärten Todesumstände umschreibt er in seinem Buch auf S. 51.

Das Schicksal wollte es, dass Buchmann im „Ahnengau des Führers" in Österreich in die Hände der Sowjets in Kriegsgefangenschaft geriet, aus der er mit viel List und Tücke zusammen mit einem älteren Kameraden hinter die amerikanischen Linien kam. So gelang es ihm, der Deportation nach Sibirien zu entkommen und der „lebensgefährlichen Hungerkrankheit – der Dystrophie zu entweichen", an der viele Kriegsgefangene im Zweiten Weltkrieg und später hüben wie drüben regelrecht krepiert sind. (S. 79) Schließlich wurden beide von den Amerikanern in ihrer Zone am 24. Juli 1945 nach Deutschland entlassen. „Wir wussten in dem Moment: Jetzt sind wir wieder Menschen. Wir sind keine Gefangenen mehr. Oder noch schlimmer: Verbrecher." (S. 101) Als solche wurden diejenigen angesehen, und oft mit Recht, die als Mitglieder der SS ihr Blutgruppenzeichen in die Achselhöhle hatten tätowieren lassen.

Es ist ein Gewinn, dass Johannes Buchmann, als 90jähriger Zeitzeuge die Muße gefunden hat, seine Erinnerungen mit Hilfe des Journalisten Jürgen Kalwa aufzuschreiben, wobei das Internet bei den Recherchen sehr hilfreich war. Das ist an den vielen Internetanmerkungen zu erkennen. Selbstkritisch fragt Buchmann nach dem Realitätswert seiner Erinnerungen: „Was ist der Kern der Wahrheit?" (S. 101) Fiktion und Wirklichkeit können nach so vielen Jahren ineinanderfließen. Aber es bleibt die Grundfrage der am Krieg Beteiligten: Wie sind sie dem Inferno entkommen, wie haben sie überlebt? Dabei sieht Buchmann auch heute noch die Möglichkeit, durch die Fliegerei überlebt zu haben. Das ist für ihn die Geistesgegenwart, in der es auf Minuten oder besser auf Sekunden ankommt, das Richtige zu tun. Das Richtige, das gelernt werden kann, macht aber nur 30% aus, die übrigen Prozente sind Glück, wobei sicher auch das lateinische Sprichwort im Hintergrund steht: „Fortes fortuna adiuvat": Den Tüchtigen hilft das Glück.

Absturztrümmer feindl. Flieger

b) Nachtrag aus der „Dorstener Zeitung" zum Thema

(Leserforum „Dorstener Zeitung" 5. Januar 2011)

Dr. Godehard Lindgens zu unserer Seite über Johannes Buchmann in der Silvesterausgabe 2010:

Mit großem Interesse habe ich als Hardter Junge, Jahrgang 1935, die Seite über Johannes Buchmann in der „Dorstener Zeitung" gelesen. Dabei geht es mir um den Absatz über den ehemaligen Studienrat und Kunstlehrer am hiesigen Gymnasium Petrinum, Karl Korte, zu dem ich ergänzende Bemerkungen machen möchte.

Bis zu meinem Abitur 1956 war ich Schüler in Kunst bei Studienrat Korte, dem ich viel für mein gewonnenes Verständnis für Kunst, besonders für die antike Kunst, zu verdanken habe. Von einem „Guten Tag im Tiefflug" hat Korte uns nichts erzählt, wohl von den „posttraumatischen Belastungsstörungen", wie sie der ehemalige Bordfunker Buchmann in seinem Interview mit Anke Klapsing-Reich bezeichnet. Korte sprach manchmal im Unterricht über seine Erfahrungen als Flieger im Zweiten Weltkrieg und berichtete von den physischen und psychischen Auswirkungen seiner Fliegerkollegen, wenn sie fast täglich nach Ausbruch des Krieges mit den Stukas Einsätze flogen. Aus den alten Wochenschauen kennen wir die Bilder, wenn die Flugzeuge im Sturzflug mit furchtbarem Geheul auf ihr Ziel hinunterstürzten, kurz vor dem Ziel am Boden die Bomben ausklinkten und dann wieder plötzlich hochzogen.

Drastisch bemerkte Korte, dass die Flieger nach häufigen Einsätzen reif für eine psychiatrische Behandlung waren. Diese Worte bleiben mir immer in Erinnerung.

Die Schicksale der Toten und Lebenden im Krieg und besonders die fast völlige Zerstörung der Stadt Dorsten am 22. März 1945 sind uns eine immerwährende Mahnung, für den Frieden unter den Menschen hier und überall einzustehen.

4) Henning Borggräfe über Schützenvereine im Nationalsozialismus

a) Bürgerschützenvereine in Westfalen zwischen Anpassung und Resistenz im Nationalsozialismus

Mit diesem Thema befasst sich der Historiker von der Ruhr-Universität Bochum, Henning Borggräfe, in seiner neuesten Schrift. Am 4. Februar 2010 hat Henning Borggräfe im Trägerverein Altes Rathaus in Dorsten, der die Veranstaltung gemeinsam mit dem Jüdischen Museum Westfalen abhielt, einen Vortrag gehalten, und zwar mit dem Thema „Feiern und Schießen für das Regime? Schützenvereine im Nationalsozialismus." Grundlage war die oben genannte Schrift, die der Autor schon im Dezember 2009 abgeschlossen hatte, nachdem sie als Magisterarbeit entstanden war und mit dem „Preis an Studierende" der Ruhr-Universität Bochum ausgezeichnet wurde.

Der Autor fordert im Vorwort seiner Schrift die Öffentlichkeit auf, sich mit der Vergangenheit der Vereine und Verbände auseinanderzusetzen, und regt an, gerade nach der Gewalttat von Winnenden 2009 „diese Diskussion wieder aufzunehmen." (S. VII)

Das will ich tun, indem ich die Schrift mit der Geschichte des Bürgerschützenvereins Dorsten-Hardt konfrontiere, an dessen Spitze mein Vater Peter Lindgens von 1936 bis zu seinem Todesjahr 1971 stand und erster Schützenkönig 1934 in der Nazizeit war. Zum 50. Jubiläum des Schützenvereins 1958 hat Peter Lindgens eine ausführliche Chronik verfasst, die nachher zweimal vom Verein abgedruckt wurde, und zwar 1982 zum 75. Jubiläum und 2008 zum 100. Jubiläum. Außerdem nimmt die Chronik des Allgemeinen Bürgerschützenvereins Dorsten 2009 auf diese Chronik von 1958 Bezug und nennt den „Obersten Lindgens, der die Vereinsfahne über den Krieg gerettet hatte und sie beim ersten Schützenfest 1950 wieder zur Verfügung stellen konnte." (Festschrift Nr. 7, S. 199)

In dem Programmflyer des Trägervereins werden unter der Nr. 4 der Veranstaltung die wesentlichen Punkte genannt, die die Bedeutung der Schützenvereine für das Zusammenleben in der Gemeinschaft unterstreichen: Heimatverbundenheit, Traditionsbewusstsein und Feierlaune in der Bevölkerung. Hinzu kommt die alte Praxis des Schießens mit Gewehren auf Scheiben oder den Schützenvogel, mit dem der Schützenkönig ermittelt wurde, wobei der „Endkampf" oft eine Farce war; denn nicht der beste Schütze wurde König, sondern derjenige, der nach dem Willen des Vorstandes König werden sollte, um den gesamten Schützenverein zu repräsentieren. Mein Vater Peter Lindgens, seit 1920 Lehrer an der Overbergschule auf der Hardt, hatte mit dem Schießen nicht viel im Sinn, wurde aber 1934 Schützenkönig, weil man der Auffassung war, er könnte in dieser Zeit des herrschenden Nationalsozialismus mit den Problemen am besten fertig werden. Seit Oktober 1933 war er Leiter des Luftschutzes in Dorsten, Mitglied der NSDAP wurde er 1937. Er schreibt in seiner Chronik, ich zitiere nach der letzten Fassung aus der Festschrift des Hardter Schützenvereins von 2008, von der „Ertüchtigung im Schießen" als „Hauptaufgabe der Schützenvereine", wie es die NSDAP 1937 zur „Neuordnung des deutschen Schützenwesens" vorgegeben hatte. Borggräfe nennt daher zu Recht in seinem Flyer „zwei

Traditionelle Fahne des Schützenvereins wird von Peter Lindgens nach dem Krieg präsentiert

Kernziele des NS-Regimes: die Realisierung der sog. Volksgemeinschaft und das Schießen als Vorbereitung auf den Krieg."

Noch zweimal feierten die Hardter in der Nazizeit Schützenfest: 1936 holt „der 77jährige pensionierte Hauptlehrer Otto Erley den Vogel von der Stange" (S. 20), 1938 beim letzten Schützenfest vor dem Krieg hatten sich die Verhältnisse so eingespielt, dass der Bäcker Paul Schult aus dem damaligen Gahlen-Östrich, Schützenkönig werden konnte. Schon damals konnte niemand Schützenkönig werden, der der NSDAP in Dorsten nicht genehm war. Noch am 18. 9. 1938 fand beim Festwirt Anton Schürhoff, der zum Schießwart des Schützenvereins avanciert war, eine Nachfeier statt, zu der der Chronist schreibt: „Trotz der gespannten politischen Lage verlebten die Schützen mit ihren Familien einige schöne Stunden in kameradschaftlicher Runde." (S. 23) Nach Ausbruch des Krieges am 1. September 1939 fanden keine Veranstaltungen mehr statt. Die letzte war am 20. April 1939, auf der nach dem Willen der Nazis „der Ausbau der Schießgruppe" beschlossen wurde, die „schöne Erfolge erzielen konnte." (s.o.) Der Chronist schreibt dazu: „Die in bestimmten Abständen stattfindenden Veranstaltungen waren das Opferschießen im Dienste der Allgemeinheit sowie das Wanderschießen unter den Dorstener Vereinen." (s.o.)

b) Feiern und Schießen im Hardter Schützenverein in der Zeit des Nationalsozialismus

Henning Borggräfes wissenschaftliches Interesse richtet sich auf zwei „historische Themenbereiche": die Geschichte des organisierten Nationalismus sowie die Gesellschaftsgeschichte des Nationalsozialismus (S. VII im Vorwort). Dies erläutert er zentral in seinem Kapitel E über die Gemeinschaftspflege für „Volksgemeinschaft" und „Führer" (S. 57 - 74). Der Gauschützenführer Lühn gibt 1938 die Parole der Nazis aus: „Das Ziel der Partei ist es, und das muss auch unser Ziel sein, die Volksgemeinschaft herzustellen." (S. 57) Dazu dienen wesentlich die mehrtägigen Schützenfeste, die „für die meisten westfälischen Städte und Gemeinden den Höhepunkt im Festtagskalender (markierten)." (S. 58)

Seit jeher ist es Aufgabe der Schützenvereine, „echt bürgerlichen Gemeinsinn sowie treues, inniges Zusammenleben zu pflegen und zu fördern", wie es in der Satzung des Hardter Schützenvereins von 1908 heißt (§ 2). Der § 1 dieser Satzung nennt die „Bauernschaft Hardt" als Träger des Vereins, da die Bauern auf der ländlichen Hardt die bestimmende Bevölkerungsgruppe ausmachten, wenn sie auch „durch das Aufblühen der Industrie um die Jahrhundertwende einen bedeutenden Einwohnerzuwachs (erhielt)", wie es der Chronist 1958 vermerkt. (Vereinschronik zum 100. Jubiläum 2008, S. 10) So waren die meisten Vorstandsmitglieder „Oekonomen", wie die Landwirte damals genannt wurden, um deutlich zu machen, dass der wichtigste Teil der Ökonomie die Landwirtschaft war. Neben den Bauern kamen noch andere Berufe in Frage, um den nationalen Zusammenhalt zu dokumentieren. Der Chronist schreibt dazu: „Der Arbeiter und Bergmann waren in diesem Vorstand ebenso vertreten, wie der Bauer und der Geschäftsmann, - Klassenunterschiede angesichts der Gemeinschaft der Hardter Familie hatten keine Existenzberechtigung." (S. 11)

Der langjährige Stadtbürgermeister von Dorsten, Paul Schürholz, kommt in seinem Geleitwort zum 50. Jubiläum auf dieses Thema zurück, wenn er für 1958 festhält: „Der Arbeiter und der Angestellte, der Kaufmann und der Handwerker, der Bauer und der Bürger. Hier kennt man keinen Unterschied in der Lebenshaltung und Lebensauffassung." (S. 3 der ersten Chronik) Weiter werden in diesem Geleitwort „Bürgersinn und Heimattreue" angesprochen und das Schützenfest als ein „Fest der Ordnung, der Einigkeit und des Frohsinns nach unserer Väter Art und Sitte" angepriesen.

Das waren Begriffe, die auch für die Vergangenheit galten und die sich die Nationalsozialisten zunutze machten, um ihren Begriff der „Volksgemeinschaft" herzustellen, der die „künstlichen Schranken, die Schranken der Klassen und Stände, der Parteien und Konfessionen" überwinden sollte, damit der Festteilnehmer zum wahren „Volksgenossen" werden konnte, den die Nazis für den „Führer" begeistern konnten. (s. Borggräfe S. 58) Borggräfe schildert in seiner Schrift ausführlich die Schützenfeste in den Städten Lünen, Lippstadt und Hattingen, die alle die Funktion hatten, die „Volksgemeinschaft" im Sinne der Nationalsozialisten herzustellen, was so z.B. auch in der „Hochburg der Arbeiterbewegung", in der Stadt Lünen, gelungen ist. Borggräfe zitiert dabei die

Presse in Lünen, die in aller Deutlichkeit diese Funktion der Schützenfeste herausstreicht: „Unser Schützenfest hat eine ganz besondere Mission zu erfüllen. Wir wollen, getreu dem Willen des Führers, dass auch in Lünen der Begriff der Volksgemeinschaft nicht auf leeren Worten aufgebaut ist. Wir wollen zeigen, dass in Lünen der Arbeiter Hand in Hand mit dem Mann der Feder, mit dem Kaufmann und dem Akademiker geht. Wir wollen, dass diese Tage einen erzieherischen Wert haben." (S. 60)

Es ist schon interessant, dass die ausführlichen Chroniken Nr. 6 und 7, die jeweils über 5 Jahrhunderte aus dem Stadt- und Schützenwesen von Dorsten berichten, die Zeit von 1933 bis 1945 mit keinem Wort erwähnen. Die Chronik Nr. 6 bringt Thronbilder aus den Jahren 1927 und 1929, dann schweigt sie und beginnt erst wieder nach 1945. Dagegen unterrichtet die Chronik des Hardter Schützenvereins eingehend über die drei Schützenfeste 1934, 1936 und 1938 und schreibt auch noch über das Jahr 1939.

Die Chronik spricht eine deutliche Sprache über das Schützenfest auf der Hardt in der Zeit vom 30. Juni bis 2. Juli 1934, an dem das 25jährige Jubiläum gefeiert wurde: „Es war die Zeit der Röhm-Affäre." (S. 16) Der Chronist selber errang auf dem Schießstand im Holsterhausener Kriegerverein die Königswürde: „Geschlossen wurde abmarschiert, vorbei an der Zeche Baldur, durch Dorsten zum Festzelt. – Dort erhielt man Kunde von der augenblicklichen unsicheren politischen Lage, und der damalige Leiter der NSDAP teilte kurzerhand mit, dass jede Feier im ganzen Reich verboten sei. Noch in derselben Nacht begab sich eine Abordnung nach Recklinghausen zur Kreisleitung und erwirkte nach langwierigen und schwierigen Verhandlungen die Erlaubnis, das Jubelfest feiern zu dürfen." (S. 17) Also ging das Feiern weiter, der Chronist fühlt sich im Nachhinein nicht ganz wohl und schreibt dazu: „Da fast niemand von dem Ernst der Lage unterrichtet wer, blieb man bis zur frühen Morgenstunde getreu der Devise: Einigkeit, Frohsinn, Gemütlichkeit beisammen." (S. 17) In der Urfassung von 1958 steht in Klammern die richtige Bemerkung: „In derselben Zeit fanden Hunderte von Menschen den Tod." Unwillkürlich kommt einem dabei der Spruch des Präsidenten des Olympischen Komitees, Avery Brundage, in den Sinn, der nach dem Massaker bei den Olympischen Spielen 1972 in München erklärte: „The Games must go on." So strömten die Menschen, wie es heißt, „von fern und nah" zum Festzelt und „in den späten Abendstunden war das Zelt bis auf den letzten Platz besetzt." (s.o.) Die Krönungszeremonien nahm, wie damals und heute üblich, ein Vertreter des Staates vor, um dem Fest auch einen öffentlichen Charakter zu geben. Zu dieser Zeit war es der NS-Bürgermeister Dr. Joseph Gronover, der den Zentrumsmann Franz Lürken 1933 vertrieben hatte und jetzt als Vertreter der Stadt fungierte: „In vorgerückter Stunde traf Bürgermeister Dr. Gronover ein, um dem Königspaar und dem Verein als Vertreter der Stadt Glückwünsche zu übermitteln." (S. 18) Der Besuch macht deutlich, dass die NSPAP die Schützenfeste schon 1934 fest in ihr Programm einordnete, und er findet die passenden Worte, um sich der Bevölkerung zu empfehlen, denn der Chronist berichtet: „Er selbst, ein Bauernsohn, richtete in Plattdeutsch einige Worte an den Verein, in denen zum Ausdruck kam, dass er sich gerade dort wohlfühle, wo man noch alte Sitten und Gebräuche hoch halte. Der Beifall bewies, dass die Hardt auch treu zum Oberhaupt der Stadt hält." (S. 18) Wenn auch der Text im Nachhinein erst 1958 entstanden ist, also 13 Jahre nach Ende der Nazizeit, so schildert er doch die Situation 1934 zutreffend. Die Hardter Bevölkerung, die sich im Festzelt aufhält, anerkennt den von der NSPAP bestimmten Bürgermeister, zumal er die bäuerliche Gesellschaft in Plattdeutsch anredet und auf die „alten Sitten und Gebräuche" anspielt, die auch für die Nazis maßgeblich sind, wenn sie ihren Beitrag für die „Volksgemeinschaft" leisten. Dabei muss man wissen, dass auf keinem der vielen Schützenfestbilder Hakenkreuzfahnen zu sehen sind. Die einzigen Bilder, die auf die Nazizeit hinweisen, zeigen Personen, die in angetretener oder marschierender Formation den Hitlergruß entbieten, wobei es ausschließlich Honoratioren sind, wie zum Beispiel der Pfarrer von St. Agatha auf dem Marktplatz, Ludwig Heming, der mit anderen den Hitlergruß zeigt, während andere Honoratioren der Stadt auf ihn verzichten. Vom Hitlergruß und den Hakenkreuzfahnen schreibt Berggräfe in seiner Schrift, dass sie schon in der „braunen Hochburg Hattingen", in der „ehemaligen Bastion der Linken" Lünen und in dem „katholischen Lippstadt" reichlich Anwendung fanden, wenn auch in Lünen „flächendeckend" erst seit 1936. (S. 62/63) Was bei der Begrüßung durch den NSDAP-Bürgermeister auf der Hardt anklang, drückt die „Schützenwarte" des Westfälischen Schützenbundes so aus: „Die Brücke vom Vergangenen, von den geheiligten Überlieferungen bis zur reichbewegten Gegenwart und zur aufdämmernden Zukunft wurde geschlagen." (S. 62)

Honoratioren der Schützenvereine Dorsten, Dorsten-Hardt (Anfang 40er)

c) Der „Hitler-Mythos" als wesentlicher Teil der Programmatik und Symbolik der Schützenvereine

Borggräfe zitiert Ian Kershaw, den wichtigen Historiker des Nationalsozialismus, der ein bedeutendes Buch verfasste, mit dem Titel: „Der Hitler-Mythos. Führerkult und Volksmeinung", München 2002. Borggräfe beruft sich auch auf Hans-Ulrich Wehler, der in „Deutsche Gesellschaftsgeschichte", Bd. 4, München 2003, von dem „Phänomen Führermythos" spricht. (S. 67) Alle mir bekannten nach 1945 geschriebenen Chroniken und Festschriften aus Dorsten und Umgebung, wenn sie über ihre jahrhundertalte Tradition sprechen, erwähnen den Namen Hitler nicht und auch nicht die Zeit von 1933 bis 1945. Nur die Chronik des Hardter Schützenvereins spricht von dieser Zeit, doch auch in ihr kommt der Name Hitler nicht vor, der aber in einem Dokument genannt wurde, das sich bei den Unterlagen meines Vaters Peter Lindgens befand: Es handelt von dem Opferschießen am 3. April 1938. Davon soll später berichtet werden.

Zunächst berichtet die Hardter Chronik von der Generalversammlung des Schützenvereins vom 7. März 1937, in der Oberst Lindgens von der Kreistagssitzung in Recklinghausen unterrichtet, auf der die NSDAP eine „Neuordnung des deutschen Schützenwesens" proklamierte: „Deutschland wurde in Schützengaue, Kreise und Unterkreise geteilt. Der Gau Westfalen zerfiel in 16 Schützenkreise. Der Schützenkreis 4 umschloss den Landkreis Recklinghausen (mit Dorsten) und die Stadtkreise Recklinghausen, Gladbeck und Bottrop ... Die neuen Bestimmungen sahen auch neue Uniformen, Richtlinien für Beförderungen, neue Beiträge, Schießkarten und Schießwarte vor." (S. 21) Schwerpunkt der Schützenvereine sollte das Schießen sein, also „das Schießen für den Führer", d.h.

Marsch der Schützenkönige vor der Gaststätte KOOP in Dorsten

für das NS-Regime als Vorbereitung für den Krieg, wie es in dem Vortragsthema vom 4. Februar 2010 noch mit einem Fragezeichen versehen ist. Das Schießen, das zur alten Tradition der Schützenvereine gehörte, sollte als Vorbereitung für den von Hitler geplanten Krieg herhalten. So fand dann am 6.Juli 1937 beim neuen Schießwart Anton Schürhoff auf dem Hardtberg ein Preisschießen statt, an dem sich auch Frauen zu beteiligen hatten. Wie bei Schützenfesten König und Königin ermittelt wurden, errangen jetzt Schützenmeister und Schützenmeisterinnen ihre Würde. Die Chronik berichtet in diesem Zusammenhang auch von den Feierlichkeiten des Dorstener Schützenfestes, das jeweils um ein Jahr versetzt in der Stadt gefeiert wurde, also diesmal am 1. August 1937. Von diesem Fest und von allen anderen Festen während der Nazizeit ist in keiner der dickleibigen Chroniken der Stadt Dorsten die Rede, auch nicht in den Berichten der angrenzenden Schützenvereine, deren Jahrhundertjubiläen die Dorstener Festschrift abdruckt, nämlich von Altendorf-Ulfkotte, Rhade, Wulfen, Lembeck, Dorsten-Feldmark I und II und Deuten. (Chronik Nr. 7 von 2009, S. 184-201)

So können wir davon ausgehen, dass auf allen Schützenfesten in der Nazizeit dem „Hitler-Mythos" mehr oder weniger die Ehre gegeben wurde, wie z.B. Borggräfe den Vorsitzenden des Westfälischen Schützenbundes, Ernst Nienhausen, zitiert, der den Schützentag von 1936 mit der Aufforderung abschloss: „Ich bitte Sie, sich zu erheben und zur Bekräftigung unseres Gelöbnisses mit mir zu rufen: Adolf Hitler - Sieg Heil! Sieg Heil! Sieg Heil!" (S. 65)

Wie Wehler gesamtgesellschaftlich und Kershaw speziell für den „Hitler-Mythos" feststellen, trat dieser besonders im Rahmen der Außenpolitik seit 1936 in den Mittelpunkt, an dem sich auch die Schützen beteiligten, um ihre Verehrung für Hitler zum Ausdruck zu bringen. Dazu dienten die „vom Führer eingeforderten Plebiscite." (Borggräfe S. 65) So berichtet Borggräfe auch vom Aufruf der NSDAP zur „Volksabstimmung" über den „Anschluss Österreichs" am 10. April 1938, also von dem Ereignis, an dem das „Opferschießen" im Hardter Schützenverein stattfinden sollte. Der Aufruf ist unterzeichnet mit „Heil Hitler! gez. Lindgens, Schützenoberst". Er lautet mit dem Kernsatz: „Wir schießen und kämpfen an diesem Tage für Adolf Hitler und sein großes Deutschland!" Ich hatte immer die Vermutung, dass diese Diktion nicht dem Sprachgebrauch meines Vaters entspricht, und fühle mich bestätigt durch Borggräfes Hinweis, dass dieser Text von der westfälischen Gauführung vorgegeben war und der Gauführer Bernhard Lühn die Schützenvereine aufforderte, „aktiv in das politische Geschehen einzugreifen und unter Beweis zu stellen, wes Geistes Kind sie sind." (S. 66); „Unter der Parole ‚Wir schießen und kämpfen für Adolf Hitler und sein großes Deutschland!' sollten die Schützen eigene Propagandamärsche durchführen." (s.o.) Borggräfe schreibt dazu: „Berichte über derartige Veranstaltungen sind nicht überliefert." (s.o.) Zum Schluss des Hardter Dokuments steht der dringende Appell: „Dass am 10. April jeder Schütze dem Führer und Gründer des Großdeutschland seine „Ja"-Stimme, und zwar möglichst morgens bis 13 Uhr, gibt, ist selbstverständlich. Zu dem abends stattfindenden Fackelzug treffen wir uns eine 1/4 Stunde vorher beim Vereinswirt Krietemeyer."

Der Hinweis auf den Vereinswirt Krietemeyer deutet darauf hin, dass diesen Fackelzug im Sinne der Nationalsozialisten die Hardter Schützen auf eigene

Verantwortung durchgeführt haben und sie nicht in den Propagandamärschen der NSDAP aufgegangen sind. Über die Orte des Schießens am 2. April sind genaue Anordnungen mit dem Aufruf verbunden worden: „Das Schießen beginnt am Samstag, dem 2. April in den Lokalen: Krietemeyer, Elbers, Kleinespel und Schürhoff und endet am Sonntag, dem 3. 4. abends 22 Uhr. Es sind viele, schöne Preise ausgesetzt. Jeder Schützenbruder hat die Möglichkeit, einen für sich zu erkämpfen." Damit sollen die Schützenbrüder angelockt werden, sich an dem Propagandaschießen zu beteiligen. Vorher wird ihnen noch im Text eingehämmert, sie hätten den Beweis zu führen und zu bekräftigen, „dass wir gewillt sind, uns restlos für die nationalsozialistische Idee unseres Führers einzusetzen. ... Wir kämpfen an diesem Tage gegen Hunger und Not und mit noch größerem Einsatz für unseren Glauben an Deutschland."

Diese Texte sind in ihrer nationalsozialistischen Diktion eindeutig und geben Kunde von der Anpassung des Hardter Schützenvereins und seines Vorsitzenden. „Das Heulen mit den Wölfen" fand statt. Im Hintergrund stand die Befürchtung, ohne Anbiederung an die NSDAP könnte das für Juli beschlossene Schützenfest nicht stattfinden.

Königsumzug 1967, Könige Grefer-Wolter und Holthaus, vorn Pfarrer Westhoff

Was Borggräfe für die Schützenvereine allgemein in Westfalen und besonders für die Städte Lünen, Hattingen und Lippstadt schreibt, trifft auch auf den Hardter Schützenverein zu: „Die Schützen standen zum ‚Führer' und unterstützten und aktivierten den Mythos, den die Propaganda um ihn entfaltete, in ihren Strukturen nach Kräften." (Borggräfe S. 66)

Von „Opferschießen" in der Zeit des Krieges ist nichts weiter bekannt, Borggräfe aber schreibt vom „Opferschießen" für das „Winterhilfswerk des deutschen Volkes"

(WHW) und im Namen der „nationalsozialistischen Volkswohlfahrt" (NSV) und von guten Sammelerfolgen in katholisch geprägten Gebieten – „möglicherweise dem katholischen Caritas-Gedanken geschuldet" (S. 71), was mit der allgemeinen Resistenzforschung im Widerspruch steht, die dem Katholizismus eine gewisse Widerstandsfähigkeit gegenüber dem Nationalsozialismus zuspricht. Aber die guten Sammelergebnisse haben im Wesentlichen mit dem sozialgesellschaftlichen Engagement von Katholiken zu tun.

Mit Blick auf die Gemeinschaftspflege und das gesellschaftliche Engagement der Schützenvereine in Westfalen schreibt Borggräfe zum Abschluss dieses Kapitels E: „Ohne ihre vor 1933 etablierte Praxis grundlegend ändern zu müssen, trieben die Schützen die viel wichtigere Arbeit an ‚Volksgemeinschaft' und 'Hitler-Mythos' ob mit neuer oder alter Uniform im Rahmen der Anforderung des Regimes tatkräftig voran." (S. 74)

Nach 1945 wurden die Schützenvereine nicht zu denjenigen gezählt, die sich durch den Nationalsozialismus diskreditiert hatten, so kann also der Chronist des Hardter Schützenvereins die Wiederbelebung des Schützenwesens ansprechen, wenn er es für wünschenswert, ja nötig hält, „wieder jene Kräfte und Hilfen einzusetzen, die schon seit jeher um die soziale und nationale Gesundung aller Volksschichten sich ernstlich und verdienstvoll bemüht hatten, die Schützenvereine." (S. 24) Deshalb sind die Chroniken der Schützenvereine in Dorsten und Umgebung voll von Berichten über glanzvolle Schützenfeste nach 1945, die zuerst in Dorsten-Hardt 1950 und dann in Dorsten 1951 begannen. Reichlich Bildmaterial in Schwarz-Weiß und Farbe zeigt diese Tradition bis in die heutige Zeit.

Das ausgezeichnete und detailreiche Buch von Henning Borggräfe, das in seiner ausführlichen Literaturliste den wissenschaftlichen Stand der Forschung zeigt, und zwar in allen Bereichen von Politik und Gesellschaft, bietet eine aufrichtige Auseinandersetzung mit der Geschichte der Schützenvereine in unserer näheren und weiteren Umgebung, auch und besonders was die „dunkle Zeit" zwischen 1933 und 1945 betrifft.

Man kann den Beteiligten an der Ruhr-Universität Bochum und dem Institut des Landschaftsverbandes Westfalen-Lippe (LWL) für Regionalgeschichte nur dankbar sein, dass sie sich dieses Stoffes angenommen und ihn einem kompetenten Historiker übertragen haben.

5) Eckhard Garczyks Roman „Einem unbekannten Gott" aus der Sicht eines Zeitgenossen und Mitschülers

zuerst erschienen in der online-Ausgabe des Vereins für Orts- und Heimatkunde Dorsten e.V. im März 2010: www.voh-dorsten.de/media/GodehardLindgens-Historische SpurenRezension.pdf

a) Privatheit und Schule in Dorsten

Karla Krause, Eckhard Garczyks Gattin, zitiert im „Nachwort" ihren Mann: „Natürlich ist alles und nichts autobiographisch, was denn sonst." (S. 335) Diese Sätze erinnern an die Ausführungen der fast 30 Jahre später geborenen Anne Weber in ihrem Schlüsselroman „Luft und Liebe" (Frankfurt/M 2010): „Was ist ein Roman oder eine Erzählung am Ende anderes, wenigstens, wenn sie sich auf das eigene Leben stützt, als geglückte Verwandlung von Tiefpunkten in Höhepunkte. Dem Schreibenden gewährt diese Metamorphose eine Art Revanche über das, sagen wir, Schicksal: Solange er dessen Schläge in Sätze verwandeln kann, hat er die Partie noch nicht verloren." (Der Tagesspiegel vom 7. 2. 2010, S. 32)

Ich, Godehard Lindgens, bin mit G. neun Jahre auf dem Gymnasium Petrinum in Dorsten zusammen gewesen und unsere Beziehungen bestanden bis zu seinem Tod am 6. August 2006. Unser Mitschüler Jörg Martin Meier schreibt im Lokalteil in der online-Ausgabe der „Dorstener Zeitung" vom 30. 1. 2010 über die Zeit auf dem Gymnasium, das im Roman Johanneum genannt wird, und fügt ein Bild von der Klassenfahrt 1953 unter Leitung des Klassenlehrers Bruno Larisch bei, das die Klasse mit G. zeigt: Walther Borgards aus Gahlen, Theo Möllers aus Haltern, Jörg Martin Meier aus Gladbeck, Diethard Rüter aus Hervest-Dorsten, Hans Mast aus Lembeck, Heinz Stuer, Wolfgang Junker, Werner Arend, Wolfgang Schmitz (alle aus Dorsten), Alfons Liesenklas aus Kirchhellen, Eberhard Seiler aus Marl, Franz-Josef Peters aus Hervest-Dorsten, Hubert Elvermann aus Rhade, Godehard Lindgens von Dorsten-Hardt. Stecher, Larisch, Garczyk, Rüter, Peters, Elvermann, Stuer und Hans Mast sind schon verstorben. Wir waren zu dritt eine Bank: Franz-Josef Peters, Eckhard Garczyk und ich. Hinzu kamen noch Walter Stecher, Werner Arend und Diethard Rüter. Oft spielten wir reihum Skat und lernten so die Eltern der jeweiligen Mitschüler kennen. Franz-Josef Peters nannten wir Jaques, er war eine dominierende Persönlichkeit, nicht so sehr in seinen schulischen Leistungen wie z.B. Wolfgang Schmitz und Wolfgang Junker, aber er war sportlich, spielte besonders gut Handball, war gut aussehend und ihm flogen schon früh die Mädchenherzen zu. Sein Vater war Rottenmeister bei der Bahn und seine Mutter las Peter Johann Hebel, sie war liebenswürdig und immer besorgt um ihre Kinder. Peters hatte noch ältere Geschwister.

Eckhards Vater war Werkmeister bei den Dorstener Drahtwerken, auf einem Gruppenfoto in dem Bildband von Anke Klapsing-Reich „Unsere 50er Jahre in Dorsten" (Gudensberg-Gleichen 2004) sitzt er abgebildet neben seinem Chef Heinrich-Wilhelm Brune. Unter dem Foto aus dem Jahre 1954 steht die Bemerkung: „Die jährlichen Betriebsausflüge an Ahr und Mosel, ins Münster- und Sauerland trugen dazu bei, dass das Betriebsklima sehr gut war." (S. 27) Überhaupt hatte sein Vater nach meinem Eindruck weder körperlich, noch geistig, noch charakterlich etwas mit dem Vater von Jan Lipinsky in dem Roman zu tun. Er war immer gesprächig und uns Jugendlichen zugetan, dasselbe kann ich von seiner Mutter Maria sagen, die zurückhaltend und liebevoll war. Auch in ihrer Küche fühlten wir uns wohl, wenn wir am Küchentisch bisweilen Skat spielten. G. war Einzelkind und der ganze Stolz seiner Eltern, die ihn auf das Gymnasium in der Nähe an der Bochumer Straße geschickt hatten. Das Gebäude war früher die Lehrerpräparandie in Dorsten, während das Gymnasium im Franziskanerkloster am Westwall der Innenstadt stand. Das heutige moderne Gymnasium ist später zwischen Lippe und Kanal errichtet worden und sein Neubau ist Thema des Romans. Der Roman spricht von der neuen Franziskanerkirche, die nach dem Krieg ebenfalls neu gebaut wurde und in der das Gymnasium seine katholischen Schulgottesdienste abhielt. Zerstört war auch die St. Agatha-Pfarrkirche, die in dem Roman den Namen St. Johannes Chrysostomos bekommt. Sie bestimmte in der Stadtmitte mit dem Alten Rathaus das Stadtbild in Dorsten.

Das Grab der Eltern ist auf dem katholischen Friedhof an der Gladbecker Straße, auf dem im Roman der zweite Held des Romans, Franz Hartwig, begraben wurde. Das Grab der Eltern liegt heute in der Nähe des großen Kreuzes in der Mitte gegenüber der Grabanlage der Franziskaner, auf der in neuerer Zeit Pater Heribert begraben wurde. Er war seit 1946 unser Religionslehrer, er hat den religiösen Charakter unseres Unterrichts und vielleicht der ganzen Schule bestimmt. Als gut aussehender Mann in kleidsamer Kutte ist er auf vielen Bildern des Klosters und des Gymnasiums abgebildet. Er vertrat einen aufgeschlossenen liberalen Katholizismus, der durch einen ökumenischen Charakter geprägt war. Er hat G. so beeindruckt, dass er ihn im Roman an zwei Stellen mit seinem Klarnamen nennt (S. 30 und 320). Einmal wird Pater Heribert zur „letzten Ölung" des alten Ochtrup gerufen, ein anderes Mal wird Pater Heribert von dem Religionslehrer Pater Odilo begleitet, der bei dem Beerdigungszug zu Jan sagt: „Johannes, du weißt, dass du der einzige bist, der in diesem Fall die Wahrheit kennt. Gebe dir Gott die Kraft…" Bei der „Wahrheit" geht es um die Umstände des Todes von Franz Hartwig auf der Brücke des Lippe-Seitenkanals, der im Roman Bismarckkanal heißt.

Diethard Rüter, Wolfgang Fließ, Theo Möllers, Franz-Josef Peters, Eckhard Garczyk, Werner Arend, Hans Mast, Godehard Lindgens, Alfons Liesenklas, Wolfgang Schmitz, Heinz Baumeister, Walther Borgards, Jörg Martin Meier, Antonius Schulze-Öchtring

b) Die Gottes- und Gretchenfrage in Garczyks Leben und Werk

Die Frage nach Gott und der Religion ist bei G. ein zentraler Punkt. Im katholischen Umfeld (Familie, Gymnasium und Stadt) groß geworden, hat ihn die Frage immer beschäftigt, wobei er die Beantwortung in seiner Kirche nicht gefunden hat. Am Anfang seiner wissenschaftlichen und beruflichen Laufbahn steht Schleiermacher, der evangelische Theologe und Philosoph des 18. und beginnenden 19. Jahrhunderts und der Übersetzer des Gesamtwerkes Platons. Der Titel seiner Promotion lautet: „Mensch, Gesellschaft, Geschichte. Friedrich Daniel Ernst Schleiermachers Philosophische Soziologie" an der Ludwig-Maximilians-Universität zu München. Dort hatte G. nach einjähriger Fabrikarbeit sein Studium 1956 begonnen, das er mit der Promotion am 26. Juli 1963 abgeschlossen hat. Mir sagte er damals, als ich seine Dissertation überreicht bekam, dass er nicht unbedingt wissenschaftlich als Schriftsteller tätig sein möchte. So ist sein Roman kurz vor seinem Tod die zweite literarische Produktion, in dem das Thema Gott wieder in Aktion trat. Der katholische Geschichtsphilosoph Alois Dempf war sein verehrter Doktorvater, dem G. in seinem Roman an zwei Stellen ein Denkmal gesetzt hat (S. 183, 330). Neben Max Weber hat er besonders Ralf Dahrendorf zitiert, sein Werk „Homo Sociologicus" (Köln/Opladen 1961). Als solcher verstand er sich auch in seiner beruflichen Tätigkeit, die vornehmlich der sozialen Frage galt. Er schreibt darüber in seinem Lebenslauf zu seinem Roman: „In den 60er Jahren entstanden größere dokumentarische Reihen wie ‚Die Geschichte der Gewerkschaften' oder ‚Die Sozialllehren der Kirchen'." Kritisch merkt er dazu an: „Damals noch im Fernsehen." Meine Promotionsarbeit galt 1978 dem „modernen Katholizismus" nach dem Zweiten Vatikanischen Konzil. In einem Geburtstagsbrief an mich vom 18. 9. 2005 schreibt er mir, wohl etwas übertrieben: „Du hast nämlich mit deiner Untersuchung über den politischen Katholizismus das wichtigste Buch von uns allen geschrieben." In seinen Anmerkungen zum Lebenslauf verwahrt er sich gegen den „ahnungslosen" Korreferenten seiner Dissertation, der Schleiermachers philosophische Soziologie in „Sozialphilosophie" abändern wollte. Gesellschaftskritik lag ihm am Herzen, von einem Standpunkt aus, der durch und durch ethisch fundiert war und seine religiös-christliche Wurzel nicht verleugnen konnte und vielleicht auch nicht wollte. Bei seiner Trauerfeier zitierte sein Mitschüler Diethard Rüter Friedrich Nietzsches Wort „Dem unbekannten Gott" und mir kam die Ehre zu, Dietrich Bonhoeffers Gedicht „Von guten Mächten" vorzulesen.

Sein Mitschüler, Jörg Martin Meier, Pfarrer im Ruhestand, traf zum Schluss seiner Rede auf der Trauerfeier die richtigen Worte, um Eckhards Umgang mit der Gottesfrage zu charakterisieren: „Ich habe einmal einen Satz gehört, der mich selbst sehr angerührt hat. Der Satz heißt: ‚Oh, Herr im Himmel, mach, dass es dich gibt!' Wenn ich zu Eckard gesagt hätte: ‚Kannst Du mit diesem scheinbar so paradoxen Satz etwas anfangen?' Ich glaube, Eckard hätte Ja gesagt."

Der Roman schildert auf seinen letzten Seiten die Szene nach der Trauerfeier für den tödlich verunglückten Freund Franz Hartwig, in der die beiden Franziskaner Pater Heribert und Pater Odilo Jan Lipinsky treffen und der „alt gewordene Religionslehrer" zu ihm sagt: „Johannes, du weißt, dass du der einzige bist, der in diesem Fall die Wahrheit kennt. Gott gebe dir Kraft..." G. beschreibt die Reaktion von Jan: „Er schloss die Augen und dachte: Ja, Mann, gebe mir Gott die Kraft ... aber welcher Gott, bitteschön? Ich kenne dich nicht, Gott, ich habe keine Ahnung, wer du bist und wo du bist, aber gib mir die Kraft, dieses Unglück auszuhalten und diese verdammten Unglücksraben gleich mit ... Ich werd noch verrückt ... lass mich nicht völlig verrückt werden, unbekannter Gott!" (S. 320f.) Da fällt zum ersten Mal im Roman das Titelwort „Unbekannter Gott"; im Buchtitel ist es in den Dativ gesetzt, sozusagen als Widmung, die sich an Nietzsche anlehnt, der den Dativ wiederum aus der Apostelgeschichte übernimmt, nämlich dort, wo Lukas die weltbekannte Geschichte von Paulus auf dem Areopag in Athen erzählt: „Paulus stand nun in der Mitte des Areopags und sprach: ‚Ihr Männer von Athen! In allem sehe ich, dass ihr sehr gottesfürchtig seid. Denn als ich umherging und eure Heiligtümer betrachtete, fand ich auch einen Altar, auf dem geschrieben steht: Einem unbekannten Gott. Was ihr nun, ohne es zu kennen, verehrt, das verkündige ich euch.'" (Apg. 17, 22,23) – Lateinisch steht dort: Ignoto Deo (Griechisch: Agnosto Theo). Nach dem lateinischen Wort sind die Gottesleugner negativ gesehen Ignoranten, im Griechischen sind es die Agnostiker. Paulus hatte bei der Mehrzahl der Zuhörer keinen Erfolg, als er ihnen mit dem „unbekannten Gott" den Schöpfergott und seinen Gottessohn Christus verkünden wollte; aber ganz ohne Erfolg ging er nicht von Athen weg, denn das 17. Kapitel schließt mit der positiven Bemerkung: „Einige Männer aber schlossen sich ihm an und glaubten, unter ihnen Dionysius, ein Mitglied des Areopags (!), und auch eine Frau, mit Namen Damaris, und mit ihnen noch andere." (Apg. 17, 34) Welchem „unbekannten Gott" hat G. sein Buch und auch sein Leben gewidmet? Es ist die Wahrheit über den Menschen, die sich in der Liebe ausdrückt.

In Marthens Garten in Faust 1 fragt Margarete ihren Heinrich Faust: „Nun sag', wie hast du's mit der Religion? Du bist ein herzlich guter Mann. Allein ich glaub', du hältst nicht viel davon." Faust antwortet ausweichend: „Lass das, mein Kind! Du fühlst, ich bin dir gut. Für meine Lieben ließ ich Leib und Blut. Will niemand sein Gefühl und seine Kirche rauben." Etwas später fragt Margarete direkt: „Glaubst du an Gott?" Wieder antwortet Faust ausweichend: „Mein Liebchen, wer darf sagen, ich glaub' an Gott? Magst Priester oder Weise fragen, und ihre Antwort scheint nur Spott über den Frager zu sein." Margarete will es nun genau wissen: „So glaubst du nicht?" Faust antwortet nicht mit einem Nein, sondern sagt, wiederum ausweichend: „Misshör' mich nicht, du holdes Angesicht! Wer darf ihn nennen! Und wer bekennen: Ich glaub' ihn. Wer empfinden und sich unterwinden zu sagen: ich glaub' ihn nicht?" Dann gibt Faust eine ausschweifende Definition von Gott mit dem berühmten Abschluss: „Nenn's Glück! Herz! Liebe! Gott! Ich habe keinen Namen dafür! Gefühl ist alles, Name ist Schall und Rauch, umnebelnd Himmelsglut."

Diese berühmte Szene ist Hintergrund für die Szene zwischen Jan und Marie, der Tochter (Stieftochter) des Negativhelden Hermann-Josef Reeder, des Schwiegersohns des alten Ochtrup. Die Tochter des Sohnes vom alten Ochtrup, des Professors Dr. Manfred Ochtrup, des Chefarztes des Hedwigkrankenhauses, das für das Dorstener Elisabeth-Krankenhaus steht, also Marlene, war der große Schwarm von Jan Lipinsky im ersten Teil des Buches, jetzt, nach dem vorübergehenden Besuch in seiner Heimatstadt zur Weihnachtszeit 1956/1957 musste er feststellen, dass sie mit seinem besten Freund Franz Hartwig verheiratet war und sie Zwillinge bekommen hatten. Jan hatte schon immer ein Auge für die Freundin seiner Schwester Vicky, für Marie-Therés. Beide besuchten die Schule der Arminen, mit der die St. Ursula-Schule in Dorsten gemeint ist. Wunderbar sind die Stellen im Roman zwischen Jan und Marie und stehen für eine Beobachtungsgabe, die an Innerlichkeit und Herzlichkeit nichts zu wünschen übrig lässt.

In dieser Goethe nachempfundenen Szene besucht Jan Marie in ihrem vornehmen Elternhaus – heimlich und es kommt zu einem anrührenden Dialog, wie überhaupt G. ein großer Meister ist, Dialoge zu inszenieren. Das konnte man auch immer wieder in seinen Filmen erkennen, wenn er behutsam sein Gegenüber zum Sprechen brachte. Marie blickte Jan unverwandt an und ließ ihn nicht aus den Augen; dabei schwieg sie, während er fragte: „Soll ich Licht machen, oder ist es dir so lieber? ... Och, mach, was du willst. Ist gut so.", war ihre Antwort. Nach dem Schweigen fragte sie die Frage aller Fragen: „Glaubst du an Gott?" (S. 265) Jan will diese Frage nicht direkt beantworten. Marie schiebt nach: „Ich habe zu Gott gebetet, dass du kommst und mir die Wahrheit sagst. Gekommen bist du schon mal." Jan fragt nach: „Wahrheit? Welche Wahrheit?" Marie meint die Wahrheit der Liebe zwischen beiden: „Die Wahrheit, Mann, die von uns beiden. Was bin ich für dich? Die Notlösung, weil du Marlene nicht kriegen kannst? Die zweite Wahl? Der Plan B? Die Waffe gegen deine Langeweile in diesem Kaff?" Alle möglichen Probleme in den zwischenmenschlichen Beziehungen sind aufgeführt, die Stadt als langweiliges Kaff, in der nur die Liebe zählt. Deswegen antwortet Marie: „Du bist für mich meine erste große Liebe. Und wie ich jetzt dran bin, glaub ich nicht, dass noch jemals eine andere kommt. Schon mal von so was gehört?" Ein wunderbares Liebesgeständnis, das Jan nur mit Schweigen beantworten kann: „Nichts war ihren Worten angemessen, alles erbärmlich. Die Stimme versagte ihren Dienst."

G. war kein Frauenheld, wenigstens nicht in der Schulzeit, aber kurze Zeit später besuchte er mich in dieser Zeit nach dem Abitur mit einer Freundin aus Duisburg, sie war damals vielleicht schon seine Verlobte. G. war ganz anders als Jacques, den die Mädchen von St. Ursula und sonst aus der Stadt verehrten. Jacques genoss dieses Ansehen und ließ sich auch aushalten, der Alkohol war damals unser bester Freund. Franz Hartwig im Roman hatte das große Los gewonnen, nämlich die Heirat mit Marlene, der Tochter des Chefarztes des St. Hedwig-Krankenhauses, des ersten und einzigen Krankenhauses am Platze. Solche Beziehungen waren G. damals verschlossen. Er idealisiert die damaligen Verhältnisse, er hat die Träume von uns Jungen auf den Punkt gebracht und sie herrlich beschrieben, so, wie Anne Weber schreibt, wenn Tiefpunkte in Höhepunkte verwandelt werden. (s.o.)
G. schiebt das Erlebnis mit der Mulattin Dinah aus Louisiana dazwischen, das sich auf die Sexualität begrenzte und wie ein angenehmes Abenteuer erfahren wurde, „aber ohne irgendwelche Haupt- oder Nebenwirkungen. Ohne schlechtes Gewissen." (S. 267) Die Erlebnisse aus der Heimatstadt waren wie „Parallelwelten", die sich „auf welche Weise auch immer, frühestens im Unendlichen

treffen." Mathematik war neben Deutsch Eckhards liebstes Fach, in dem er im Gegensatz zu den meisten von uns viel zu sagen hatte. Jan war bei seinem Besuch von Marie auf Gut Schonebeck auf den Balkon geflüchtet, weil die Eltern von Marie zurückgekehrt waren und Jans Aufenthalt bei Marie nicht bemerken durften. Beim Verlassen des Mädchenzimmers musste er sich die Schuhe ausziehen, um auf leisen Sohlen wieder verschwinden zu können. Sein Versuch geschah nicht lautlos, deshalb sagte Marie: „Lass mich das machen." G. beschreibt diese Szene mit viel Feingefühl: „Sie zog ihm den linken Schuh aus und fuhr mit den Händen über die Wollsocken an seinem Fuß, so dass er ein zartes Streicheln empfand, ein elektrisierendes Gefühl. Du besorgst mir eine Gänsehaut, dachte er, sagte aber nichts. Sie blickte zu ihm empor und er hatte das unangenehme Gefühl, wie ein Pascha dazusitzen." Er fasste sie unter ihre Achseln und hob sie hoch. „Komm da unten weg, mir ist das peinlich." „Warum das denn? sagte Marie leise und lächelte, aber dann rutschte sie ihm entgegen, ging in die Hocke, kam dann auf die Füße und ließ dabei ihre Lippen über seine Haare gleiten." (S. 269) – Marie folgte ihm auf dem Weg nach unten zur Tür, zum Ausgang und flüsterte „fast unhörbar": „Glaubst du nun an Gott oder nicht? Wirst du mir die Wahrheit sagen?" (S. 270) Er reagierte wie immer: „Ich habe keine Ahnung, flüsterte er in ihr Ohr und berührte die Ohrmuschel mit seinen Lippen. Haut, dachte er, Haut, was für ein Wunder." (s.o.)

Die Gottesfrage ist die Frage zwischen den Liebenden, die Jan theoretisch nicht beantworten kann, nur praktisch erfahren. Das wird bestätigt in den Gedanken, die sich Jan bei seinem Weg nach draußen macht: „Er schloss die Augen. In diesem Augenblick glaubte er, an Gott zu glauben. An was für einen?" (S. 271) In der Weihnachtsmesse sieht er seine beiden „Gegenstände der Liebe", Marlene und Marie, und sinniert über Gott und die Liebe: „Liebe könne etwas mit Moral zu tun haben, mit einer Entscheidung für Gut oder Böse. - Nun war die eine, die er immer noch liebte, vergeben, und die andere liebte er und liebte sie doch nicht genug." (S. 277) Deshalb betet er: „Gib mir endlich die Kraft, richtig zu lieben. - Unmittelbar wurde ihm bewusst, dass er einen altbekannten Adressaten für seine Bitte gefunden hatte. Es war niemand anderes als der gute alte liebe Gott. Momentan wieder gläubig und nicht ungläubig, wieder Theist und nicht Atheist, dachte er, Not lehrt beten und er musste hinter seinen Handflächen grinsen." (s.o.) Nach dem Hochgesang zu Weihnachten „Stille Nacht, heilige Nacht..." und dem vergeblichen Versuch, nach der Kirche zumindest Marie zu treffen, schließt der Autor die Begegnungen pessimistisch ab: „Der alte Trübsinn hatte ihn wieder." (S. 279)

Der aber wird aufgehellt durch das Weihnachtsgeschenk, das seine Schwester Vicky von Marie Jan überreicht, das eine „goldene Karte" enthält mit den ans Herz gehenden Worten: „Liebster, ich leg das hier um Deinen empfindlichen Hals! Ich mach mir Sorgen um deine Gesundheit. Es ist kalt. Könnte ich doch Dein Leben wärmen! Deine Marie". (S. 283) Der Inhalt der Geschenkpackung ist ein Seidenschal.

Am zweiten Weihnachtstag überbringt Jan Marie sein Weihnachtsgeschenk, ein Kafka-Taschenbuch, er geht zu ihr auf Gut Schonebeck, weil die Eltern nicht zu Hause sind. Sie sprechen über die Balkon-Nacht, als er sich aus dem Haus schleichen musste. Marie gesteht unumwunden Jan ihre Liebe: „Ich sag die Wahrheit.

Ich liebe dich und basta. Das ist das einzige, was mir heilig ist...". (S. 291) Jan wundert sich, dass die Frage nach Gott fehlt: „Wieso fragst du dann, ob ich an Gott glaube? Du glaubst ja selbst nicht dran." G. denkt an seine eigene jugendliche Haarfrisur und lässt Marie über seine „verstrubbelten Haare" streichen und sie sagen: „Das ist meine Art zu glauben, ich liebe dich, und in der Form glaube ich an Gott. Und du? Nein, sag mir jetzt nicht, dass du mich auch liebst. Sag mir, wie du glaubst, du, Jan Lipinsky." Es beginnt ein Gespräch über Gott und Glauben und Jan spricht über das lateinische Wort fides als Glaube und Treue und begründet seinen Vorsprung gegenüber ihr nur durch die Jahre, die er älter ist als Marie. Er bekennt sich an der folgenden Stelle zum Glauben an Gott und führt den Begriff der Schönheit ein, der den Höhepunkt zum Thema Gottesglaube darstellt: „Aber an Gott glaube ich auch, und es ist fast dasselbe wie bei dir. Ich glaube an Gott, weil es auf der Welt Schönheit gibt, verstehst du? Ich glaube an Gott und nicht an Charles Darwin, weil der Schönheit nicht auf seiner Rechnung hat. Jedenfalls nicht in genügender Weise. Schönheit nur als Wegweiser zur Verkupplung der Besten, damit was Besseres entsteht, als es bisher auf der Erde gibt? Ein Sonett von Rilke – meinetwegen von Rilke – als winziger Fortschritt in der Evolution? ... Ja. Jede Schönheit lässt mich an Gott glauben, jede Rose, jeder alte Baum, jemand wie du, ach, was du willst...". (S. 292) Er relativiert anschließend seine wunderschöne Definition und fragt sich, wo sein gesunder Zynismus geblieben sei. Dabei muss man wissen, dass Eckhards Umgang mit Menschen manchmal nicht ohne Zynismus war. Er konnte aber auch sehr einfühlsam sein, wie es in seinen Filmgesprächen zum Ausdruck kommt. Zum Schluss dieser Szene wollen beide zum praktischen Teil übergehen – mit der Frage: „Warum lieben wir uns nicht und fertig?" (s.o.) Sie sind dann an einem Punkt angekommen, an dem es nicht mehr weitergeht: „Er rannte aus dem Zimmer und die Treppen hinunter." (s.o.)

Der Tod von Franz Hartwig im Roman hat einen realen Hintergrund; es ist versucht worden, über den Bogen der Kanalbrücke zu laufen, den man bequem von unten nach oben gehen konnte. Ich weiß nicht mehr, wer es versucht hat, ob Jacques allein oder mit anderen Kumpanen. Zum Unglück hat es nicht geführt. Im Roman ist das Unglück nach einer Sauftour der beiden ehemaligen Freunde geschehen.

Jacques und Eckard waren während der Schulzeit am engsten befreundet, nach dem Abitur ging Jacques nach Münster, G. blieb in Dorsten, um sich das Geld für das Studium zu verdienen und ich ging nach Tübingen. Eckhard und Jacques waren dann seit 1956 zusammen zum Studium in München. Jacques ist zum Teil dem Alkohol verfallen, hat aber schließlich die Lehrerprüfung bestanden, war zweimal verheiratet und hatte Kinder aus beiden Ehen. Zweimal habe ich ihn noch erlebt bei Klassentreffen in Dorsten (2005 zum 50jährigen Abitur) und später in Berlin, wo er schon ziemlich krank war. Er starb 2007 in Recklinghausen.

In dem Roman wird Jan verdächtigt, am Tod von Franz Hartwig schuldig zu sein. Er hat versucht, ihn von seinem Brückengang abzuhalten, was ihm aber nicht gelungen ist. Es war eine Katastrophe im Roman, die die vorübergehende Rückkehr in die Heimatstadt für Jan kennzeichnete. In seinem Lebenslauf schreibt G. im Todesjahr 2006 über seine Aufenthalte von Anfang an: „Wohn-Haft: die ersten zwanzig Jahre hauptsächlich in Dorsten/Westfalen, die folgenden 37 Jahre hauptsächlich in München/Bayern, die letzten 13 Jahre hauptsächlich in Berlin."

Der zweite Teil des Romans ist überschrieben „Winter 1956/57" (S. 178ff.) und beschreibt Jans Besuch in seiner Heimatstadt zur Weihnachts- und Neujahrszeit. Im Januar 1957 fährt er zurück nach München – für immer. Äußeres Thema des Romans ist die Beschäftigung Garczyks mit seiner Heimatstadt Dorsten, die er hasst und liebt zugleich, sie ist die erste „Wohn-Haft", die bis 1956 dauerte. Der Roman ist die Verwirklichung der Lebensträume, die G. auf seine Heimatstadt projiziert hat. Es ist das alte Thema zwischen Wiederfinden und Verlieren, zwischen Herkunft und Zukunft, es ist das Thema von der Tragik des damals und jetzt, und das für den Autor im Angesicht des nahen Todes, der ihn die Veröffentlichung des Buches nicht mehr erleben ließ. Es ist das Testament eines Dorsteners, eine Hommage an seine Heimatstadt, mit der er geistig im Clinch lag. Er nennt seine Heimatstadt „Kaff" (s.o.) und beschreibt seine Ankunft mit kritischen Worten: „Den Schal festzurren und verknoten. Den Kragen hochschlagen. Die Wollmütze tief ins Gesicht ziehen." (S. 256) Die äußere Verhüllung steht für die innere Distanz, die er mit folgenden Fragen und Feststellungen untermauert: „Was wollte er in dieser Stadt? ... ich passe hier einfach nicht mehr hin, ich langweil mich jetzt schon. Da ist mit Alkohol nicht viel zu machen. Da würd' ich mir nur einen permanenten Kater anlachen, vornehm ausgedrückt: eine handfeste Depression." (s.o.) Und doch war es die Sehnsucht nach den zwei Frauen aus dem spießbürgerlichen Haus der Ochtrups und Reeders: nach Marlene, seinem alten Schwarm, der Tochter des Chefarztes Dr. Manfred Ochtrup, und nach der rothaarigen Marie-Theres, dessen Nichte aus dem Haus Reeder, das ihn zugleich anzog und abstieß. Hermann-Josef Reeder (Hajot=HJ), verstrickt als SS-Führer in Erschießungen während der Nazi-Zeit, jetzt aufstrebender Nachwuchs auf der CDU-Leiter, hatte ihn schon während seiner Schulzeit in die Lokalredaktion der Heimatzeitung gebracht, weil er sich von dem jungen Talent etwas versprach für seine berufliche und politische Zukunft. Jetzt hatte er ihm ein weitergehendes Angebot vermittelt, nämlich einzusteigen in die Zentralredaktion der Westfalenzeitung in Münster: „Ein Vierteljahr auf Probe, danach als Redakteur mit Sonderaufgaben." (S. 326) G. selbst gibt im Lebenslauf seiner Dissertation als Studienfächer an: „Philosophie, deutsche Literaturgeschichte und Zeitungswissenschaft." Jan lehnt das Angebot ab mit der Begründung: „Ich studiere Germanistik, Deutsche Philologie ... und Philosophie. Sogar im Hauptfach." (S. 327) Auch der Hinweis auf einen guten Verdienst konnte ihn nicht weichklopfen: „.... und ich gebe zu bedenken, dass ich in München einen Professor kennen gelernt habe, bei dem ich unbedingt promovieren will." (S. 327) Es bleibt bei seiner Absage an seine Heimatstadt und die Provinzhauptstadt Münster, und er kehrt nach München zurück – für immer. Es kommt noch zu einem herzzerreißenden Abschied mit Marie, die ihn aber in seiner Absage bestärkt: „Diese verdammten Verführer. Dich haben sie nicht gekriegt!" (S. 333) Zum Abschied hatte sie ihm „einen Stein mit Loch" geschenkt: „Am Stein, durch das Loch gezogen, hing ein Faden. Am Faden hing ein Blättchen Papier, zusammengefaltet." (S. 334) Er las im Bus, der ihn zum Hauptbahnhof Dortmund bringen sollte, den schönen Spruch von Marie: „Jan spann an, drei Katzen voran, drei Mäuse vorauf. Jan obendrauf, den Blocksberg hinauf." (s.o.) Jan kommt ins Grübeln: „...den Blocksberg hinauf – ich möchte mal wissen, wie ich ohne die Rothaarige, wie ich ohne die Hexe, wie ich ohne dich darauf kommen soll, Marie!" (s.o.)

Die Quelle dieses Spruchs ist das Buch „Allerleirauh", herausgegeben von H. M. Enzensberger. Der Spruch steht noch einmal unter der Widmung auf S. 4. Er ist eine Hommage an seine Heimatstadt, an seine Geburtsstadt Dorsten, die Anfang und Ende des Buches, des Lebens von Eckhard Garczyk kennzeichnet, weil der Spruch von einer geliebten Person seiner Geburtsstadt kommt.

c) Wissenschaft und Dichtung im Werk und Leben von Eckhard Garczyk

Alois Dempf, der katholische Geschichtsphilosoph an der Ludwig-Maximilians-Universität (LMU) München, wird in dem Roman direkt mit Namen genannt. (S. 183 und 330) Der Name Alois Dempf ist in den einschlägigen Lexika als „katholischer Kultur- und Religionsphilosoph" vertreten, er lebte von 1891 bis 1982, war seit 1947 Professor an der LMU-München. G. zitiert sieben Titel in seiner Dissertation, die er unter A. Dempf als Hauptreferent verfasst hat: Ein Werk stammt aus der Zeit vor dem Nationalsozialismus: „Kulturphilosophie. Sonderausgabe aus dem Handbuch der Philosophie", München 1932, ein zweites aus der Nazizeit: „Kierkegaards Folgen", Leipzig 1935, die anderen Werke aus der Zeit nach 1945, u.a. „Theoretische Anthropologie", München 1950 und die „Einheit der Wissenschaft", Stuttgart 1955.

Auf den ersten Seiten des zweiten Teils seines Romans beschreibt G. seinen Einstieg in das akademische Leben an der LMU in München. Bevor er seinen Professor Dempf trifft, bewundert er einen Professor, der „zwar ein paar winzige, zerknitterte Zettel aus den Taschen seines verbeulten Jacketts geklaubt (hatte), aber er warf nicht einmal einen einzigen Blick auf diese Fetzen." (S. 182/3) „Er las ganz und gar nicht, er erzählte wie ein orientalischer Geschichtenerzähler … und die Handvoll Zuhörer, die den Weg zu ihm gefunden hatten, hingen an seinen Lippen … Jan Lipinsky war völlig von den Socken … Was für eine Welt lag hinter der Welt, die er jeden Tag vor Augen hatte! Was für eine Welt, wenn nur die Augen fähig waren, sie zu sehen!" (S. 183) Dieser „sehr alte, sehr große, sehr gebeugte, aber in seinem Gebeugtsein immer noch sehr große Professor, … dessen riesige Ohren unter dem wilden, grauen Haarschopf rot glühten vor Begeisterung", hatte es ihm angetan (S. 182), und so schreibt er über ihn – fast 50 Jahre nach diesem Erlebnis: „Alois Dempf las über ,Deutschen Idealismus'. Wieder fühlte Jan sich mitgenommen auf eine Reise durch einen unbekannten Kosmos, und wieder wie schon auf der ersten Reise konnte er nicht genug bekommen … Es war wie ein Rausch, es war ein Rausch, … es wurde ihm sonnenklar, dass er zu diesem Menschen, zu diesem Menschenfänger gehen musste, um von ihm zu lernen. Also: Philosophie statt Deutsche Philologie, also noch ein beträchtliches Stück weltfremder, der sichtbaren Welt entfremdeter musste er werden, um die unsichtbaren Welten erkunden zu können, nach denen er ungebremst gierte, egal, was daraus werden mochte." (S. 183)

Es wurde daraus die Promotion mit der Dissertation über die „Philosophische Soziologie" Schleiermachers, die er 1963 abschloss. Noch auf den letzten Seiten seines Romans denkt G. an seinen „Papa Dempf", zu dem er gehen wollte, um „sich um eine Arbeit über Paul York von Wartenburg zu bewerben." (S. 330), den Kulturphilosophen des 19. Jahrhunderts aus der Familie des Feldmarschalls Ludwig (aus den Befreiungskriegen) und des späteren Widerständlers vom 20. Juli 1944, Peter York von Wartenburg.

G. zitiert in seinem Literaturverzeichnis Paul York von Wartenburg mit dem Werk über „Bewusstseinsstellung und Geschichte", das er auch in der ersten Anmerkung nennt, wenn er das moderne Bewusstsein beschreibt, das die Trennung der Wissenschaft in einen sachlichempirischen und einen unsachlich-spekulativen Teil aufheben soll. Dabei wird auch Dempfs bedeutendes Werk von der „Einheit der Wissenschaft" genannt. Die Dissertation umfasst 352 Seiten und ist eine bedeutende Leistung für den 28jährigen jungen Eckhard Garczyk aus Dorsten. Der wichtigste Gewährsmann in seinem Schlusskapitel über den „Homo Sociologicus" und den Menschen in der Gesellschaft ist der moderne Soziologe und politische Philosoph, der kürzlich verstorbene Ralf Dahrendorf, mit seinem bedeutenden Werk „Gesellschaft und Freiheit. Zur soziologischen Analyse der Gegenwart", München 1961.

Dass G. Schleiermacher als Hauptgegenstand seiner Dissertation wählt, zeigt, dass die Gottes- und Gretchenfrage in seinem Leben eine große Rolle spielt, wie sie am Anfang seines akademischen und auch seines biographischen Lebens steht. Zwar soll bei ihm als Gesellschaftskritiker der Realismus über den Idealismus siegen, aber die ideal-metaphysische Komponente bestimmte gerade am Ende seines Lebens das Denken und Handeln, so wollen wir den Schluss seiner Dissertation zitieren, der in komplizierten Worten seine ganze Lebensphilosophie markiert: „Die tiefste Erkenntnis Schleiermachers war die schlechthinnige Abhängigkeit des Menschen und der Welt von Gott; aber diese Erkenntnis erstickte in der Erlösungskonzeption, statt von ihr die letzte Begründung zu empfangen. Wo immer der Weltprozess die freie, geschichtliche, gefährdete Existenz des Menschen wie der Gesellschaften paralysiert, wird die Wahrheit in der Wirklichkeit nicht erhellt, sondern verdunkelt, wo immer in den hier ausgebreiteten Entwürfen der Realismus der Norm über den Idealismus der prozessualen Determination siegt, wird ein tieferes und besseres Selbst- und Gesellschaftsverständnis möglich." (Mensch, Gesellschaft, Geschichte. F. D. Schleiermachers Philosophische Soziologie, Diss. München 1963, S. 305) Auf der Trauerfeier im August 2006 in der Dorfkirche Schöneberg auf dem Friedhof an der Hauptstraße in Berlin zitierte Eckhards Frau Karla Krause das früh veröffentlichte Gedicht über die Hungersnot. Dieses Gedicht ist auch in dem Buch auf der letzten Seite abgedruckt, das den Roman enthält. (S. 339) Karla Krause sagt dazu: „Geschrieben mit dem Zorn auf eine Welt, die Du geliebt und die Dich bis zum Schluss zur Weißglut gebracht hat." Die freien Verse sprechen auch von Gott, wenn sie beginnen: „Wie satt wir doch geworden sind! Wie unsre blöde, eitle Hoffart Dir, unserem Gott, ins Antlitz spuckt! Herr Gott, wir essen Deine Frucht! ... Wir brauchen eine Hungersnot, damit wir wieder beten können! Ja, mach uns klein und lass uns betteln! Und nur die Liebenden nimm aus!" Zu diesem Text sagt Karla Krause: „'Wenn die Liebe nicht wäre', hast Du am Tag vor Deinem Sterben gesagt, 'wenn die Liebe nicht wäre, könnte ich leichter gehen.' Aber in Deinem Leben hast du erfahren, und in Deinen Gedichten, in Deinen Filmen und schließlich auch in Deinem Roman hast Du erzählt, dass es nicht um einen möglichst leichten Abgang geht. Sondern um das, was davor passiert. Und ohne die Liebe wäre das Leben eine höchst fade Angelegenheit. Und Dein Roman auch."

In dem Roman hatte der Hauptheld Jan drei Jahre seine Heimatstadt nicht wiedergesehen, mit einer Ausnahme, als er seinen Vater beerdigt hatte, er musste aber sofort wieder abreisen, weil er an der Aufnahmeprüfung für das Hauptseminar teilnehmen musste. Jetzt, wo er in den Semesterferien nach Hause fahren wollte, war er an einem Tiefpunkt angelangt, weil er das Hauptseminar über alt- und mittelhochdeutsche Lautverschiebung nicht geschafft hatte. Da kam Post aus Hamburg, der Inhalt war: „ein Exemplar des ‚Studentenkuriers' mit einem ... Anschreiben, in dem zum Ausdruck gebracht wurde, man habe eines seiner Gedichte veröffentlicht ..." (s. 180) Es war das Gedicht auf der „vorletzten Seite, gleich neben ‚Leslie Meiers Lyrikschlachthof', und er konnte nicht anders, er las es Wort für Wort von oben nach unten, die Handvoll Zeilen, las sie wie etwas ganz und gar Fremdes, nie Gesehenes, las sie halblaut, fast beschwörend und sehr verwundert: ‚Dolden – ein blassblauer Falter umspült deinen zärtlichen Mund; ... und über uns lächelt Ovid." (S. 180)

Welchen realen Hintergrund die Veröffentlichung im „Studentenkurier" aus Hamburg hat, weiß ich nicht. Die Erstveröffentlichung des Gedichts über die Hungersnot war in der Tübinger Studentenzeitung „Notizen" (s.u.) zu einer Zeit, als ich im zweiten und dritten Semester in Tübingen Geschäftsführer und Vorsitzender des Allgemeinen Studentenausschusses der Eberhard-Karls-Universität war und ich dafür gesorgt habe, dass das Gedicht in den ersten Nummern der neu gegründeten Studentenzeitung „Notizen" veröffentlicht wurde. Auf der Seite 8 der Nr. 4 (Februar 1957) ist ausschließlich vom Ungarnaufstand im November 1956 die Rede, nach dessen Scheitern auch 37 Studenten aus Ungarn in Tübingen ihr Asyl fanden. Der langjährige und bekannte Berliner Professor Ekkehard Krippendorf hatte auf dieser Seite über „Erlebnisse an der ungarischen Grenze" geschrieben und unter diesem Artikel wird eine Nachricht aus der „Welt" genannt, die das Datum vom 14. Januar 1957 trägt. Im Roman selbst geht G. auf die Ereignisse in Ungarn ein, als sich auf der Heimfahrt von München ein Passagier mit Geigenkasten in seinem Abteil zu ihm gesellte. Es entspann sich ein Dialog, in dem der junge Mann mit dem Geigenkasten sich als Flüchtling aus Ungarn herausstellte: „Ich bin Ende November über die österreichische Grenze ... Wir haben doch bloß zuschauen können. Wir waren wie kastriert. Hätten denn die Amis ihre Panzer losschicken sollen? Panzer gegen Panzer in der ungarischen Puszta und natürlich in Budapest ..." (S. 185)

In diesen Rahmen passte das Gedicht „Wir brauchen eine Hungersnot" auf dieser Seite der „Notizen". Das im Roman genannte Gedicht, das im Hamburger „Studentenkurier" abgedruckt war, hatte Jans „absoluten Tiefpunkt" überwinden lassen, zumal „der gerade selbständig gewordene NDR es zusammen mit anderen besprochen (hatte) und sogar positiv. Der Absender, Leslie Meier, hatte richtig ein bisschen stolz geklungen: sieh mal an, sie nehmen uns wahr!" (S. 180) Ich meinerseits war ebenfalls stolz, dass die Tübinger „Notizen" das Gedicht veröffentlicht hatten. Der Kontakt zwischen Tübingen und München war in dieser Zeit nicht gerade eng, er wurde es wieder, seitdem G. ab 1993 in Berlin ein neues Zuhause fand. Die runden Geburtstage, den 60. und 70., haben wir zusammen gefeiert, beim 70. im Jahre 2005 war G. schon todkrank, aber zu meinem 70. Geburtstag im September 2005 ist er gekommen und hat vorher einen herzlichen Brief geschrieben, aus dem ich schon zitiert habe. Er schreibt weiter: „Wir sehen einander reichlich selten, und das wird sich auch wohl nicht mehr ändern, aber das Gefühl und das Bewusstsein unserer Zusammengehörigkeit hat darunter nicht gelitten und wird darunter nicht leiden." Vorher spricht er von dem „Gemeinschaftsprägenden, gleich alt zu sein", wenn man die runden

Geburts- und Jubiläumstage feiert wie z.B. unser 50jähriges Abitur in Dorsten im April 2005, das G. organisiert hat, weil Jörg Martin Meier wegen Krankheit nicht anwesend sein konnte. Neben dem Gefühl, gleich alt zu sein, „muss schon noch was dazukommen! Bei uns ist ja von vornherein was dazugekommen oder besser: war dabei gewesen, wir haben das im letzten Frühjahr wieder gemerkt, als unsere Klasse sich in Dorsten getroffen hat."

Der Roman, der in Eckhards Heimatstadt spielt, wobei die Stadt Dorsten nicht genannt wird, ist die tiefe Sehnsucht nach Harmonie, nach Verwirklichung der Liebe im intimen privaten Bereich, darauf zielt sein ganzes Leben, seine berufliche Tätigkeit als Redakteur und Filmemacher; auch seine Gesellschaftskritik, schon damals grundgelegt in seiner Dissertation von 1963, hatte zum Ziel eine „bessere Welt" oder wie der letzte Satz in seiner Dissertation lautet: „ein tieferes und besseres Selbst- und Gesellschaftsverständnis." (S. 305) Glück hat er wohl erst in seiner 3. Ehe gefunden, wenn er in seinem Lebenslauf zu dem Roman schreibt: „Ab 1964 im so genannten Privatleben zwei gescheiterte Ehen, denen vier gesunde und begabte Kinder entstammen (drei Töchter, ein Sohn). Bange machen gilt nicht, die dritte Hochzeit wurde soeben gefeiert." Sie währte leider nur wenige Monate. Bei seiner Beerdigung waren alle seine Lieben zugegen und vereint in der Trauer um einen Menschen, der selbst an „seinen diversen Lebensbrüchen" gelitten hat und alle die bestaunt, denen es gelingt, „über Jahrzehnte hin zusammen zu stehen", wie er zum Schluss in seinem Brief an mich vom 18. September 2005 schreibt, ein knappes Jahr vor seinem Tod im August 2006.

Das Buch, sein Erstlingsroman „Einem unbekannten Gott", das er als persönliches literarisches Testament hinterlassen und mit dem er seiner Heimatstadt Dorsten ein liebevolles Denkmal gesetzt hat, verdient gelesen und gewürdigt zu werden, das möchte ich als ehemaliger Mitschüler und als einer, der ihm freundschaftlich verbunden war, mit voller Überzeugung zum Ausdruck bringen.

d) „Wir brauchen eine Hungersnot" Gedicht in den Tübinger Notizen 1957

Nr. 4 / Februar 1957, S. 8

Wir brauchen eine Hungersnot

Wie satt wir doch geworden sind!
Wie unsre blöde, eitle Hoffahrt
Dir, unserm Gott, ins Antlitz spuckt!

Herr Gott, wir essen deine Frucht,
als hätten wir sie selbst vollbracht,
wir denken nicht an Dankbarkeit
und blähen uns in Selbstgefallen –

Du hast zulange wohl Geduld.

Grelles Verhängnis deiner Blitze
Breche in unsre Ernten ein!
Beweise, dass sie dir gehören,
mache das Korn zuschanden!

Komm, Herr, leg deine schwere Hand
Auf unsre Überheblichkeit!
Gewähr uns Kleinen Milde nicht,
die wir in deinem Überfluss
so groß uns dünken!
Wir brauchen eine Hungersnot,
damit wir wieder beten können.

Ja, mach uns klein und lass uns betteln,
und nur die Liebenden nimm aus!

Eckhard Garczyk

6) Robert Spaemanns Autobiographie „Über Gott und die Welt" in einer ausführlichen Besprechung über seinen Weg über Münster und Dorsten in die philosophische und berufliche Welt

a) Die ersten Lebensstationen von Robert Spaemann in Berlin, Münster, Köln und Dorsten

Der Gesprächspartner in Robert Spaemanns Autobiographie ist der ehemalige Kulturredakteur des „Focus" Stephan Sattler, der in seinem Vorwort die ersten Lebensstationen der Kindheit und Jugend „Berlin, Köln, Dorsten und Münster" nennt. (S. 8)

In Berlin wurde Robert Spaemann am 5. Mai 1927 geboren. Sein Vater Heinrich Spaemann war Journalist und Kunsthistoriker und als solcher ehemaliger Bauhaus-Schüler. Außerdem war Heinrich Spaemann Mitarbeiter bei den „Sozialistischen Monatsheften". Seine Mutter Ruth Krämer war Tänzerin und ehemalige Mary-Wigman-Schülerin.

Vieles im Leben der jungen Familie deutet darauf hin, dass die Krankheit der Mutter ein entscheidender Grund war, 1930 zum katholischen Glauben zu konvertieren und Berlin zu verlassen, um zunächst nach Münster umzuziehen. Von Münster aus in Richtung Coesfeld liegt wenige Kilometer vor dieser Stadt die Benediktiner-Abtei St. Joseph in Gerleve im Münsterland. Dort wurde Robert Spaemann mit drei Jahren getauft. Die Abtei war damals schon ein bekannter Exerzitienort, der auch von Dorstenern häufig aufgesucht wurde.

1936 starb die Mutter, die aus dem Schwabenland stammte. Dort im Dorf Hayingen wohnte seine Großmutter, die er 1938 besuchte, wo er das Landleben im katholischen Milieu kennen lernte, das es ihm angetan hatte.

Die nächste Lebensstation war die Domstadt Köln, wo Robert für drei Jahre in einer Pflegefamilie wohnte, während sein Vater nach Münster zurückging, um dort katholische Theologie zu studieren und 1942 von Clemens August Graf von Galen, dem bekannten Bischof von Münster, zum katholischen Priester geweiht zu werden. Bis zu diesem Zeitpunkt verbrachte Robert seine Schulzeit in Köln am Dreikönigsgymnasium.

Die Gymnasialzeit in Köln hat ihm besonders gut gefallen; er würdigt den Lehrer für Griechisch, Latein und Deutsch, Dr. Anton Klein, der ihn zum Philosophieren gebracht hat. Aus seinem Tagebuch, das Robert Spaemann schon damals geführt hat, zitiert er den Satz: „Heute hat er wieder philosophiert.", das bedeutete für Spaemann: „Er hat angefangen, über den Stoff, den er gerade vortrug, eigene Überlegungen anzustellen. Es waren oft nur wenige, knappe Sätze, die bei mir auf fruchtbaren Boden gefallen sind." (S. 21)

Es war die Zeit des Nationalsozialismus und dann des Krieges, in der Robert Spaemann, wie er schreibt, „in zwei Welten" lebte. Seine Distanz zum Regime wollte und konnte er nicht verhehlen. Ein späteres Kapitel überschreibt er mit „Ich wäre Gärtner geworden", wenn die Nationalsozialisten obsiegt hätten (S. 35ff.)

Nicht von ungefähr war es, dass die erste Kaplanstelle Heinrich Spaemanns die Pfarrgemeinde St. Agatha in Dorsten war, die seit 1940 Pfarrer Franz Westhoff leitete. Er war vorher Polenpfarrer, stammte aus dem Münsterland wie Heinrich

Spaemann, war kein Freund der Nazis und galt als großmütig. Ich war damals in der Kriegszeit Messdiener in St. Agatha und der neue Kaplan Spaemann führte mich in das Amt am Altar ein. Er war, wie sein Sohn Robert schreibt, der mit ihm im Pfarrhaus zusammenwohnte, „ein frommer Mann", dem man seine verschlungene Vergangenheit nicht anmerkte. Auffällig war nur, dass er als katholischer Priester ganz offiziell einen Sohn hatte, der mir auch von Ansehen bekannt war.

Die Charakterisierung seines Vaters als „unpolitisch und unphilosophisch" erscheint mir nicht ganz zutreffend, denn einerseits war er früher Mitarbeiter bei den politischen „Sozialistischen Monatsheften" und andererseits unterhielt er sich mit seinem Sohn bei Tisch über aktuelle Fragen oder z.B. über die Apologie des Sokrates, die besonderen Anreiz für Philosophie gab. Kaplan Spaemann war ein rundum gebildeter Mann, der sich aber nur seinem priesterlichen Dienst widmete.

1944 fand Cordelia Steiner bei ihrer Tante im Ursulinenkloster Zuflucht, nachdem ihre jüdische Mutter in Berlin gestorben war. Auch deren Familie war zum Katholizismus konvertiert und die jungen Menschen bekamen Gesprächskontakte, da das Ursulinenkloster unmittelbar Wand an Wand mit dem Pfarrhaus lag. An mehreren Stellen des Buches würdigt Robert Spaemann seine spätere Frau als kompetente Gesprächspartnerin, die in philosophischen und politischen Fragen oft andere Positionen vertrat als er. 2003 ist sie gestorben und Roberts Trauer ist seinen Zeilen anzumerken.

Was die persönliche Lebensgeschichte Robert Spaemanns angeht, war also die Stadt Dorsten schicksalhaft. Seine Gymnasialzeit am Dorstener Gymnasium Petrinum sieht er nicht so positiv. Denn er schreibt: „Das neue Gymnasium in Dorsten langweilte mich eher." (S. 53) Ausführlich schildert Robert Spaemann die Tatsache, dass ihn der damalige Direktor Dr. Georg Feil vor der Gestapo gerettet hat, indem er eine Hitlerkarikatur von der Tafel wischte, welche die Direktorin Dr. Franziska Radke angezeigt hatte. Diese leitete das Dorstener Mädchengymnasium, das die Nazis den Ursulinen abgenommen und es unter die Leitung ihrer Anhängerin gestellt hatten. Das Mädchengymnasium war damals in dem Gebäude des Gymnasium Petrinum an der Bochumer Straße untergebracht. Nach dem Krieg kehrte das Mädchengymnasium wieder in das Ursulinenkloster zurück und ist bis heute dort beheimatet, wobei beide Gymnasien heute in Dorsten die Koedukation pflegen.

Während Frau Dr. Radke nach dem Krieg wegen ihrer nationalsozialistischen Vergangenheit keine Konsequenzen zu tragen hatte, wurde Dr. Georg Feil nicht wieder in sein vorheriges Amt eingesetzt. Robert Spaemann schreibt von diesem Direktor: „Übrigens war dieser Direktor, Dr. Feil, Parteimitglied und sonderte an nationalen Feiertagen, an denen er vor versammelter Schule zu reden hatte, so plumpe Sprechblasen ab, dass kaum jemand annehmen konnte, diese Phrasen hätten irgendetwas mit ihm zu tun. Sie hatten nichts mit ihm zu tun. Er war eben kein Held." (S. 36)

Bis auf den heutigen Tag ist das Verhalten des Direktors in der Nazizeit umstritten. Wenn man die Rede des damaligen Direktors nachliest, die er im Gymnasium beim Besuch des ehemaligen Schülers und Ritterkreuzträgers Theodor Nordmann im Dezember 1941 gehalten hat, so könnte man den Eindruck haben, dass diese Rede von einem überzeugten Nationalsozialisten gehalten worden wäre, der den „Stolz" der Vaterstadt und der Schule besonders hervorhebt und den Geehrten als „Ansporn und Vorbild für jeden Schüler" ansieht, „alles für den Führer und das großdeutsche Reich einzusetzen." (Westfälischer Beobachter vom 13. 12.1941) Der Text scheint auch sonst nicht nur „plumpe Phrasen" zu enthalten, so dass man schon zu dem Urteil kommen könnte, dass es zwischen Heldentum im Widerstand und platter Anbiederung noch andere Schattierungen gegeben hatte.

Aus Spaemanns Gymnasialzeit in Dorsten gibt noch ein anderes Ereignis zu denken, das er überliefert. Dabei hatte er sich bei einem Geschichtslehrer unbeliebt gemacht, weil er nach einer Schulstunde über die Juden in der Weimarer Republik den Lehrer fragte: „Wissen Sie nicht, was mit den Juden im Moment geschieht?" Die Antwort des Lehrers: „Wieso? Was? Sie machen Arbeitseinsatz im Osten." Die Antwort Spaemanns darauf: „Nein, sie machen keinen Arbeitseinsatz, aber ich kann Ihnen sagen, was geschieht." (S. 41) Darauf wurde der Lehrer ärgerlich und verwies ihn aus dem Klassenraum. Nach Spaemanns Worten war der Lehrer kein „fanatischer Nationalsozialist." Er wollte nur unbedingt wie viele andere Deutsche nicht wissen, dass die Juden nicht nur deportiert, sondern ermordet wurden. Selbst der mit Spaemann befreundete Carl Friedrich von Weizsäcker will, als Sohn des damaligen Staatssekretärs in Hitlers Diensten Ernst von Weizsäcker, nichts von der Vernichtung der Juden gewusst haben. Dass Spaemann als 17-Jähriger von der Ermordung der Juden gewusst, zumindest es geahnt hatte, während die „Großen" der Familie Weizsäcker nichts davon gewusst haben wollen, muss als indirekter Zweifel an deren Realitätsverständnis angesehen werden.

Das Kriegsende im Mai 1945 erlebten die Spaemanns auf einem Bauernhof in der Nähe Dorstens, nachdem die Stadt im März 1945 nahezu völlig zerstört worden war und als von der St. Agatha-Kirche nur noch ein Stumpf in den Himmel ragte. Kaplan Spaemann hatte keine Gemeinde mehr zu betreuen, wie sein Sohn schreibt, und bei der ersten Begegnung mit den Alliierten hatte Heinrich Spaemann Mühe, sich als katholischer Priester auszuweisen. Schon im weiteren Verlauf des Jahres 1945 machte Robert Spaemann mit 18 Jahren das Notabitur und begann ein Studium in Münster. Er wollte wie sein Vater jetzt katholischer Priester werden und meldete sich bei den Benediktinerpatres in Gerleve an. Die aber nahmen ihn nicht gleich auf, sondern verwiesen ihn auf einen späteren Zeitpunkt, so dass Robert Spaemann seine Liebe zur Philosophie entdeckte und dieses Fach zu studieren begann. 1952 promovierte er bei dem bekannten Philosophie-Professor Joachim Ritter zum Dr. phil. und heiratete ein Jahr später Cordelia Steiner.

Das Gymnasium Petrinum zu Dorsten hatte 1992 Robert Spaemann zu seiner 350-Jahrfeier eingeladen, eine Festrede zu halten, aber Spaemann konnte dieser Einladung „aus terminlichen Gründen" nicht nachkommen.

b) Gott und die Welt. Robert Spaemann und Wilhelm Weischedel, zwei unvergleichliche Philosophen im Vergleich

Wilhelm Weischedel, Jahrgang 1905, war von 1954 bis zu seiner Emeritierung 1970 Professor für Philosophie an der Freien Universität Berlin. Er starb in Berlin 1975. Robert Spaemann, Jahrgang 1927, war zuletzt seit 1972 bis 1992 Professor für Philosophie an der Ludwig-Maximilians-Universität in München. Er feierte im Mai 2012 seinen 85. Geburtstag.

Aus Anlass dieses Geburtstages erschien in diesem Jahr seine „Autobiographie in Gesprächen: Über Gott und die Welt". Wilhelm Weischedel veröffentlichte 1971 und 1972 sein zweibändiges, umfassendes Buch „Der Gott der Philosophen" in der Wissenschaftlichen Buchgesellschaft in Darmstadt. Der Untertitel lautet: „Grundlegung einer philosophischen Theologie im Zeitalter des Nihilismus." Auffällig ist, dass beide Universitätsphilosophen zu ihrem Thema nicht voneinander Kenntnis nehmen. Beide Philosophen sind so unterschiedlich, wie man es sich nur denken kann, obwohl sie Gott und die Welt als Hauptthema haben und fast dieselben Philosophen zitieren. Bei beiden steht die griechische Philosophie mit Platon und Aristoteles im Vordergrund, beide stützen sich auf die klassischen Philosophen Kant und Hegel, und für beide sind Nietzsche und Heidegger maßgeblich.

Wilhelm Weischedel promovierte 1932 bei Martin Heidegger in Freiburg mit dem Thema „Versuch über das Wesen der Verantwortung". Robert Spaemann promovierte 1952 in Münster bei Joachim Ritter über ein Thema, das überhaupt nicht philosophisch klingt: „Der Ursprung der Soziologie aus dem Geist der Restauration. Studien über L.G.A. de Bonald". 1959 erschien die Dissertation als Buch im Kösel-Verlag in München und die zweite Auflage 1998 bei Klett-Cotta in Stuttgart.

Robert Spaemanns Doktorvater Joachim Ritter kommt bei Weischedel nicht vor. Aber beide kennen Gerhard Krüger, den Spaemann noch in Münster erlebte, bevor er nach Tübingen ging, wo Weischedel seit 1945 lehrte. Weischedel behandelt Gerhard Krüger in beiden Bänden, ausführlich im zweiten Band. (S. 140-152) Er untersucht die philosophischen Gottesvorstellungen von der Antike bis zur Gegenwart und deckt bei allen Philosophen ihre theologischen Wurzeln auf. Seine philosophische Methodik ist die radikale Fraglichkeit, die bei der Gottesfrage nicht aufhört. Beispielhaft für die theologische Position der Philosophen ist der Satz von Gerhard Krüger: „Die griechische Lehre vom Kosmos ist eine theologische Metaphysik." (Band I, S. 39)

Robert Spaemann erlebte Gerhard Krüger in Münster mit einem anderen Thema, nämlich „Tradition und Moderne". Dazu sagt er: „Das Thema ‚Moderne und Modernitätskritik' hat mich seitdem nicht mehr losgelassen. ... Gerhard Krüger, von dem ich bis dahin nichts gelesen oder gehört hatte – er kam aus der Gegend Heidegger und Bultmann – faszinierte mich." (S. 70) Rudolf Bultmann, der evangelische Theologe der Existenzialtheologie und der Entmythologisierung, war beiden eine bekannte Größe. Er lehrte seit 1921 in Marburg, wo Weischedel 1929 sein theologisches Examen abgelegt hatte. Er wollte wie auch Robert Spaemann zunächst Theologe werden, dann zog ihn aber Martin Heidegger mit seiner Philosophie in den Bann. Bei ihm promovierte er und bereitete sich auf die Habilitation vor. Die Schrift dazu befasste sich unter dem Thema „Aufbruch der Freiheit zur Gemeinschaft" mit „Studien zur Philosophie des jungen Fichte". Weischedel bezeichnete sich selbst als „Fichteaner". Dazu passt im Vergleich eine Anekdote, die Robert Spaemann aus dem Kreis um Joachim Ritter überliefert. Bei ihm „durfte man nichts Freundliches über Fichte denken und sagen. ... Als einmal der junge Hermann Lübbe ... die Tabu-Frage zu stellen wagte, warum Hegel neben Fichte auf dem Dorotheenstädtischen Friedhof in Berlin begraben sein wollte, fiel er eine Zeit lang bei Ritter in Ungnade, was ihn nicht hinderte, später ein exemplarischer ‚Ritterianer' zu werden." (S. 85)

Wilhelm Weischedel, den ich während seiner Ordinarienzeit in Berlin in Vorlesungen, Seminaren und Prüfungen kennen und schätzen lernte, hat sich immer mit der Gottesfrage beschäftigt, obwohl er sich in einem Streitgespräch mit dem Theologen Helmut Gollwitzer als „Nicht-Glaubenden" bezeichnete. Dennoch findet er in seinem großen Werk einen neuen philosophischen Begriff von Gott, nämlich Gott als „Vonwoher". So lauten die Schlussworte in seinem zweiten Band „Der Gott der Philosophen": „Gott, das Vonwoher, ist Geheimnis, und der Mensch hat es abschiedlich als Geheimnis zu wahren." (S. 275)

Robert Spaemann ist immer ein „Glaubender" geblieben. Auch für seine Philosophie war der christliche Glaube ein festes Fundament, das sein Denken und Handeln bestimmte. Trotzdem würde Spaemann Weischedel zustimmen, wenn er Gott als Geheimnis definiert, das die Menschen zu wahren hätten.

Es erscheint mir die Tragik des Wilhelm Weischedel gewesen zu sein, dass ihn der christliche Glaube, der aus seinem Elternhaus und dem Theologiestudium stammte, bis zu seinem Tod 1975 nicht mehr eingeholt hat. Sein Chronist Joachim Günther berichtet über die letzten Gesprächsabende mit Wilhelm Weischedel seine Aussage: „Mit dem Tod ist alles aus." (Der Tagesspiegel vom 23. August 1975)

Das klingt nach absolutem Nihilismus, den Weischedel selbst in seinem Lebenswerk nicht vertreten hat. Auch der Schlusssatz in seinem zweiten Band dieses Lebenswerkes lässt die Gottesfrage als Geheimnis in der Schwebe. Der Tod und die Jenseitsfrage sind eng mit der Gottesfrage verbunden. Ausführlich behandelt Weischedel den Nihilismus unter dem Aspekt der Gottes- und Todesfrage in seinen zwei Bänden und kommt bei seiner Philosophie der radikalen Fraglichkeit zu dem Schluss, dass sie sich gegen jede Endgültigkeit richtet. Deshalb nennt er seinen Nihilismus einen „offenen Nihilismus": „Insofern kann das Philosophieren als radikales Fragen ... als offener Nihilismus bezeichnet werden." (Band II, S. 164) Wie Spaemann liegt auch Weischedel Karl Jaspers am Herzen. Die Grunderfahrung der Grenze führt bei aller Fraglichkeit bei Jaspers zur Transzendenz, zum Überschreiten der Grenze. Transzendenz ist bei Jaspers „die philosophische Sprache", was „in mythischer Ausdrucksweise Gott heißt." (Band II, S. 127)

Mit der Existenzphilosophie von Karl Jaspers kam Robert Spaemann schon früh in Berührung, als ein junger Mann zu Ende des Krieges bei Spaemanns in Dorsten zu Besuch war und ihm zum Abschied die Schrift „Die geistige Situation der Zeit" aus dem Jahr 1932 gab. (S. 59) Damals beschäftigte sich Robert Spaemann mit Theodor Haeckers Büchlein „Vergil - Vater des Abendlandes".

Spaemann fühlte sich als Schüler auf dem Gymnasium Petrinum zu Dorsten nicht ausgelastet und las selbstständig die Schrift. Auch Theodor Haecker war in späteren Jahren zum Katholizismus konvertiert. Seine „natürliche Katholizität des Wahren und Schönen". (Fischer-Bücherei 1958, S. 140) hatte es ihm angetan.

Für Spaemann stand grundsätzlich fest, dass Philosophie und christlicher Glaube sich nicht ausschlossen: „Für mich war klar: Wenn wir Gott wegnehmen, also so tun, etsi deus non daretur, als ob es Gott nicht gäbe – dann bricht das Denken zusammen." (S. 62) Bei Weischedel war es anders: Er unterzog alles der radikalen Fraglichkeit und wollte gerade die philosophische Theologie voraussetzungslos angehen, um herauszufinden, ob das menschliche Denken ohne den vorgegebenen Gottesbegriff auskäme. Sein Lebenswerk galt diesem Versuch, der mit dem vagen Begriff des „Vonwoher" endete und die Gottesfrage als „Geheimnis" in der Schwebe ließ.

Das „Geheimnis" meint philosophisch nach Erwin Metzke etwas, „was in der natürlichen Wirklichkeit unserer Vernunft seiner Existenz und seinem Wesen nach verborgen ist." (Handlexikon der Philosophie, Heidelberg 1949, S. 110) Theologisch ist es „eine übernatürliche Glaubenswahrheit." Mit diesen Formulierungen könnte sich auch Robert Spaemann anfreunden, so dass beide Philosophen in der Gottesfrage im Endeffekt doch nicht so weit voneinander entfernt sind. Der Begriff der Philosophie im Sinne der radikalen Fraglichkeit ist sicher nicht der von Robert Spaemann, aber das bohrende Fragen in der Philosophie liegt auch Spaemann, wenn er sagt: „Philosophie ist geradezu dadurch definiert, dass sie auf Fragen zurückkommt, die man für erledigt hielt." (S. 94) Aber dennoch plädiert er für einen festen Standpunkt, wenn man sich einmal zu einer Entscheidung durchgerungen hat: „Die Entscheidung kann ich nicht noch einmal zur Diskussion stellen, d.h. zum Gegenstand des Dialogs machen. Der Spirale des endlosen, ergebnislosen Diskurses muss auch die Philosophie entkommen." (S. 66) Philosophie führt trotz allen Fragens nach Gott und der Welt zu einer Entscheidung, die bei Weischedel wenigstens in seinem Lebenswerk nicht im absoluten Nihilismus landet und bei Spaemann vom christlichen Glauben bestimmt wird. Spaemann geht sogar so weit zu behaupten, „dass der christliche Glaube, und zwar in seiner katholischen Version, wahr ist und deshalb alles, was man als vernünftig einzusehen gelernt hat, mit diesem Glauben vereinbar sein muss." (S. 81)

Für beide spielt die Lebenserfahrung eine wichtige Rolle, bei Weischedel ist es die Grunderfahrung des Nichts im Sinne Heideggers, bei Spaemann ist es die Lebenserfahrung der Gottesbeziehung. „Warum soll er sie ausklammern, wenn er Philosophie treibt?" (S. 81)!

Spaemann legt sich sogar trotz seines Skeptizismus den Begriff der „katholischen Orthodoxie" zu, ohne zu sagen, was er genau darunter versteht. An Stelle einer Erklärung bringt er eine Anekdote im Zusammenhang mit seinem Heidelberger Kollegen Dieter Henrich: „Ich habe einmal … zu meinem Kollegen Dieter Henrich – der ursprünglich Pastor werden wollte – … gesagt: ‚Uns beiden ist von unserer theologischen Zeit etwas geblieben: Bei mir ist es die Orthodoxie und bei Ihnen die ‚Salbung.'" (S. 81) Was hier Salbung bedeutet, wird nicht ausgeführt. Es muss sich wohl auf das besondere Auftreten und Reden seines Kollegen beziehen.

Orthodoxie meint die richtige Meinung, den richtigen Glauben, sie steht für eine Rechtgläubigkeit, die sich streng an Dogmen und Glaubensgrundsätze hält. Das Thema Zweites Vatikanisches Konzil kommt bei Spaemann so gut wie nicht vor, so dass man nicht genau weiß, ob seine Orthodoxie sich auf die katholische Kirche vor oder nach dem Konzil bezieht.

Das 8. Kapitel trägt denselben Titel wie sein Buch „Glück und Wohlwollen", das den Untertitel „Versuch über Ethik" trägt. (Stuttgart 2009) Ein Untertitel in der Autobiographie heißt hier „Zweimal Castel Gandolfo", das die Sommerresidenz der Päpste ist. Hier spricht er über die Begegnungen mit Papst Johannes Paul II. und dem damaligen Präfekten der Glaubenskongregation Kardinal Josef Ratzinger, dem späteren Papst Benedikt XVI. Er beginnt diesen Abschnitt mit den Worten: „Ich werde öffentlich gern apostrophiert als ‚Berater des Papstes' oder gar ‚Freund des Papstes'." Kardinal Ratzinger hat ihm sogar eines seiner Bücher mit dem Titel „Kirche, Ökumene, Politik" gewidmet, und zwar mit der ausdrücklichen Bemerkung „in Freundschaft", so dass Orthodoxie wohl so viel meint wie „Papstnähe". Robert Spaemann gehörte und gehört zum engeren Beraterkreis der Kurie und des Papstes. Auf Veranstaltungen hat er vornehmlich über die Evolution gesprochen, ein Thema, das besonders Teilhard de Chardin am Herzen lag. Pius XII. hatte ihn gemaßregelt, aber mit dem Zweiten Vatikanum ist er wieder zu Ehren gekommen. Dass Spaemann nicht „papsthörig" zu nennen ist, beweist die Tatsache, dass er sich zusammen mit Gadamer und Böckenförde dafür eingesetzt hat, und zwar mit Erfolg, dass der kritische Theologe Johann Baptist Metz nicht von der Einladungsliste einer Tagung auf Castel Gandolfo gestrichen wurde. (S. 263) Er erwähnt auch positiv von Benedikt XVI., dass er mit dem „bekannten Papstkritiker Hans Küng" gesprochen hat, mit dem zusammen er immerhin beim Vatikanum II offizieller Konzilstheologe war.

Auch sonst konnte Spaemann „wider den Stachel löcken." So widersetzte er sich 1958 bei der Atombewaffnungsfrage dem damaligen Papstberater Gustav Gundlach, der die Atomwaffe als letztes Mittel befürwortete. Schon damals war Ernst-Wolfgang Böckenförde mit Martin Kriele auf seiner Seite. Auch sonst hebt Spaemann hervor, dass er mit katholischen Moraltheologen manchen „Strauß ausgefochten hat".

Über Dieter Henrich, seinen Philosophie-Professor-Kollegen, gibt es eine direkte Beziehung zu Wilhelm Weischedel. Denn Henrich kam später nach Berlin zur Freien Universität, wo Wilhelm Weischedel bis zu seiner Emeritierung Philosophie-Professor war. Zu seinem 70. Geburtstag im April 1975 hat Alexander Schwan, mein Doktorvater, die Festschrift „Denken im Zeitalter des Nihilismus" herausgegeben. (Wissenschaftliche Buchgesellschaft Darmstadt, 1975) In der Wissenschaftlichen Buchgesellschaft hatte Wilhelm Weischedel, neben seinen Seminaren in Berlin, von 1956 bis 1968 12 Bände Immanuel Kant herausgebracht. Meine erste Begegnung mit Wilhelm Weischedel war ein Proseminar an der FU-Berlin über Kants Grundlegung zur Metaphysik der Sitten. Gerade über den letzten Abschnitt dieser Schrift hat Dieter Henrich in dieser Festschrift geschrieben: „Die Deduktion des Sittengesetzes. Über die Gründe der Dunkelheit des letzten Abschnittes von Kants ‚Grundlegung der Metaphysik der Sitten'." (S. 55ff.) Ein anderer Autor in der Festschrift war ebenfalls bekannt mit Robert Spaemann, nämlich Ludger Oeing-Hanhoff, der mit Odo Marquardt, Hermann Lübbe, Günter Rohrmoser und Hans Schrimpf zum Kreis um den Philosophie-Professor Joachim Ritter in Münster gehörte, der sich „Collegium Philosophicum" nannte. (S. 83/84) Sein Aufsatz in der Festschrift hat den Titel „Hegels Religionskritik. Über die geschichtlichen Bedingungen ihres Wandels". (S. 196ff.) Kant und Hegel sind die fundamentalen Philosophen von Wilhelm Weischedel und Robert Spaemann, wie sich das auch an den Themen der Festschrift ablesen lässt. Es kehrt auch die Auseinandersetzung mit Helmut Gollwitzer wieder, wenn er in der Festschrift seine Antwort an seinen Kollegen Wilhelm Weischedel gibt, und zwar mit dem Aufsatz „'Der Gott der Philosophen' und die Theologie". (S. 375ff.) Gollwitzer wehrt sich als evangelischer Theologe gegen den „Schatten des Nihilismus". Er akzeptiert Philosophieren als „radikales Fragen", das den Gott der Philosophen im Nichts auflösen will. Für ihn gilt die Sicherheit des christlichen Glaubens, das den Menschen im Philosophieren nicht am radikalen Denken hindert, sondern ihn beflügelt, immer wieder die Gottesfrage zu stellen. Auf dieser Ebene liegt auch das Philosophieren Robert Spaemanns, wobei für ihn der katholische Glaube Grundlage des Denkens ist. Er will aber nicht „katholischer Philosoph" genannt werden. Seine „Orthodoxie" ist reine Glaubenssache, die sich aus der Grunderfahrung seines Lebens ergeben hat. So kann er beruhigt von sich sagen: „Meine intellektuelle Vita hatte immer etwas Traumwandlerisches. Trahit sua quemque voluptas. ‚Jeden reißt seine Leidenschaft fort.' – das gilt auf jeden Fall für mich. Die Entwicklung folgte - ebenso wie mein Leben – keinem Plan. Was ich tat und dachte, tat und dachte ich mit einem gewissen Gefühl der Sicherheit." (S. 95) Diese Sicherheit relativiert er für seine methodischen Herangehensweisen: „Die Frage nach einer philosophischen Methode hat mich immer in Verlegenheit gebracht." (a.a.O.)

c) Robert Spaemanns Hinwendung zur französischen Geschichte und Philosophie

Während Wilhelm Weischedel sich in seinen Schriften und in seiner Philosophie mit der deutschen Sprache befasste, wandte sich Robert Spaemann dem Französischen zu. Er nahm schon als Schüler der humanistischen Gymnasien in Köln und Dorsten, die neben den Hauptfächern Latein und Griechisch die Fremdsprache Englisch im Programm hatten, im Privatunterricht Französisch.

So konnte er den französischen Philosophen des Existentialismus, Jean Paul Sartre, im Original lesen und es sieht so aus, dass er sein schwieriges Buch über „Das Sein und Das Nichts" auf Französisch gelesen hat. Denn er schreibt über das unter deutscher Besatzung 1943 veröffentlichte Buch, dass „die meisten ... das schwierige Buch nie gelesen haben." (S. 99) Er befasst sich auch mit Sartres Aufsatz „Ist der Existenzialismus ein Humanismus?" und liest dazu Heideggers „Brief über den Humanismus", um auf der Höhe der Zeit zu sein. Die französische Literatur und Philosophie war ihm bekannt und mit Gabriel Marcel war er „freundschaftlich verbunden." (S. 100) Überhaupt war er ein Freund der „Klarheit französischen Denkens" (S. 103) und schätzte „die Präzisierung der Gegensätze." (a.a.O.) Dieser Klarheit setzt er „das Raunen in der deutschen Philosophie" gegenüber und urteilt dann hart über den weiteren Verlauf des französischen Denkens, das „unter dem Einfluss Heideggers ... mehr und mehr dem deutschen Einfluss verfallen ist und zu raunen begonnen hat." (S. 103) Im Übrigen lag ihm wenig an dem „Jargon der Eigentlichkeit" Martin Heideggers und er bricht eine Lanze für die „normale Sprache in der Philosophie." (S. 102) Er hält es sich zugute, dass er sich „seit den Anfängen seiner philosophischen Versuche sehr ungern irgendwelchen sprachlichen Moden angepasst hat." (a.a.O.) Er nennt die „Umgangssprache ... die oberste Metasprache." (a.a.O.)

So kam es nicht von ungefähr, dass Robert Spaemann sich für seine Dissertation einen Franzosen ausgewählt hat, den Adeligen de Bonald, mit dem er übrigens „erstmals durch einen Text von Carl Schmitt bekannt wurde." (S. 96) Carl Schmitt war ein philosophischpolitischer Propagandist des Nationalsozialismus. Als Gegner der Französischen Revolution und des Liberalismus und Pluralismus in der Weimarer Demokratie kam ihm das restaurative Denken und Handeln der Nationalsozialisten entgegen. Schon vorher waren die Bücher „Politische Theologie" (1922) und „Der Begriff des Politischen" (1927) bekannt. Robert Spaemann gehörte schon damals zum Dunstkreis derjenigen, die bei einem festen grundsätzlichen Fundament gegen den Mainstream angingen und sich Freiheiten herausnahmen, die damals verpönt waren. So lud schon 1950 sein Doktorvater Joachim Ritter den suspendierten Juristen und verfemten politischen Denker Carl Schmitt an die Universität Münster ein. Seit dieser Zeit gab es Kontakte zwischen Robert Spaemann und Carl Schmitt, wie es auch Kontakte zwischen dem umstrittenen Professor und dem mir bekannten Rabbinersohn und Professor an der Freien Universität Berlin, Jacob Taubes, gab. Robert Spaemann hatte für Carl Schmitt die wenig überzeugende Rechtfertigung: „Nach dem Krieg hatte ich weniger Probleme mit ehemaligen Nationalsozialisten. Die waren ja besiegt." (S. 97) Die Frage nach der Verantwortung für Reden und Tun in der Nazizeit bleibt dabei unbeantwortet.

Während die Französische Revolution ihren Siegeszug mit den Slogans Freiheit, Gleichheit, Brüderlichkeit begann, gab es später in der französischen Gesellschaft die Bewegung der Restauration, zu der auch de Bonald gehörte. So wählte sich Robert Spaemann das Thema seiner Dissertation selbst mit dem Titel „Der Ursprung der Soziologie aus dem Geist der Restauration. Studien über L.G.A. de Bonald". Neben der Überraschung über die Person de Bonald und die Zeit der Restauration gibt es die Hauptüberraschung, die bei einem philosophischen Thema bei dem Begriff Soziologie liegt. De Bonalds Denken bestimmte die Restauration der französischen Gesellschaft in der Zeit des Wiener Kongresses von 1815 bis 1838. Den Begriff der Soziologie hatte de Bonalds Zeitgenosse, der französische Philosoph des Positivismus, Auguste Comte, kreiert: Soziologie ist die Lehre von der societas, der Gesellschaft, die in ihren verschiedenen Gliederungen ihren Eigenwert bekommt. Robert Spaemanns Doktorvater Joachim Ritter war in diesem Themenbereich nicht unbedingt bewandert, doch er akzeptierte das Thema und lobte die Arbeit in seinem Urteil. Sie erschien 1959 als Buch bei Kösel in München und als 2. Auflage 1998 bei Klett-Cotta in Stuttgart.

Die Restauration im Sinne Spaemanns bedeutet hier nicht die bloße Wiederherstellung der vorrevolutionären Verhältnisse, sondern die Entwicklung einer neuen Theorie der Gesellschaft, die nicht Religion und Gott verwirft, sondern zum Beispiel die christliche Religion versteht als „Präsenz Gottes in der Gesellschaft und die Metaphysik als geistige Macht, in der sich die Gesellschaft ihrer eigenen Wahrheit vergewissert. – Die Erste Philosophie muss deshalb eine Meta-Metaphysik sein, das heißt eine Theorie, die die gesellschaftliche Wirklichkeit als Funktion gesellschaftlicher Selbsterhaltung reflektiert." (S. 107) In diesem Zusammenhang diskutiert Robert Spaemann die politischen Begriffe Links und Rechts. Die Restauration wird der „rechten" Seite zugeschrieben, während die Revolution als „links" gilt. Die Gegensätze beschreibt er nach der „Dialektik der Aufklärung von Adorno und Horkheimer" als „antagonistisch". (S. 111) Daraus schließt Spaemann, dass „es zwei anthropologisch fundamentale Interessen und Tendenzen gibt, einmal das Interesse der Selbstverwirklichung, Freiheit und Triebbefriedigung, das andere ist das Interesse an der Selbsterhaltung." (S. 110/111) De Bonald als Vertreter der Restauration tritt für die christliche Religion als Continuum der Selbsterhaltung ein, auch im politischen Sinne der Bewahrung des Nationalen, wie sie z.B. in der Geschichte für Polen der Katholizismus gegen alle Unterdrückung des Nationalen durch die Nachbarn Russland, Preußen-Deutschland und Österreich den polnischen politischen Bestand gewahrt hat, während es in Griechenland die christliche Orthodoxie war, die sich gegen das Osmanische Reich schließlich behauptet hat. Das Revolutionäre trat in beiden Fällen hinzu und erreichte so die „Selbstverwirklichung" des Nationalstaates. Was Spaemann ablehnt, ist das Umschlagen in das Extreme. Wenn beide Extreme ihr „Telos", ihr Ziel, ihre Grenze verlieren, zerfallen beide Positionen in radikale Diktaturen, wie es die Geschichte zeigt in der französischen Revolution, in der russischen Oktoberrevolution und im Deutschland des Nationalsozialismus. So kommt Spaemann zu dem Schluss, der einen Begriff von Weischedel übernimmt, aber in ganz anderer Bewertung: „Die extreme

Rechte und die extreme Linke sind beide nihilistisch." (S. 111) Nihilistisch bedeutet hier das Verschwinden ihres eigenen Zieles: „Die extreme Linke will Freiheit verwirklichen, ohne auf die Erhaltungsbedingungen Rücksicht zu nehmen. Die extreme Rechte will die Erhaltungsbedingungen derart perfektionieren, dass von der Freiheit nichts mehr übrigbleibt." (S. 112)

Der Vicomte de Bonald war keineswegs ein extremer Rechter, er war „ein Mann der intentio recta" (S. 112), „er wird in freier Wahl zum Bürgermeister seines Heimatortes gewählt. Er gibt sein Amt auf als Protest gegen die Einführung eines obligatorischen Eides auf die neue Verfassung." (a.a.O.) Die intentio recta meint die „richtige Orientierung", als gemäßigter Rechter war er kein absoluter Anhänger des Ancien Régime, sondern wollte auf vernünftige Weise das erhalten, „was wir an Schönem und Gesundem vom Ancien Régime behalten haben und was noch so beträchtlich war." (S. 115)

d) Spontaneität und Reflexion als Kernbegriffe in Robert Spaemanns Habilitationsschrift und Philosophie

Nach seiner Promotion und Heirat nahm Robert Spaemann die Stelle eines Lektors bei dem Kohlhammer-Verlag in Stuttgart an. Eine Assistentenstelle in Freiburg bei Professor Max Müller zu bekommen, misslang. Deshalb ging er 1956 wieder nach Münster und wurde durch Vermittlung seines Doktorvaters Joachim Ritter Assistent bei dem Pädagogik-Professor Ernst Lichtenstein. Später wird Spaemann Max Müllers Nachfolger in München auf dem Lehrstuhl für Philosophie. Für seine Habilitation wählte er wieder ein Thema aus dem Französischen, nämlich „Reflexion und Spontaneität. Studien über Fénelon." Die Schrift wurde 1963 im Kohlhammer-Verlag veröffentlicht. Die Neuausgabe und 2. Auflage erschien 1990 bei Klett-Cotta in Stuttgart.

Das 4. Kapitel seiner Autobiographie trägt die Überschrift „Rückkehr an die Universität Münster" und der Untertitel lautet: „Fénelon, der Freund der Mystik". (S. 129ff.)

Reflexion und Spontaneität sind die Kernbegriffe seiner Habilitationsschrift und gewinnen auch Bedeutung für seine Philosophie überhaupt. Wie wichtig diese Begriffe für die Philosophie generell sind, zeigt z.B. das Sachregister in Weischedels Buch „Der Gott der Philosophen". Wenn man die Buchstellen in seinem 2. Band nachschlägt, stößt man auf Gerhard Krüger, den Spaemann noch kurz in Münster erlebt hatte. Gerhard Krüger verwendet wie Kant die Gegensatzpaare Spontaneität und Rezeptivität an Stelle von Spontaneität und Reflexion, aber beide Begriffe Rezeptivität und Reflexion bedeuten das nachträgliche Aufnehmen von Eindrücken, die mit dem Verstand bearbeitet werden. In diesem Zusammenhang zitiert Weischedel Gerhard Krüger, der die geistige Empfänglichkeit als Schauen interpretiert und sie den Griechen zuordnet, und zwar als „Ergebnis eines höchsten geistigen Aufschwunges", den Krüger mit Erleuchtung gleichsetzt, weshalb er sagen kann: „Dass wir überhaupt denken können, dass wir Vernunft haben, beruht darauf, dass uns etwas Erleuchtendes begegnet; es beruht also auf einer eigenständigen geistigen Erfahrung, die aller sinnlichen Erfahrung vorausgeht." (Band 2, S. 146)

Diese Interpretation deckt sich mit der Reflexion, wie sie Spaemann bei dem französischen Bischof aus Cambrai, Fénelon, gefunden hat. Im christlichen Verständnis weist diese „Erleuchtung" auf die Selbstliebe, Gottesliebe und Nächstenliebe hin. Die „Selbstliebe" als Eigenliebe ist ein Teil der egoistischen Natur des Menschen, die durch Reflexion überwunden werden muss. Dadurch gelangt Fénelon zur Gottesliebe, die aber in Gefahr gerät, übertrieben zu werden, wie es Papst Innozenz XII. kritisiert, der den Gegenpart von Fénelon mit in seine Kritik hineinnimmt, nämlich den Bischof von Meaux, Bossuet, und in einem Bonmot formuliert: „Der Bischof von Cambrai (Fénelon) hat geirrt durch Übertreibung der Gottesliebe. Der Bischof von Meaux (Bossuet) hat gesündigt durch Mangel an Nächstenliebe." (S. 145)

Es überrascht, dass der Papst die übertriebene Gottesliebe als Irrtum ansieht, während der „Mangel an Nächstenliebe" als Sünde gilt. Mit Fénelon hat sich Spaemann in das 17. Jahrhundert Frankreichs begeben, während seine Promotion über das 19. Jahrhundert des betreffenden Landes ging. Ob das Urteil des Papstes über Fénelon und Bossuet zutreffend ist, ist für Spaemann zweifelhaft. Richtig ist, dass die Eigenliebe, die zu einem Mangel an Nächstenliebe führt, in der egoistischen Natur überwunden werden muss.

Spaemann greift in seiner Habilitationsschrift die Begriffe „Selbsterhaltung" und „Selbstverwirklichung" wieder auf, die schon Thema seiner Dissertation waren. Er verwendet den Begriff der „bürgerlichen Ontologie", die meint, dass alles Seiende, so auch der Mensch, an seiner „Selbsterhaltung" interessiert ist. (S. 148) Dabei zitiert er Spinoza mit dem Satz: „Das Wesen der Dinge besteht im Streben, sich zu erhalten." (s.o.) Er übernimmt auch den Begriff der „Selbstverwirklichung" und beruft sich auf Aristoteles' Zweiteilung von „zen" (bloßes Leben zur Selbsterhaltung) und „eu-zen" (sittlich gutes Leben, das zur Selbstverwirklichung führt).

Die Verbindung zum „Bürgerlichen" sieht Spaemann im Aufkommen des Bürgertums im Frankreich des 17. Jahrhunderts, das sich gegen den herrschenden Absolutismus eines Ludwig XIV. wendet. So wird auch Fénelons Erziehungsroman „Télémaque" als Kritik am Absolutismus verstanden. Fénelons Erziehungsroman war in seiner Kritik ein Vorläufer des Erziehungsromans „Émile" von Rousseau im 18. Jahrhundert, so dass Spaemann den Satz von Rousseau zitiert, „der sich wünschte, Fénelons Lakai zu sein, um sich zu seinem Kammerdiener heraufzuarbeiten." (S. 147) Spaemann schätzte das Französische, so dass sein Interesse auch Rousseau galt, über den er das Buch verfasste: „Rousseau – Bürger ohne Vaterland. Von der Polis zur Natur". (Stuttgart 2008)

Über Rousseaus Populärbegriff „Retour à la nature" kommt Spaemann zu seinem anderen Hauptbegriff der Spontaneität, der die unwillkürliche und selbsttätige Hervorbringung der Erkenntnis aus sich selbst heraus meint.

Spaemann zitiert zur Erklärung der Spontaneität den Dornauszieher aus Kleists Marionettentheater, der sich im Spiegel bei seiner Tätigkeit beobachtet und versucht, sie selbst mit Überlegung zu wiederholen, was ihm nicht gelingt. „Die Unmittelbarkeit geht durch die Reflexion verloren." (S. 152) Spaemann zitiert dann Kleists eigene Interpretation von Spontaneität und Reflexion: Die letztere muss als Bewusstsein „durch ein Unendliches gegangen sein", um die Anmut des Ursprungs zurückzugewinnen. Die Spontaneität des ersten Augenblicks kann man nicht festhalten: „Denn in dem Moment, da man an ihr festzuhalten versucht, ist sie schon nicht mehr Spontaneität. Es gibt kein Zurück zur Naivität", zur ursprünglichen, unbefangenen, unschuldigen Natur. (s.o.)

e) Die Bedeutung der Mystik bei Fénelon und in Robert Spaemanns Philosophie

Das 4. Kapitel über die Habilitationsschrift in Münster trägt den Untertitel: „Fénelon, ein Freund der Mystik". (S. 129) In dem Begriff der Mystik bei Spaemann verbinden sich Spontaneität und Reflexion, um die selbsttätig hervorgebrachten Erkenntnisse zu reflektieren und sie durch Meditation der Kontemplation zuzuführen.

Für Spaemann ist Fénelon selbst kein Mystiker, sondern nur „ein Freund der Mystik." (S. 140) Bei Fénelon wie bei den Aufklärern im Frankreich des 17. Jahrhunderts findet die Mystik deshalb Resonanz, weil sie „auf Distanz geht zu den historischen, den ‚positiven' Inhalten der Religion." (S. 140) Gemeint ist der überkommene Absolutismus der französischen Könige, die sich als Vertreter Gottes auf Erden verstanden, die das Recht hätten, den Menschen ihre staatlichen und religiösen Regeln vorzuschreiben. Um diesem äußeren Druck zu widerstehen, versuchten die französischen Mystiker, wie Plotin „die Vereinigung mit dem Einen" zu erreichen, „das vor allem sprachlichen Ausdruck und ganz ohne Eigenschaften zu denken sei." (a.a.O.) Selbst ein Vaterunser zu beten könne falsch sein. Auch „Ereignisse im Leben Jesu" fielen unter das Verdikt der Sprachlosigkeit, was den kritischen und atheistischen Aufklärern gefiel. Das bedeutete manchmal für die Mystiker, dass sie ohne die Offenbarung auskamen, um sich mit Gott zu vereinigen. Für Fénelon kam „eine Loslösung vom Christentum" als Offenbarungsreligion nicht in Frage. (S. 141)

Fénelon stützte sich in seiner theologia mystica auf den Kirchenvater des 2. und 3. nachchristlichen Jahrhunderts, auf den Gnostiker und Vertreter der griechisch-patristischen Philosophie, Clemens von Alexandrien, der Vorbild wurde für den Franziskaner des 13. Jahrhundert, Bonaventura, der in seinem Sentenzenkommentar den Stufenweg des Menschen bis zur Vereinigung mit der Gottheit beschreibt, und zwar in seinem „Itinerarium mentis ad Deum", dem Weg des Geistes zu Gott. (S. 141) Spaemann unterstützt diese Mystik und nennt die beiden Stufen: „Meditation und Kontemplation". (a.a.O.) Hier definiert er die Meditation als „das Durchdenken, Durchfühlen, Durchleben bestimmter begrifflicher oder anschaulicher Inhalte." (a.a.O.) Diese Inhalte fließen immer mehr zusammen und führen schließlich zur Vereinigung mit der Gottheit: „Die Meditation mündet in der Kontemplation", in dem Sichversenken in die Geheimnisse der Gottheit. (S. 142)

Die Spitze der kontemplativen Mystik sah Fénelon als Freund der Mystik nicht im deutschen Dominikaner Meister Eckhart, sondern in der spanischen Karmeliterin Teresa von Avila, die Paul VI. 1970 zur Kirchenlehrerin erklärt hat. Im Unterschied zu Meister Eckhart geht Teresa von der Vision des konkreten leidenden Christus aus und bleibt bei ihrer Gotteserfahrung ganz in der Nähe des Evangeliums. Bei dieser Erscheinung Jesu stellt sie die philosophische Grundfrage: „Wie kann ich wissen, ob das nicht Vorspiegelungen des Teufels sind, der mich auf einen Irrweg führen will?" (S. 144)

Was hier in der Philosophiegeschichte von Bedeutung ist, ist die Tatsache, dass Spaemann behauptet: „Diese Gedanken hat übrigens Descartes von Teresa von Avila übernommen." (a.a.O.) Auch Descartes spricht in seinem Meditationen von dem „Täuschergeist", dem genius malignus, und stellt wie Teresa die Frage: „Können nicht auch meine evidenten Erkenntnisse nur Vorspiegelungen eines bösen Geistes sein?" Dazu schreibt Spaemann: „Seine Antwort darauf war für die Philosophie der Neuzeit von großer Tragweite. Es gibt etwas, da kann mich auch der Teufel nicht täuschen, nämlich, dass ich denke." (a.a.O.) Teresa von Avila kam es bei ihrer Schau nicht auf das Denken an, sondern ihren Lebenswandel zu ändern und die „Wege der Vollkommenheit" zu beschreiben. Spaemann sieht in beiden die Möglichkeit der Gewissheit und schließt den Absatz mit der Bewertung: „Beide finden zur Gewissheit: Descartes in der Reflexion, im cogito, ergo sum, im Faktum, dass ich denke, und Teresa von Avila in einem Gehorsam, der die mystische Erfahrung zurückbindet an eine Intersubjektivität, die den Solipsismus ausschließt. Beide sehen sich in je verschiedener Weise auf der sicheren Seite." (S. 144) Die „doctora mystica" blieb nicht bei der mystischen Kontemplation stehen und gründete im Gehorsam gegenüber der Kirche und dem Papst im Spanien des 16. Jahrhunderts 30 neue Klöster, um mit den Karmeliterinnen „den Weg der Vollkommenheit" zu gehen. Fénelons Konsequenz war das Büchlein „Die Maximen der Heiligen", das aber auf die Kritik des Papstes Innozenz XII. stieß. Fénelon stellte den Gehorsam über die Reflexion und ließ die Exemplare seines Büchleins einstampfen.

Die Deutschen lernten Fénelon durch Matthias Claudius kennen, der seine Briefe ins Deutsche übersetzte. Fénelon versteht sich selbst nicht als Mystiker, er ist nur „ein Freund der Mystik." Für ihn ist die Reflexion primär, denn „für den Mystiker gibt es in der kurzen Zeit seiner mystischen Erfahrung keine Reflexion. Hier ist reine Spontaneität. Sie kann man nicht festhalten." (S. 153) Wichtig bei der Reflexion ist die Erinnerung. Deshalb haben die Philosophen gegenüber der mystischen Erfahrung ihre Reserven: denn „der Philosoph ist derjenige, der die Erinnerung kultiviert." (S. 154) Für Fénelon bleibt die Erinnerung an den tradierten Glauben eine feste Größe, so dass Spaemann abschließend zu Fénelons Verhältnis zur Mystik erklärt: „Er hält an den tradierten Inhalten des Glaubens und der Dogmatik fest, ja er sieht in diesem Festhalten die extreme Form der Selbstentäußerung. Der Gehorsam, mit dem die tradierten Glaubensinhalte angenommen werden, die ‚Dunkelheit des reinen Glaubens', stellt für ihn den tiefsten Akt der Mystik dar." (S. 160)

f) Robert Spaemanns umstrittener Wertebegriff und seine Auffassung von Heimat im Leben und in der Philosophie

Über Walter Warnach, der an der staatlichen Kunstakademie in Düsseldorf Philosophie lehrte, lernte Robert Spaemann Carl Schmitt näher kennen, die zusammen mit so unterschiedlichen Persönlichkeiten wie Heinrich Böll und Joseph Beuys befreundet waren. Spaemann selbst berichtet über einen sehr ereignisreichen Besuch bei Heinrich Böll. (S. 201ff.)

In seinem Wertebegriff stützt sich Robert Spaemann auf Carl Schmitts Schrift aus dem Jahre 1967, mit dem provozierenden Titel „Tyrannei der Werte". Er selbst verfasste 2001 einen Aufsatz mit der Überschrift „Europa - Wertegemeinschaft oder Rechtsordnung". Er lehnt in diesem Aufsatz den Begriff der Wertegemeinschaft ab, und zwar mit dem einzigen Argument, weil sich das „Dritte Reich" und die kommunistischen Länder als Wertegemeinschaften verstanden. (S. 169) Deshalb hält er es auch für bedenklich, „Bürgern das Bekenntnis zu ‚unserer Werteordnung' abzuverlangen." (a.a.O.) Unerklärlich scheint mir Spaemanns Abneigung gegenüber dem Begriff der Werte, da sein ganzes Buch „Über Gott und die Welt" ein „Hohes Lied" der Werte Recht, Freiheit, Gottes- und Menschenliebe usw. ist. Die „Entwertung der Werte" bei Nietzsche dürfte für ihn auch nicht ausschlaggebend sein. Er selbst schätzt den Thomisten aus Münster, Josef Pieper, der nach Thomas von Aquin Gott als das „summum bonum" (das höchste Gut) ansieht, das als höchster Wert verstanden wird, das dem Wirklichkeitsganzen seinen Sinn verleiht.

Im Übrigen schätzt Spaemann Max Scheler, dessen personalistische Philosophie Wilhelm Weischedel im zweiten Band seines Buches „Der Gott der Philosophen" einer kritischen Würdigung unterzieht. Nach Scheler ist es Aufgabe des Menschen als Person, „die von Gott der Welt vorgestellten Werte zu verwirklichen." (Band 2, S. 112) Weiter heißt es von Scheler: „Der Mensch ist der Träger einer Tendenz, welche alle möglichen Lebenswerte transzendiert und deren Richtung auf das ‚Göttliche' geht." (a.a.O.) Die Werteordnung nach unserem Grundgesetz macht sich wesentlich solche philosophischen Vorstellungen zu Eigen, wie wir sie z.B. bei Max Scheler vorfinden, so dass es befremdlich klingt, wenn Spaemann einen Unterschied macht zwischen Werten und Gesetzen. Denn jedem Gesetz sollte ein akzeptierter Wert zugrunde liegen: „Abverlangen kann und muss man den Bürgern den Gehorsam gegenüber den Gesetzen. Was ‚unsere Werte' sind, ist ja selbst umstritten, obwohl der Druck der political correctness immer bedrohlicher wird." (S. 169)

Es liegt auf der Hand, dass die Unwerte der blutigen Hitler- oder Stalindiktatur nichts mit den Werten zu tun haben, die durch Verfassungen geschützt in Demokratien gelten. Den Unwerten des Nationalsozialismus entkam Robert Spaemann in jungen Jahren mit Erfolg, als er sich zusammen mit seinem Vater auf einem Bauernhof in der Nähe von Dorsten versteckte, so dass am Ende des Krieges der Einberufungsbefehl an einen 17-jährigen nicht vollstreckt werden konnte. Auch sonst war der junge Spaemann den zeitweiligen Verlockungen des Nationalsozialismus nicht erlegen.

Dasselbe lässt sich von dem älteren Wilhelm Weischedel sagen, der sich nach den absolvierten Prüfungen den deutschen Universitäten nicht zur Verfügung stellte und ein Schlupfloch in einer wirtschaftlichen Tätigkeit als angestellter Wirtschaftsprüfer fand.

Auch die Kommunisten versuchten Robert Spaemann für sich zu gewinnen, als sie ihn von München aus 1947 zum Volkskongress nach Ostberlin einluden, wo über die Wiedervereinigung im kommunistischen Sinne beschlossen werden sollte. Als er bei der einstimmigen Schlussabstimmung unter Druck gesetzt wurde, beendete er das Intermezzo: „Ich entzog mich weiteren Diskussionen durch die Flucht. Ich brach das Semester in der Mitte ab, fuhr nach Hause, nach Dorsten in Westfalen, hängte dort das Leninbild von der Wand ab, das mein Vater, ohne sich dagegen zu wehren, hatte hängen lassen, obwohl wir nach Zerstörung des Hauses nur noch einen gemeinsamen Arbeitsraum hatten." (S. 78)

Ausgangspunkt der sogenannten marxistischen Episode war die Mitarbeit an der Zeitschrift „Ende und Anfang", in der Spaemann seinen ersten längeren philosophischen Aufsatz „Vertrauen – ein Wagnis" veröffentlichte. (S. 72) Der Privatgelehrte und Hegelforscher Johann Ludwig Döderlein hatte ihn angezogen und ihn zeitweilig in seinen „marxistischen Bann" gebracht. Nach dieser Episode mit dem Erlebnis beim Volkskongress begann Spaemann einen „neuen Anfang", ging an die katholische Universität Fribourg in der Schweiz, wo er, wie er ausdrücklich schreibt, „Politik Politik sein ließ" (S. 79), um sich ganz dem Studium der Philosophie zu widmen.

Die Politik, die der Kommunismus mit seinem Marxismus praktizierte, war nicht seine Politik und er erkannte dessen „Unwert". Den „Unwert" einer marxistisch angehauchten Zeit erlebte er bei seiner zweiten Station als Philosophie-Professor in der „revolutionären" Zeit in den 68er Jahren an der Universität in Heidelberg. Die Selbsttötung seines Philosophie-Kollegen Jan van der Meulen, dessen Vorlesung „revolutionäre" Studenten verhinderten, hatte ihn so erschüttert, dass er sich wieder nach Stuttgart zurückberufen ließ. Später bei einer Diskussion mit Jürgen Habermas geht Spaemann noch einmal auf seine Erlebnisse in Heidelberg ein und verlangt für die Möglichkeit einer „guten Herrschaft" den Schutz von Mächtigen, die immerhin so stark sind, dass sie z.B. eine Rektoratswahl gegen die Verhinderung durch Studenten verteidigen können. Gegen seinen Kollegen Ernst Tugendhat, der meinte, „unter Polizeischutz könne man nicht zwanglos abstimmen", wandte er ein, „dass ohne einen machtgeschützten Raum kein zwangloser Diskurs möglich sei." (S. 209)

Diese Position trug ihm in bestimmten Universitätskreisen keine Freundschaften ein und klebte ihm das Etikett „rechts" auf, das heute als „konservativ" veredelt oder verteufelt werden kann. Nach einer unglücklichen Episode in Salzburg, bei der er persönlichen Mut bewies, fand er seine „berufliche Heimat" in München, wohin ihn der damalige Kultusminister Hans Maier als Nachfolger von Max Müller auf den Lehrstuhl für Philosophie an der Ludwig-Maximilians-Universität berief. Hier fühlte er sich wohl und blieb in München von 1972 bis zu seiner Emeritierung 1992.

Die nördlichen Lebensstationen Spaemanns waren Berlin, Münster, Köln und Dorsten. Die südlichen Stuttgart, Heidelberg, Salzburg und München. Aus dem nördlicheren Teil Deutschlands stammte sein Vater, nämlich aus Sölde bei Dortmund in Westfalen, aus dem südlichen kam seine Mutter, die in Hayingen im Schwabenland zu Hause war. Diesem Ort widmet er ausdrücklich einen Abschnitt im 1. Kapitel „Jugend und Drittes Reich". (S. 26ff.)

Wenn er auch kein eigentliches Heimatgefühl entwickeln konnte, so lobt er doch seine Sozialisation im linksrheinischen Köln, „wo ich mich noch am ehesten ein bisschen zu Hause fühlte." (S. 69) Auf die Frage nach der Heimat antwortet er: „Ich konnte eigentlich nirgendwo sagen: Hier ist meine Heimat. Ich kann wohl sagen, dies ist mein Vaterland und das ist für mich auch immer wichtig geblieben." (S. 69) Der Begriff Vaterland ist bis heute durch die „dunkle Zeit" der deutschen Geschichte immer noch verpönt, weshalb ihre Verfechter leicht in eine „rechte Ecke" gedrängt werden. Robert Spaemann stört es nicht, wenn er als „konservativer Philosoph" bezeichnet wird, der Klappentext seines Buches „Über Gott und Welt" nennt ihn sogar den „bedeutendsten konservativen Philosophen im In- und Ausland."

Im 7. Kapitel über „das Bewusstsein der Zeit" spricht Robert Spaemann von den „zwei fundamentalen Interessen des Menschen", und zwar von „dem Interesse, die Welt zu beherrschen, und dem Interesse, sich in der Welt zu beheimaten." (S. 217) Zum ersteren Interesse sagt er weiter: „Der Mensch kann nicht überleben ohne ein gewisses Maß an Naturbeherrschung." (S. 218) Diese problematisiert er durch einen Hinweis auf Blaise Pascal, der von „dem Schweigen der unendlichen Räume" spricht. Das kann dazu führen, dass „sich der Mensch als einsamen Vagabunden in einem sinnlosen Universum sieht." (a.a.O.) Bei dem anderen Interesse, das der Naturbeherrschung entgegensteht, spricht Spaemann wirklich von „Heimat". Das zweite Interesse ist das „an Heimat, an Beheimatung. Das heißt, die Dinge sind einerseits Objekte unserer Herrschaft, andererseits sind sie uns ähnlich. Wir sind Lebewesen unter anderen Lebewesen." (S. 218) In Abwehr von Descartes' Zweiteilung der Welt in res cogitans und res extensa spricht Spaemann sein philosophisches Bekenntnis aus: „Das Leben kann nicht aufgeteilt werden in Subjektivität und Objektivität; Leben ist Verbindung von beidem. Leben ist denn auch immer mehr ins Zentrum meiner philosophischen Bemühungen gerückt." (S. 218) Spaemanns Schlusskapitel 10 trägt den Titel „Die zwei Interessen der Vernunft". (S. 322ff.) Hier nennt er die beiden Pole „Naturalismus" und „Spiritualismus" und definiert die Philosophie als den „Versuch, diese Dialektik als solche zu verstehen." (S. 322) Diese Dialektik, die die Begriffe Objektivität und Subjektivität wieder aufgreift, verbindet das Natürliche mit dem Geistigen. Sie folgt der Hegelschen Fragestellung, danach zu suchen, „was in Wahrheit ist." (S. 338) „Was in Wahrheit ist" erinnert an Spaemanns Überschrift der Kindheitserinnerungen „Was immer ist". (S. 13ff.) So schließt sich der Kreis, der Anfang und Ende des Buches verbindet: „Was immer und in Wahrheit ist." Ausgangspunkt und Ziel der Spaemannschen Philosophie ist der christliche Glaube, und zwar, wie er selbst sagt, „in seiner katholischen Version." Dabei schließt Spaemann den Skeptizismus nicht aus, der alle Aussagen, Geltungen, Werte und Glaubenssätze zweifelnd beurteilt, um schließlich zu einem festen Standpunkt zu gelangen.

„Was immer ist und in Wahrheit ist", bestimmt Spaemanns Leben, von dem er sagt: Es „ist eine vorübergehende Episode im Universum." (S. 17) Eine wichtige „Episode" in Spaemanns Leben war die Taufe 1930 in der Benediktinerabtei St. Josef in Gerleve. In Erinnerung ist Spaemann eine Osternacht in Gerleve im Kriegsjahr 1943, noch im selben Jahr wurden die Mönche von den Nazis aus ihrem Kloster vertrieben. Der Gesang der Mönche hatte es Spaemann zeitlebens angetan. So schreibt er von ihnen: „Die Mönche bezeugen durch ihren Gesang und durch die Form ihres Alltags das, was immer ist. Sie bezeugen es als den, der immer ist." (S. 17) Der Gesang der Mönche in Spaemanns Jugendzeit steht in Verbindung mit seinem Ostererlebnis bei den griechischen Mönchen 1981 auf dem Athos in Griechenland. Es geht dabei um die Osterliturgie, die immer wieder den Satz wiederholen lässt: „Christus ist auferstanden." Von diesem Gesang war Spaemann so beeindruckt, dass er „ihn wohl bis zum Ende seines Lebens nicht vergessen werde." (S. 314)

Das sind Sternstunden des Lebens, die Spaemann ein Gefühl der „Heimat" geben, wie er glaubte, es in seiner Kindheit erlebt zu haben. In diesem Zusammenhang bezieht er sich auf Ernst Bloch, wenn er von ihm schreibt, „was uns allen in die Kindheit scheint und wo noch keiner war: Heimat." (S. 18) Spaemann bestätigt diese Aussage und erinnert sich an seine Mutter: „Ja, in die Kindheit ist mir wohl so etwas geschienen: die heitere, zärtliche, strenge Liebe meiner kranken, jungen Mutter. Was mir blieb, war, was meine Mutter mir mitgegeben hat: Glaube und Hoffnung auf die ‚wahre Heimat', von der der Apostel Paulus schreibt, dass sie im Himmel ist." (S. 18)

g) Nachtrag und Schlussbemerkung

Klaus König von der Hardt in Dorsten hat mich auf disparate Texte im Internet hingewiesen, die sich auf Robert Spaemann und seinen Vater beziehen. Ein gedruckter Text stammt aus der „Frankfurter Allgemeinen Sonntagszeitung" vom 15. Februar 2009 und ist ein Interview mit der Zeitung. Er trägt den Titel „Wo Hass aufbricht, stimmt etwas nicht". Im Untertitel steht: „Der Philosoph Robert Spaemann über den Papst und die Pius-Brüder, über die Brüche in der katholischen Kirche und die Macht der Liebe".

Solche Texte sind eine Ergänzung zu Spaemanns Autobiographie „Über Gott und die Welt". Dabei sind einige Quellen, die Robert Spaemanns Vater Heinrich betreffen, aber mit Vorsicht zu genießen. Manche von diesen machen Robert Spaemanns Vater Heinrich zum „Pfarrer in Dorsten", der nach dem Krieg dort gewirkt habe. Tatsächlich war Heinrich Spaemann seit 1942 mit seiner ersten Kaplanstelle in Dorsten und blieb dort bis 1948. Dann wird Heinrich Spaemann „Spiritual am Collegium Borromäum in Münster", wie Michael Winter in der Kirchenzeitung aus Münster 1993 schreibt, in deren Schriftleitung er berufen wurde. Später wurde er, wie Michael Winter weiter berichtet, „Rektor im Kloster zum Guten Hirten in Münster". („Andere Dorstener Geschichten" Edelgard Moers, Hrg., Dorsten 2005, S. 29). Dort schreibt Michael Winter auch über die Lebenserfahrung des Kaplans am Tag der Zerstörung Dorstens am 22. März 1945: „Im Keller des mehrstöckigen Pfarrhauses sitzt der 43jährige Kaplan Heinrich Spaemann zusammen mit einer elfköpfigen Familie. Das Haus wird geradezu weggebombt. Der Keller bleibt verschont. Keiner der Menschen, die darin Schutz gesucht haben, wird verletzt. Mit einem einzigen Köfferchen, in das er sein Nachtzeug, sowie Stola und Kelch gepackt hat, verlässt Heinrich Spaemann kurz vor Ostern 1945 die Stadt, um ein kleines Bauerngehöft in der Umgebung aufzusuchen, in dem sein Sohn untergebracht ist." (S. 28)

Heinrich Spaemann selbst schreibt in „Christ in der Gegenwart" vom 12. August 1984 über den Tag der Zerstörung Dorstens, wie er ihn miterlebt hat, und schließt den Abschnitt über das Kriegsgeschehen mit dem Satz ab: „Wir fielen uns in die Arme. In dieser Minute wurde ... uns der Sinn vom Überleben lebendig." (a.a.O.) Wie Heinrich Spaemann als „geistlicher Ratgeber" wurde sein Sohn Robert als „Berater des Papstes Benedikt XVI." geschätzt und bekam aus dem Feuilleton der F.A.Z. und im Radio Vatikan zu seinem 80. Geburtstag am 5. Mai 2007 ein kräftiges Lob: „Seine Aufsätze und Bücher gehören deshalb zum Lesbarsten, was die deutsche Philosophie der Gegenwart hervorgebracht hat." (Henning Ritter in der F.A.Z. vom 5. 5. 2007)

Den ebenfalls von verschiedener Seite umstrittenen Wertebegriff Spaemanns legt er in seinem Aufsatz „Europa ist kein Werteverbund" in der Zeitschrift „CICERO" vom April 2004 dar. In diesem Aufsatz benutzt er positiv den Begriff „Wertschätzungen", wenn er für die Europäische Union fordert, dass sie „nur dann eine Rechtsgemeinschaft sein kann, in der alle Bürger der Länder europäischer Tradition ein gemeinsames Dach finden, wenn sie Gemeinschaften mit gemeinsamen Wertschätzungen schützt, selbst aber darauf verzichtet, eine Wertegemeinschaft zu sein."

Der 11. Februar 2013 ist ein bedeutendes Datum für die Kirchen- und sogar die Weltgeschichte, weil Papst Benedikt XVI., als dessen Berater Robert Spaemann gegolten hat, mit Wirkung zum 28. Februar 2013 auf sein Papstamt verzichtet, was in Jahrhunderten der Papstgeschichte nicht vorgekommen ist.

Das Wirken Benedikts XVI. und die Bedeutung des Zweiten Vatikanischen Konzils sind in Robert Spaemanns Autobiographie nicht eigens thematisiert worden. Beides findet aber seinen Niederschlag in jenem Interview in der Allgemeinen Sonntagszeitung der F.A.Z. vom 15. 02. 2009. Anlass war die Rücknahme der Exkommunikation der Pius-Brüder mit einem Bischof, der den Holocaust leugnet. Der verstorbene Bischof und Konzilsgegner Lefebvre hatte zu seinen Lebzeiten gegen den Willen des Papstes Johannes Paul II. vier Bischöfe geweiht und damit 1988 die Exkommunikation erreicht, die Benedikt XVI. aufgehoben und sich damit auch den Widerspruch der deutschen Kanzlerin Angela Merkel zugezogen hatte. Das Nachgeben des Papstes Benedikt XVI. verteidigt Robert Spaemann mit den Worten: „Benedikt will als Papst in die Geschichte eingehen, der Schismen aufhebt und sie nicht noch vertieft." (a.a.O.) Er befürchtet, wie Spaemann weiter sagt, „dass diese Leute weiter ins Abseits driften und mit vier Bischöfen langsam eine Gegenkirche aufbauen." (a.a.O.) Deshalb kann Spaemann auch nicht verstehen, dass „man ihm mit einer beispiellosen Medienkampagne in die Quere gekommen (ist) und davon redet, er umarme die Traditionalisten und gehe rückwärts anstatt vorwärts." Spaemann sieht mit Recht den „Knackpunkt ... in der Erklärung des Konzils über die Religionsfreiheit. Sie ist der Stein des Anstoßes, deswegen müssen die Gespräche, die jetzt bevorstehen, sich darauf beziehen." (a.a.O.) Das sieht so aus, als ob einer der wichtigsten Texte des Zweiten Vatikanischen Konzils wegen deren Ablehnung durch die Pius-Brüder verhandelbar sei. Spaemann will anders als sein Freund Ernst-Wolfgang Böckenförde auch nichts von den Begriffen „Bruch mit der Tradition, vorkonziliar und nachkonziliar" wissen und kritisiert die Konzilsväter, „die sagten, dass sich Altes und Neues gut miteinander verbinden lasse. Aber damals haben sie sich nicht genug Mühe gemacht, sie haben die Vereinbarkeit behauptet, aber nicht gezeigt." (a.a.O.) Für Spaemann ist und bleibt „die These vom Bruch so oder so problematisch: Vor allen Dingen stärkt sie die Lefebvrianer." (a.a.O.)

Das ist nicht die Position derjenigen, die ohne Wenn und Aber auf Seiten des Zweiten Vatikanischen Konzils stehen. Die Kritik an Spaemann bezieht sich auch auf den scheidenden Papst Benedikt XVI. und die neue Papstwahl im März 2013 wird einen bedeutenden Einschnitt in der Kirchen- und auch Weltgeschichte bedeuten.

Spaemann vertraut, wie er es auch dem scheidenden Papst zugute hält, auf „die Macht der Liebe." Und so soll als versöhnender Abschluss Spaemanns letzte Antwort in diesem Interview zitiert werden: „Impugnabant me gratis, heißt es in einem Psalm: Sie haben mich wegen nichts, sie haben mich grundlos verfolgt. Wo Hass aufbricht, da stimmt etwas nicht. Und bloß, weil der Papst etwas tut, was im Evangelium als Kennzeichen des guten Hirten verstanden wird, nämlich dass er 99 Schafe im Schafstall lässt und dem einen nachgeht, um das auch wieder zurückzuholen, das wird ihm jetzt vorgeworfen. Da kann er nur sagen: Ich tue, was Jesus gesagt hat, was der gute Hirt tun soll." (a.a.O.)

Der neue „gute Hirt" wurde am 13. März 2013 vom Konklave in Rom gewählt, der Erzbischof von Buenos Aires in Argentinien, Kardinal Jorge Mario Bergoglio, der sich als Papst Franziskus nennt. Niemand der Vatikanexperten hatte ihn auf der Liste als „papàbile". Die Überraschung auf allen Seiten der Welt war perfekt, wenn auch die Vermutung stark war, dass einer aus Asien, Afrika oder Amerika zum Papst gewählt werden könnte, also nicht aus Europa wie seit eh und je.

Papstname und erste Präsentation nach der Wahl in schlichter weißer Soutane machten deutlich, dass der neue Papst das Zeichen eines neuen Aufbruches in der katholischen Weltkirche setzen wollte.

Der Zufall will es so, dass der Guardian des Franziskanerklosters in Dorsten, Pater Urban, vor einigen Jahren Pfarrer in St. Ludwig in Berlin war, der zweiten großen Gemeinde im Westen der Hauptstadt, die wie St. Matthias in Schöneberg, wo Clemens August Pfarrer war, ebenfalls von außerhalb gegründet worden war.

Von Berlin her kannten wir Pater Urban, dessen Alterssitz das Franziskanerkloster in Dorsten wurde, das als ältestes Deutschlands gilt, wie es Berthold Fehmer im Lokalteil der „Dorstener Zeitung" vom 15. März 2013 berichtet.

In diesem Zeitungsteil bringt Pater Urban seine Freude über den neuen Papst zum Ausdruck, der sich nach Franz von Assisi nennt, dem Gründer des Franziskanerordens im 13. Jahrhundert. Das „Lexikon der Heiligen und Päpste" von Christian Fichtinger würdigt ihn als „den wohl größten Heiligen der Christenheit." (Gütersloh 1980, S. 132)

Pater Urban erwähnt auch die Verbindung zu dem Heiligen Franz Xaver, dem Mitbegründer des anderen großen Weltordens der Jesuiten, dem der neue Papst angehört. Franz Xaver wird als der Apostel Indiens und Japans bezeichnet und der Papst Benedikt XIV. erklärt ihn im 18. Jahrhundert zum „Schutzpatron der Länder Ostasiens." (a.a.O. S. 134)

So sind Name und Orden räumliches Programm der Weltkirche, von dem kirchlichen Programm des Papstes Franziskus sagt Pater Urban in dem oben genannten Zeitungsartikel: „Er ist keine Kopie (seiner Vorgänger), sondern das Original. Ich hoffe, dass er seine Authentizität behält." Der neue Papst steht für den Übergang vom 20. ins 21. Jahrhundert, das noch größtenteils auf die Zukunft ausgerichtet ist.

Unsere Aufgabe war es, einen kleinen Ausschnitt der Vergangenheit der Stadt Dorsten im 20. Jahrhundert zu beschreiben und dabei nicht aus den Augen zu verlieren, dass dieser Teil der Geschichte zum großen Strom der Geschichte Deutschlands und der Welt gehört.

Epilog: „Schule – mein Schicksal", Statement des Autors an seinem letzten Schultag

(Zuerst erschienen: Diskurs Nr. 24, 2001)

Der „Tagesspiegel" vom 7. Juni 2001 (S. 3) schreibt über den Lehrer zwischen „Burnout" und „faul" und zitiert einen Erdkundelehrer: „Lehrer sein ist Total-Einsatz. Wenn ich an meinem letzten Schultag der bestmögliche Lehrer bin, der ich werden konnte, dann bin ich ein glücklicher Mensch."

Für mich ist der 18. Juli 2001 der letzte Schultag; ob ich dann der „bestmögliche Lehrer" (aus meiner und aus der Sicht anderer) geworden bin, weiß ich nicht. Aber ich scheide zum spätestmöglichen Termin aus dem aktiven Berufsleben aus mit einem Gefühl des Glücklichseins und desjenigen, der sagt: „Wenn es am schönsten ist, dann soll oder kann man guten Gewissens gehen."

Schule ist mein Schicksal, von der ersten Sekunde meines Lebens bis heute. Ich bin 1935 in einer Lehrerfamilie in Dorsten in Westfalen (fast „auf Schalke") geboren, in der Wohnung mit angrenzendem Schulgebäude groß geworden, zeitweilig bei meinem Vater in die Schule gegangen, dann zur Höheren Schule (Gymnasium Petrinum), anschließend zur Hochschule (Universität) in Tübingen und Berlin, dann seit 1962 am Gymnasium Steglitz und vom 1. April 1966 bis heute am Berlin-Kolleg, von 1978 bis 1990 noch als Lehrbeauftragter an der FU Berlin tätig gewesen.

Also nichts als Schule. Was heißt aber Schule? Das Wort kommt aus dem Griechischen und bedeutet „Muße", also nichts als Muße erlebt, das riecht doch sehr nach „faul". Aber „Muße" bei den Griechen ist Zeit zu haben, um bei Platon in die „Akademie" (Hain des Gottes Akademos) oder zu Aristoteles (Lykeion-Tempel des Lichtgottes Apollo) zu gehen, um, sich an Sokrates, dem „Clochard" der Antike, orientierend, zu philosophieren. Für Hegel in Berlin heißt Philosophieren, den Schritt vom Endlichen zum Unendlichen zu tun.

Die Römer übersetzten das griechische Wort „scholé" mit „otium" und bezeichneten damit die Zeit, die Cicero und Horaz und andere brauchten, um ihren philosophischen und literarischen Studien nachzugehen. Das Gegenstück zu „otium" ist „negotium", das wirtschaftliche und politische Geschäft, das die Menschen in Stress und Überforderung führen kann, wie der „Tagesspiegel" über die Lehrer schreibt: „Das häufigste Wort, das mit ihnen in Zusammenhang gebracht wird, heißt überfordert." Dies alles dürfte nichts mit dem griechischen Wort „scholé" und dem lateinischen „otium" zu tun haben.

Wenn die Schule oder das Berufsleben als „otium" abgeschlossen ist, beginnt für die Römer das „otium cum dignitate", d.h. „die Muße mit Würde", bei Ovid heißt das „emeritus", jemand hat die Würde redlich „verdient", so dass auch heute noch die Professoren nicht pensioniert, sondern emeritiert werden, bei Livius und Sueton heißt „emeritus", besonders auf Soldaten bezogen, auch „ausgedient, alt, unbrauchbar geworden". Man sieht: auch die lateinische Sprache hat ihre zwei Gesichter.

Das „otium cum dignitate" könnte, wie Nietzsche es für alle „Ausgedienten" und „Wohlverdienten" in seiner „Fröhlichen Wissenschaft" mit einem Gedicht zum Ausdruck bringt, „nach neuen Meeren" gehen:

> Dorthin – will ich und traue
>
> Mir fortan und meinem Griff.
>
> Offen liegt das Meer, ins Blaue
>
> Treibt mein Genueser Schiff.
>
> Alles glänzt mir neu und neuer,
>
> Mittag schläft auf Raum und Zeit –
>
> Nur dein Auge – ungeheuer
>
> Blickt mich's an, Unendlickeit.

Namensverzeichnis

Adorno, Theodor W.	153
Mater Aloisia	57
Mater Alexia	32
Ambrunn, Julius	66
Arend, Werner	130, 131
Aristoteles	147, 156, 166
Augustinus	40
Aulike, Matthias	38
Auras, Gerhard	81
Baumeister, Heinz	131
Beaugrand, Günther	35, 36, 38-41, 47
Beckmann, Agnes	22, 57
Beerenbrock, Franz-J.	77
Beisenbusch, Elisabeth (gen. Elly)	14, 16, 18, 19, 21
Beisenbusch, Heinrich	16, 17, 21, 57
Beisenbusch, Josef	14, 18, 77
Beisenbusch, Klaus	13, 62-64, 68, 97, 118
Beisenbusch, Wilhelm (Vater v. Elly)	16, 68, 97
Beisenbusch, Winfried	97
Benedikt, XIV.	165
Benedikt, XVI.	35, 41, 150, 163, 164
Bergoglio, Jorge M. (Papst Franziskus)	165
Berke, Otto	77, 82
Berke, Walter	22
Beuys, Joseph	159
Biegel, Thomas	34
Biermann, Walter	10, 60, 92, 97
Binder, Klaus	107
Bischoff, Christian	14, 18, 60, 85
Bischoff, Elisabeth (geb. Beisenbusch, gen. Tutti)	14, 18, 19
Bischoff, Heinrich	60, 61
Bischoff, Karlheinz	18, 23, 60, 61, 92, 97
Bitter, Heinz	99
Bloch, Ernst	162
von Blomberg, Werner	70
Böckenförde, Ernst-W.	150, 164
Böckenhoff, Adolf	13
Boers, Hermann	99
Böll, Heinrich	159
de Bonald, L.G.A.	147, 152-154
Bonaventura	157
Bonhoeffer, Dietrich	27, 132

Borgards, Walther	130, 131
Borggräfe, Henning	121-123, 126-129
Bossuet	155, 156
Brandt, Willy	88
Braun, Otto	60
Brinkforth, Hubert	77
Brodnike, Johann	89
Brodnike, Josef	89
Brodnike, Paul	88, 89
Bröckerhoff, Menni	75
Bronstert, Franz	76
Brundage, Avery	124
Brune, Heinrich-W.	130
Brüning, Petra (Mater)	31, 68
Brüser, Wilhelm	64
Brzoska, Wilhelm	61, 64, 74
Buchmann, Johannes	12, 13, 62-64, 70, 71, 74-76, 83, 117-120
Büchter, Franz	102
Buckstegge, Franz	101
Bultmann, Rudolf	147
Burg, Amalie	13
Burg, Karl	62
Calkum, Josef	13
Mater Canisia	57
de Chardin, P. Teilhard	150
Cicero	166
Claudius, Matthias	158
Clemens v. Alexandrien	157
Comte, Auguste	153
Conti, Leonardo	49
Coppenrath, Albert	38
Cramer, Adolf	95
Cramer, Artur	95-97
Cramer, Karlheinz	95
Cramer, Willi	95, 96
Crüsemann, Elisabeth	22
Dahlke, Paul	111
Dahms, Günther	56
Dahrendorf, Ralf	132, 140
Dempf, Alois	132, 139, 140
Descartes	157, 158, 161
Dieckhöfer, Heinrich	9
Döderlein, Johann L.	160
Dönitz, Karl	92, 93
Duesberg, Wilhelm O.	13
Duvenbeck, Theo	22

Meister Eckhart	157
Eichmann, Johanna	66-69, 111, 112, 114
Eichmann, Paul	68
Elbers, Otto	128
Elvermann, Hubert	130
Enders (Bürgermeister)	77
Enzensberger, Hans M.	138
Erley, Otto	12, 15, 122
Eschenburg, Theodor	9
Fahnenbrock, Maria	16
Fehmer, Berthold	165
Feil, Georg	61, 62, 64, 67, 70, 73, 80, 117, 145
Felderhoff, Helene	103
Fénelon, Georg	155-158
Fest, Joachim	70
Fichte, Gottlieb	148
Fließ, Wolfgang	131
Fragemann, Franz	98
Fragemann, Herbert	98
Fragemann, Willi	98
Franken, René	11
Franco, Francisco	88
Franz von Assisi	165
Franz Xaver	165
Freisler, Roland	42
Frenzel, Maria	31, 32, 37, 66-68
Friedrich der Große	11, 14
Gadamer, Hans-G.	150
von Galen, Anna (geb. von Ketteler)	37
von Galen, Clemens A.	20, 31, 35-40, 43, 46-48, 69, 144
von Galen, Elisabeth	37
von Galen, Friedrich	37
von Galen, Heinrich	37
von Galen, Heribert	37
von Galen, Matthias	37
von Galen, Maximilian	37
Galland, Aenne	30-34
Galland, Adolf	30, 31, 33, 34, 74, 77
von Gallitzin, Amalie	18, 21
Garczyk, Eckhard	130, 131, 137-140, 143
Geppert (Lehrer)	77
Glauert, Ernst	68
Goebbels, Josef	43, 86
Göring, Herrmann	30, 31, 33, 34, 90
Goethe, Johann W.	18, 134
Goldhagen, Daniel J.	109, 110

Goldhagen, Erich	109
Gollwitzer, Helmut	27, 148, 151
Grass, Günther	87, 105
Grau, Jochen	62
Grefer, Heinz	56
Grewer, Siegbert	97
von Grimmelshausen, Hans J. Chr.	117
Gronover, Joseph	62-64, 66, 67, 70, 73, 76, 78, 79, 82, 124
Große-Lochtmann, Bernd	59
Große-Lochtmann, Bernhard	10, 32, 59
Große-Lochtmann, Betty	59
Große-Lochtmann, Brigitte	59
Grothues (NS Polizei)	82, 83
Gründgens, Gustav	111
Gülker, Hans	102
Günther, Joachim	148
Guilhaus, Bernhard	94, 95
Guilhaus, Helene	94, 95
Guilhaus, Wilhelm	94
Gundlach, Gustav	150
Habermas, Jürgen	160
Haecker, Theodor	148, 149
Hans, Gerhard	22
Hasenaecker, Hans	102
Haunerland, Heinrich	63, 64, 118
Hausser, Paul	86
Hebel, Peter J.	130
Heckmann, Franz	22
Hegel, Georg W.	9, 110, 147, 148, 151, 161, 166
Heidegger, Martin	147, 149, 152
Heine, Ernst	64, 66, 67, 73, 77
Heming, Ludwig	17, 67-69, 125
Hemingway, Ernest	88
Henrich, Dieter	149, 150
Pater Heribert (Griesenbrock)	19, 131, 132
Heselmann (Familie)	14
Heß, Rudolf	44, 53
Himmler, Heinrich	123, 169
von Hindenburg, Oskar	61
von Hindenburg, Paul	40, 60, 61, 70
Hitler, Adolf	27-31, 33, 34, 40-44, 46, 61-63, 69, 70, 74, 75, 79, 80, 82, 87-89, 91, 92, 95-98, 100, 101, 104, 106, 126, 129, 146, 159
Hobbes, Thomas	108
Hoffrogge, Franz	14
Holthaus, Hans	61, 121, 122

Homer	118
Hoppe, Marianne	111
Horaz	166
Horkheimer, Max	153
Hünnecke, Hans	20, 21
Hütter, Anna	103
Huf, Willi	101
Humbert (Familien-Gaststätte)	79
Innozenz XII.	155, 158
Jäckel, Eberhard	109
Janzen, Karl-H.	101
Jaspers, Karl	148
Jauch, Ernst-A.	38, 39
Jens, Walter	9
Jeremias (Prophet)	45
Jodl, Alfred	92
Johannes Paul II.	41, 47, 150, 164
Jünger, Ernst	84
Junker, Wolfgang	130
Kafka, Franz	135
Kalwa, Jürgen	62, 117, 119
Kampshoff (SA)	82, 83
Kant, Immanuel	147, 150, 151, 155
Karl der Große	27
Käutner, Helmut	111
Keitel, Wilhelm	92
Kellner, Joseph	80
Kershaw, Ian	107, 108, 126, 127
Kesselring, Albert	86
von Ketteler, Wilhelm E.	37
Kierkegaard, Sören	139
Kisch, Egon E.	88
Klapheck, Theodor	92
Klapsing-Reich, Anke	10, 22, 62, 118, 120, 130
Klein, Anton	144
Klein, Michael	178, 179
Kleinespel, Bernhard	128
von Kleist, Heinrich	156
Koch, Josef	87
Kochmann, Klaus	179
Kolumbus, Christoph	10
Könkes, Hans	74, 77
Köpper, Emilie	103
Köpper, Erich	103
Köpper, Helmut	103
Koop, Hans H.	58, 126

Korte, Karl	62, 63, 71, 118, 120
Kottendorff, Hermann Sen.	99
Kottendorff, Hermann Jun.	99
Kotzur, Edgar	38
Krämer, Ruth	144
Krause, Karla	130, 140
Krause, Kurt	93, 94
Krebs, Walter	100
Kriele, Martin	150
Krietemeyer, Clemens	127, 128
Krug, Hans	107
Krüger, Gerhard	147, 155
Küng, Hans	150
Kuhlmann, Erich	88
Larisch, Bruno	130
Laukemper, Kaspar	77
Lehmkuhl, Anna	16
Leineweber, Bernd	107
Lenin	160
Lersch, Heinrich	80
Lettmann, Reinhard	35
Lichtenstein, Ernst	155
Liesen, Bernhard	37
Liesenklas, Alfons	130, 131
Lindgens, Elisabeth (Elly)	16, 21
Lindgens, Gisela (geb. Große-Lochtmann)	9, 59, 111
Lindgens, Godehard	120, 130, 131
Lindgens, Peter (Sen.)	13, 14, 18-22, 121, 122, 126-128
Lindgens, Peter (Jun.)	13
Lippik, Paul	81
Lohmann, Gerhard	159
Lohmeyer, Guntram	92
Lohmeyer, Wilhelm	92
St. Ludgerus	46, 47
Ludwig XIV.	156
Lübbe, Hermann	148, 151
Lühn, Bernhard	123, 127
Maas, Bernhard	64
Marcel, Gabriel	152
Marian, Ferdinand	111
Marquardt, Odo	151
Martini, Fritz	80
Mast, Hans	130, 131
Maybaum (Rektor)	66
Mecklenburg, Maria	22, 57

Meissner, Otto	60, 61
Merici, Angela	112-115
Metz, Johann B.	150
Metzke, Erwin	149
van der Meulen, Jan	160
Meier, Jörg M.	111, 112, 116, 130-132, 142
Meyer, Alfred	34
Miserok, Hans J.	12
Moers, Edelgard	10, 47, 163
Mölders, Werner	34, 74
Möllers, Theo	130, 131
Möllmann (Legion Condor?)	88
Müller, Ludwig	27
Müller, Max	155, 160
Napoleon Bonaparte	14, 15
Neitzel, Sönke	75, 82-84, 86, 91, 93, 107
Neuköther, Wilhelm	102
Niemöller, Martin	27
Nienhausen, Ernst	127
Niermann, Clemens	61
Nietzsche, Friedrich	10, 132, 133, 147, 159, 167
Nölle, Fritz	80, 81
Nordmann, Aenne	72
Nordmann, Heinrich	63, 64, 66, 68, 72
Nordmann, Klaus	61
Nordmann, Theodor	30, 61-64, 66, 67, 70-77, 79-81, 90, 97, 118, 145
Oeing-Hanhoff, Ludger	151
Orsenigo, Cesare	40
Orwell, George	88
Overberg, Bernhard	18, 21
Ovid	144, 166
von Papen, Franz	69
Pascal, Blaise	161
Pasterkamp, Hubert	62
Paul VI.	41, 157
Paulus, Friedrich	102
St. Paulus	44, 53, 133, 162
Penkert, Franz	79
Penkert, Oskar	79-82
Pestalozzi, Johann H.	18, 20
Peters, Franz-J. (Jacques)	130, 131, 134, 136
Pfeiffer, Martin	107
Pfeil, Elisabeth	47
Picasso, Pablo	89
Pieper, Josef	159
Pius XI.	27, 36

Pius XII.	150
Platon	132, 147, 166
Plotin	157
Plumpe, Rudolf	60
Radke, Franziska	66, 67, 145
Raeder, Emil	92
Remarque, Erich M.	117
von Richthofen, Manfred	88
von Richthofen, Wolfram	88
Richter, Emil	85, 86
Rietmann, Cäcilie	17
Rilke, Rainer M.	136
Ritter, Henning	163
Ritter, Joachim	146-148, 151-153, 155
Röhm, Ernst	124
Rohrmoser, Günther	151
Romswinkel, Gottfried	102, 103
Rose, Emil	79
Rosenberg, Alfred	39
Rosenthal, Abraham M.	109
Rosenthal, Lina	68
Rousseau, Jean-J.	156
Rüter, Diethard	130-132
Sartre, Jean P.	152
Sattler, Stephan	144
Schadewaldt, Wolgang	9
Schäfer, Anton	101
Schäfer, Fritz	82
Schäfer, Hermann	82
Schäpers, Katharina	99
Scharff, Edwin	46
Scheffler, Helmut	13, 15
Scheler, Max	159
Schenke, Max	92
Schiller, Friedrich	77
Schleiermacher, Friedrich D.	132, 139, 140
Schlenke, Johannes	100
Schmidt, Helmut	70, 73, 74
Schmidt, Theodor	13
Schmitt, Carl	152, 159
Schmitz, Wilhelm	17
Schmitz, Wolfgang	130, 131
Schneider, Wilhelm	17
Schoeps, Julius	109, 110
Schrimpf, Hans	151
Schuknecht, Franz	17

von der Schulenburg, Fritz-D.	69
von der Schulenburg, Tisa	36, 37, 69
Schult, Paul	122
Schulz, Bernhard	109
Schulz, Walter	9
Schulze-Öchtring, Antonius	131
Schürhoff, Anton	122, 127, 128
Schürholz (Hervester Bürgermeister)	77
Schürholz, Ignaz	82
Schürholz, Paul	58, 123
Schürholz (Stadtrat)	66, 73
Schütte, Josef	38
Schwan, Alexander	150
Schwarz, Heinrich	81-83
Schwegmann, Franz	13
Seiler, Eberhard	130
Setzer, Christa	12, 15
Sieberg, Norbert	77
Simon, Max	86
Sokrates	145, 166
Sorg, Manfred	112
Spaemann, Heinrich	36, 57, 144-146
Spaemann, Robert	36, 144-153, 155-164
Speckmann, Thomas	75
Sperrle, Hugo	89
de Spinoza, Baruch	156
Stalin	96, 106
Stecher, August	61
Stecher, Helmut	61
Stecher, Walter	61, 130
Stegemann, Wolf	31, 32, 37, 66-68
Stein, Edith	68
Stein, Theodor	61, 64
Steiner, Cordelia	145, 146
Suchalla (Fam.)	56
Taubes, Jakob	152
Tellmann, Emil	103
Tellmann, Karl	102
Tellmann, Klara	103
Teresa von Avila	157, 158
Thomas von Aquin	159
Tibusek, Otto	90, 91
Timmermann, Josef	14
Tugendhat, Ernst	160
Ulfkotte, Josef	10, 15
Pater Urban	165

Vennemann, Anna	103
Vennemann, Friedrich Jun.	102, 103
Vennemann, Friedrich Sen.	103
Vennemann, Hilde	103
Vergil	148
vorm Walde, Felix	12-15, 118
vorm Walde, Johann	12, 14
vorm Walde, Sofie (geb. Bückemeyer)	12-14
Walbrodt, Aenne	102
Walbrodt, Ernst	101
Waldmann, Willy	101
Warnach, Walter	159
Wauters, F.	11
Weber, Anne	130, 134
Weber, Joseph	105
Weber, Max	132
Weck, Heinrich	102-104
Weck, Alfred, Amalie, Anna, Erwin, Johanna, Rudolf, Wilhelm	104
Wehler, Hans U.	110, 126, 127
Weischedel, Wilhelm	147-153, 155, 159, 160
Weißenberg, Otto	66, 73
von Weizsäcker, Carl F.	146
Von Weizsäcker, Ernst	146
Welheim (Legion Condor?)	88
Wellmann, Heinrich	12
Welzer, Harald	75, 82-84, 86, 93, 107
Wenzel, Mario	62
Wessels, Peter	80
Westhoff, Franz	19, 36, 37, 47, 58, 69, 121, 122, 144
Westhoff, Heinz	59
Wick, Helmut P.	34
Wicki, Bernhard	81
Wiedenhöfer, Josef	64
Wiesel, Elie	109
Wilder, Thornten	107
Windthorst, Ludwig	38
Wirtz, Helmut	61
Wolf, Hubert	40
Wolters, Karl	77
York von Wartenburg, Ludwig	139
York von Wartenburg, Paul	139
York von Wartenburg, Peter	139

Literaturverzeichnis

Beaugrand, Günther:
Kardinal von Galen. Der Löwe von Münster, Münster 1996

Beisenbusch, Klaus:
Leben in Alt-Dorsten 1900-1950, Dorsten 2000

Biegel, Thomas u.a.:
300 Jahre St. Ursula 1699-1999, herausgegeben vom Ursulinenkloster Dorsten, Dorsten 1998

Bischoff, Christian - Biermann, Walter:
Dokumentation der Arbeitsgemeinschaft Bischoff/Biermann über die Zeit des Zweiten Weltkrieges in Dorsten, 1939-1945 (Stadtarchiv Dorsten o.J.)

Borggräfe, Henning:
Schützenvereine im Nationalsozialismus. Pflege der „Volksgemeinschaft" und Vorbereitung auf den Krieg (1939-1945), Münster 2010

vgl. dazu den Artikel von Michael Klein in der Dorstener Zeitung vom 28. Juli 2010 und den Brief von Borggräfe an den Autor vom 15. August 2010. „...Es freut mich, dass meine Studie Sie dazu angeregt hat, sich genauer mit der Geschichte des Hardter Schützenvereins zu befassen...und meine Forschungsergebnisse grundsätzlich bestätigt zu finden."

Buchmann, Johannes:
Der Rest wurde am Boden zerstört. Erinnerungen an den Luftkrieg im Mittelmeer und an eine abenteuerliche Flucht aus sowjetischer Gefangenschaft, aufgeschrieben von Jürgen Kalwa, Aachen 2010

Chronik über 500 Jahre Dorstener Altstadtschützen 1487-1997, Mitteilungen von Fest zu Fest Nr.6, Dorsten 1997

Chronik, Mitteilungen von Fest zu Fest Nr. 7, 5 Jahrhunderte aus dem Stadt- und Schützenwesen, Allgemeiner Bürgerschützenverein Dorsten 1487-2009, Dorsten 2009

Eichmann, Johanna:
„Du nix Jude, du blond, du deutsch." Erinnerungen 1926-1952, Essen 2011

Fest, Joachim:
Hitler. Eine Biographie, Frankfurt/M.-Wien-Berlin 1973

Fichtinger, Christian:
Lexikon der Heiligen und Päpste, Gütersloh 1980

Franken, René:
Dorsten – einst und jetzt, Ausgabe 4 des Vereins für Orts- und Heimatkunde, Dorsten 2010

Garczyk, Eckhard:
Einem unbekannten Gott, Roman, Schleswig 2010

Mensch, Gesellschaft, Geschichte. Friedrich Daniel Ernst Schleiermachers Philosophische Soziologie, Dissertation an der Ludwig-Maximilians-Universität zu München, abgeschlossen am 26. Juli 1963

Gedicht „Wir brauchen eine Hungersnot", zuerst veröffentlicht in der Studentenzeitung „Tübinger Notizen" Februar 1957, dann im Roman „Einem unbekannten Gott"

vgl. auch den Artikel von Michael Klein in der „Dorstener Zeitung" vom 13. Mai 2010: „Auf historischer Spurensuche im Garczyk-Roman. Lindgens-Rezension im Internet."

Goldhagen, Daniel Jonah:
Hitlers willige Vollstrecker. Ganz gewöhnliche Deutsche und der Holocaust, aus dem Englischen von Klaus Kochmann, Berlin 1996

Kershaw, Ian:
Das Ende. Kampf bis in den Untergang. NS-Deutschland 1944/45, Übersetzung aus dem Englischen von Klaus Binder, Bernd Leineweber und Martin Pfeiffer, München 2011

Klapsing-Reich, Anke:
Kriegskinder. Dorstener Zeitzeugen erzählen, zusammengestellt und bearbeitet von Anke Klapsing-Reich, „Dorstener Zeitung", Dorsten 2010

Klapsing-Reich über den Nachlass von Peter Lindgens in der „Dorstener Zeitung" vom 5. Januar 2008

Klapsing-Reich über den 22. März 1945 und Peter Lindgens in der „Dorstener Zeitung" vom 22. März 2008

Klapsing-Reich über Johannes Buchmann in der Silvesterausgabe der „Dorstener Zeitung" vom 31. Dezember 2010

Kotzur, Edgar:
Pfarrnachrichten von St. Matthias in Berlin-Schöneberg 2005/2006

Lindgens, Godehard:
Katholische Kirche und moderner Pluralismus. Der neue Zugang zur Politik bei den Päpsten Johannes XXIII. und Paul VI. und dem Zweiten Vatikanischen Konzil, Stuttgart 1980

Lindgens, Peter:
Chronik des Allgemeinen Bürgerschützenvereins Dorsten-Hardt zum 50. Jubiläum 1958, wieder abgedruckt 1982, 2000 und 2008 in Jubiläums- oder Festschriften

Martini, Fritz:
Deutsche Literaturgeschichte, Stuttgart 1952

Metzke, Erwin:
Handlexikon der Philosophie, Heidelberg 1949

Miserock, Hans-Jürgen:
Ausführliche Geschichten vom und um das Kohlhaus an der Lippe (Stadtarchiv Dorsten o.J.)

Moers, Edelgard (Hrg.):
Andere Dorstener Geschichten. Über Zerstörung und Aufbau, über Trauer und Hoffnung, über Angst und Mut, über Reales und Gespenstisches, mit Erinnerungen von Heinrich Spaemann zum Kriegsgeschehen 1945 S. 27f, Dorsten 2005

Neitzel, Sönke und Welzer, Harald:
Soldaten. Protokolle vom Kämpfen, Töten und Sterben, Frankfurt/M. 2011

Schoeps, Julius (Hrg.):
Ein Volk von Mördern? Die Dokumentation zur Goldhagen-Kontroverse und die Rolle der Deutschen im Holocaust, Hamburg 1996

Schuknecht, Franz:
Dorsten und die Herrlichkeit Lembeck. 2000 Jahre Geschichte an der Lippe, Bielefeld 2011

Schulenburg, Tisa von (Schwester Paula):
Ich hab's gewagt. Bildhauerin und Ordensfrau – ein unkonventionelles Leben, Freiburg im Breisgau 1981

Schwan, Alexander (Hrg.):
Denken im Schatten des Nihilismus. Festschrift für Wilhelm Weischedel zum 70. Geburtstag am 11. April 1975, Darmstadt 1975

Spaemann, Robert:
Über Gott und die Welt. Eine Autobiographie in Gesprächen, Stuttgart 2012

Stegemann, Wolf und Eichmann, Johanna:
Juden in Dorsten und der Herrlichkeit Lembeck. Zur Geschichte der Jüdischen Gemeinde und der Synagogenhauptgemeinde. Eine Dokumentation der Forschungsgruppe Dorsten unterm Hakenkreuz, Dorsten 1989

Stegemann, Wolf und Frenzel, Maria:
Lebensbilder aus sechs Jahrhunderten Dorstener Stadtgeschichte. 110 Portraits aus Politik, Handel, Wissenschaft, Sport, Kunst und Kirche, Dorsten 1997

Stegemann, Wolf und Klapsing-Reich, Anke (Hrg.):
Dorsten zwischen Kaiserreich und Hakenkreuz - Die Krisenjahre der Weimarer Republik, Forschungsgruppe Dorsten unterm Hakenkreuz, Dorsten 1987

Weischedel, Wilhelm:
Der Gott der Philosophen. Grundlegung einer philosophischen Theologie im Zeitalter des Nihilismus, Band 1, Darmstadt 1971, Band 2: Abgrenzung und Grundlegung, Darmstadt 1972

Wenzel, Mario:
Die NSDAP und ihre Gliederungen. Ein Überblick, in: Wie wurde man Parteigenosse? Die NSDAP und ihre Mitglieder, Benz, Wolfgang (Hrg.), Frankfurt/M. 2009

Dank an Bernd Hönig

Zur Pflege des aktuellen Gedächtnisses an die Geschichte unserer Stadt Dorsten hat er ausdauernd und intensiv geholfen. Mit seinen Fähigkeiten als Autor und Journalist hat er (Religionswissenschaftler M.A.) den gesamten Text lektoriert und digitalisiert. Außerdem übernahm er das endgültige Korrektorat und bereitete mit der Designerin Ute Mosch die Umschlaggestaltung vor. Mit großer Einfühlsamkeit und Sachkenntnis hat er sich um die Herausgabe des Buches verdient gemacht.

Godehard und Gisela Lindgens,
November 2013

Besonderen Dank an Bernd Hönig, der mit Umsicht und Geduld die neue, zweite Auflage mit Bildmaterial und Namensverzeichnis erstellte.

Gisela und Godehard Lindgens,
Oktober 2015

Bildmotive Dorstens auf dem Titel mit freundlicher Genehmigung aus dem Archiv der Stadt von der Pressesprecherin Lisa Bauckhorn. Die Autorenportraits des Ehepaares Lindgens auf der Rückseite wurden von Werner Arend angefertigt, das historische Bildmaterial stammt aus dem Familienbesitz von Bischoff und Lindgens, die Aufnahmen des Bischofs von Münster, Clemens August Graf von Galen, wurden dank freundlicher Vermittlung von Markus Trautmann aus dem Galen-Archiv, von Christiane Daldrup vom Bistum Münster zur Verfügung gestellt.

book-on-demand ... Die Chance für neue Autoren!

Besuchen Sie uns im Internet unter www.book-on-demand.de
und unter www.facebook.com/bookondemand